老科学家学术成长资料采集工程

中国科学院院士传记丛书

究脑穷源探细胞

U0654371

1927年	1946年	1951年	1956年		1982年	1995年	1999年
生于浙江省余姚县	考入浙江大学	分配到第二军医大学	开始对脑研究		开始甾体激素作用机制研究	当选中国科学院院士	兼任浙大医学院院长

老科学家学术成长资料采集工程

中国科学院院士传记丛书

究脑穷源探细胞

陈宜张传

熊家钰◎著

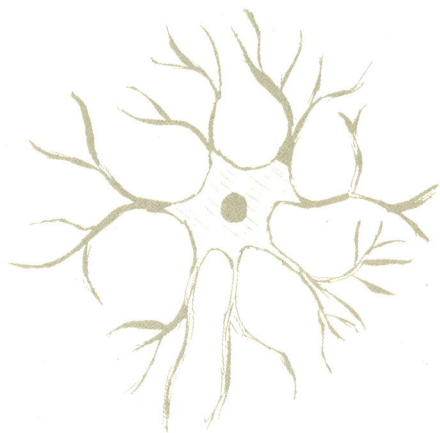

上海交通大学出版社

中国科学技术出版社

图书在版编目(CIP)数据

究脑穷源探细胞：陈宜张传/熊家钰著. —上海：上海交通
大学出版社,2016
(老科学家学术成长资料采集工程丛书)
ISBN 978 - 7 - 313 - 14689 - 2

Ⅰ.①究…　Ⅱ.①熊…　Ⅲ.①陈宜张-传记
Ⅳ.①K826.2

中国版本图书馆 CIP 数据核字(2016)第 062981 号

出　版　人	韩建民　秦德继
责任编辑	李　敏
责任营销	陈　鑫
版式设计	中文天地

出　　版	上海交通大学出版社　中国科学技术出版社
发　　行	上海交通大学出版社
地　　址	上海市番禺路 951 号
邮　　编	200030
发行电话	021 - 64071208
传　　真	021 - 64073126
网　　址	http://www.jiaodapress.com.cn

开　　本	787mm×1092mm　1/16
字　　数	244 千字
印　　张	17
彩　　插	3
版　　次	2016 年 4 月第 1 版
印　　次	2016 年 4 月第 1 次印刷
印　　刷	常熟市文化印刷有限公司
书　　号	ISBN 978 - 7 - 313 - 14689 - 2/K
定　　价	49.00 元

老科学家学术成长资料采集工程
领导小组专家委员会

主　任：杜祥琬

委　员：（以姓氏拼音为序）

巴德年　　陈佳洱　　胡启恒　　李振声

王礼恒　　王春法　　张　勤

老科学家学术成长资料采集工程
丛书组织机构

特邀顾问（以姓氏拼音为序）

樊洪业　　方　新　　齐　让　　谢克昌

编 委 会

主　编：王春法　　张　藜

编　委：（以姓氏拼音为序）

艾素珍　　董庆九　　胡化凯　　黄竞跃　　韩建民

廖育群　　吕瑞花　　刘晓勘　　林兆谦　　秦德继

任福君　　苏　青　　王扬宗　　夏　强　　杨建荣

张柏春　　张大庆　　张　剑　　张九辰　　周德进

编委会办公室

主　任：许向阳　　张利洁

副主任：许　慧　　刘佩英

成　员：（以姓氏拼音为序）

崔宇红　　董亚峥　　冯　勤　　何素兴　　韩　颖

李　梅　　罗兴波　　刘　洋　　刘如溪　　沈林芑

王晓琴　　王传超　　徐　捷　　肖　潇　　言　挺

余　君　　张海新　　张佳静

老科学家学术成长资料采集工程简介

老科学家学术成长资料采集工程（以下简称"采集工程"）是根据国务院领导同志的指示精神，由国家科教领导小组于 2010 年正式启动，中国科协牵头，联合中组部、教育部、科技部、工信部、财政部、文化部、国资委、解放军总政治部、中国科学院、中国工程院、国家自然科学基金委员会等 11 部委共同实施的一项抢救性工程，旨在通过实物采集、口述访谈、录音录像等方法，把反映老科学家学术成长历程的关键事件、重要节点、师承关系等各方面的资料保存下来，为深入研究科技人才成长规律，宣传优秀科技人物提供第一手资料和原始素材。按照国务院批准的《老科学家学术成长资料采集工程实施方案》，采集工程一期拟完成 300 位老科学家学术成长资料的采集工作。

采集工程是一项开创性工作。为确保采集工作规范科学，启动之初即成立了由中国科协主要领导任组长、12 个部委分管领导任成员的领导小组，负责采集工程的宏观指导和重要政策措施制定，同时成立领导小组专家委员会负责采集原则确定、采集名单审定和学术咨询，委托中国科学技术史学会承担具体组织和业务指导工作，建立专门的馆藏基地确保采集资料的永久性收藏和提供使用，并研究制定了《采集工作流程》、《采集工作规范》等一系列基础文件，作为采集人员的工作指南。截至 2014 年底，已启动304位老科学家的学术成长资料采集工作，获得手稿、书信等实物原件资料 52 093 件，数字化资料 137 471 件，视频资料 183 878 分钟，音频资料 224 828 分钟，具有重要的史料价值。

采集工程的成果目前主要有三种体现形式，一是建设一套系统的"老科学家学术成长资料数据库"（本丛书简称"采集工程数据库"），提供学术研究和弘扬科学精神、宣传科学家之用；二是编辑制作科学家专题资料片系列，以视频形式播出；三是研究撰写客观反映老科学家学术成长经历的研究报告，以学术传记的形式，与中国科学院、中国工程院联合出版。随着采集工程的不断拓展和深入，将有更多形式的采集成果问世，为社会公众了解老科学家的感人事迹，探索科技人才成长规律，研究中国科技事业的发展历程提供客观翔实的史料支撑。

总序一

中国科学技术协会主席　韩启德

　　老科学家是共和国建设的重要参与者，也是新中国科技发展历史的亲历者和见证者，他们的学术成长历程生动反映了近现代中国科技事业与科技教育的进展，本身就是新中国科技发展历史的重要组成部分。针对近年来老科学家相继辞世、学术成长资料大量散失的突出问题，中国科协于2009年向国务院提出抢救老科学家学术成长资料的建议，受到国务院领导同志的高度重视和充分肯定，并明确责成中国科协牵头，联合相关部门共同组织实施。根据国务院批复的《老科学家学术成长资料采集工程实施方案》，中国科协联合中组部、教育部、科技部、工业和信息化部、财政部、文化部、国资委、解放军总政治部、中国科学院、中国工程院、国家自然科学基金委员会等11部委共同组成领导小组，从2010年开始组织实施老科学家学术成长资料采集工程。

　　老科学家学术成长资料采集是一项系统工程，通过文献与口述资料的搜集和整理、录音录像、实物采集等形式，把反映老科学家求学历程、师承关系、科研活动、学术成就等学术成长中关键节点和重要事件的口述资料、实物资料和音像资料完整系统地保存下来，对于充实新中国科技发展的历史文献，理清我国科技界学术传承脉络，探索我国科技发展规律和科技人才成长规律，弘扬我国科技工作者求真务实、无私奉献的精神，在全社会营造爱科学、学科学、用科学的良好氛围，是一件很有意义的事情。采集工程把重点放在年龄在 80 岁以上、学术成长经历丰富的两院院士，以及虽然不是两院院士、但在我国科技事业发展中作出突出贡献的老科技工作者，充分体现了党和国家对老科学家的关心和爱护。

自 2010 年启动实施以来，采集工程以对历史负责、对国家负责、对科技事业负责的精神，开展了一系列工作，获得大量反映老科学家学术成长历程的文字资料、实物资料和音视频资料，其中有一些资料具有很高的史料价值和学术价值，弥足珍贵。

以传记丛书的形式把采集工程的成果展现给社会公众，是采集工程的目标之一，也是社会各界的共同期待。在我看来，这些传记丛书大都是在充分挖掘档案和书信等各种文献资料、与口述访谈相互印证校核、严密考证的基础之上形成的，内中还有许多很有价值的照片、手稿影印件等珍贵图片，基本做到了图文并茂，语言生动，既体现了历史的鲜活，又立体化地刻画了人物，较好地实现了真实性、专业性、可读性的有机统一。通过这套传记丛书，学者能够获得更加丰富扎实的文献依据，公众能够更加系统深入地了解老一辈科学家的成就、贡献、经历和品格，青少年可以更真实地了解科学家、了解科技活动，进而充分激发对科学家职业的浓厚兴趣。

借此机会，向所有接受采集的老科学家及其亲属朋友，向参与采集工程的工作人员和单位，表示衷心感谢。真诚希望这套丛书能够得到学术界的认可和读者的喜爱，希望采集工程能够得到更广泛的关注和支持。我期待并相信，随着时间的流逝，采集工程的成果将以更加丰富多样的形式呈现给社会公众，采集工程的意义也将越来越彰显于天下。

是为序。

总序二

中国科学院院长　白春礼

　　由国家科教领导小组直接启动，中国科学技术协会和中国科学院等12个部门和单位共同组织实施的老科学家学术成长资料采集工程，是国务院交办的一项重要任务，也是中国科技界的一件大事。值此采集工程传记丛书出版之际，我向采集工程的顺利实施表示热烈祝贺，向参与采集工程的老科学家和工作人员表示衷心感谢！

　　按照国务院批准实施的《老科学家学术成长资料采集工程实施方案》，开展这一工作的主要目的就是要通过录音录像、实物采集等多种方式，把反映老科学家学术成长历史的重要资料保存下来，丰富新中国科技发展的历史资料，推动形成新中国的学术传统，激发科技工作者的创新热情和创造活力，在全社会营造爱科学、学科学、用科学的良好氛围。通过实施采集工程，系统搜集、整理反映这些老科学家学术成长历程的关键事件、重要节点、学术传承关系等的各类文献、实物和音视频资料，并结合不同时期的社会发展和国际相关学科领域的发展背景加以梳理和研究，不仅有利于深入了解新中国科学发展的进程特别是老科学家所在学科的发展脉络，而且有利于发现老科学家成长成才中的关键人物、关键事件、关键因素，探索和把握高层次人才培养规律和创新人才成长规律，更有利于理清我国科技界学术传承脉络，深入了解我国科学传统的形成过程，在全社会范围内宣传弘扬老科学家的科学思想、卓越贡献和高尚品质，推动社会主义科学文化和创新文化建设。从这个意义上说，采集工程不仅是一项文化工程，更是一项严肃认真的学术建设工作。

中国科学院是科技事业的国家队，也是凝聚和团结广大院士的大家庭。早在1955年，中国科学院选举产生了第一批学部委员，1993年国务院决定中国科学院学部委员改称中国科学院院士。半个多世纪以来，从学部委员到院士，经历了一个艰难的制度化进程，在我国科学事业发展史上书写了浓墨重彩的一笔。在目前已接受采集的老科学家中，有很大一部分即是上个世纪80、90年代当选的中国科学院学部委员、院士，其中既有学科领域的奠基人和开拓者，也有作出过重大科学成就的著名科学家，更有毕生在专门学科领域默默耕耘的一流学者。作为声誉卓著的学术带头人，他们以发展科技、服务国家、造福人民为己任，求真务实、开拓创新，为我国经济建设、社会发展、科技进步和国家安全作出了重要贡献；作为杰出的科学教育家，他们着力培养、大力提携青年人才，在弘扬科学精神、倡树科学理念方面书写了可歌可泣的光辉篇章。他们的学术成就和成长经历既是新中国科技发展的一个缩影，也是国家和社会的宝贵财富。通过采集工程为老科学家树碑立传，不仅对老科学家们的成就和贡献是一份肯定和安慰，也使我们多年的夙愿得偿！

鲁迅说过，"跨过那站着的前人"。过去的辉煌历史是老一辈科学家铸就的，新的历史篇章需要我们来谱写。衷心希望广大科技工作者能够通过"采集工程"的这套老科学家传记丛书和院士丛书等类似著作，深入具体地了解和学习老一辈科学家学术成长历程中的感人事迹和优秀品质；继承和弘扬老一辈科学家求真务实、勇于创新的科学精神，不畏艰险、勇攀高峰的探索精神，团结协作、淡泊名利的团队精神，报效祖国、服务社会的奉献精神，在推动科技发展和创新型国家建设的广阔道路上取得更辉煌的成绩。

总序三

中国工程院院长 周 济

由中国科协联合相关部门共同组织实施的老科学家学术成长资料采集工程，是一项经国务院批准开展的弘扬老一辈科技专家崇高精神、加强科学道德建设的重要工作，也是我国科技界的共同责任。中国工程院作为采集工程领导小组的成员单位，能够直接参与此项工作，深感责任重大、意义非凡。

在新的历史时期，科学技术作为第一生产力，已经日益成为经济社会发展的主要驱动力。科技工作者作为先进生产力的开拓者和先进文化的传播者，在推动科学技术进步和科技事业发展方面发挥着关键的决定的作用。

新中国成立以来，特别是改革开放 30 多年来，我们国家的工程科技取得了伟大的历史性成就，为祖国的现代化事业作出了巨大的历史性贡献。两弹一星、三峡工程、高速铁路、载人航天、杂交水稻、载人深潜、超级计算机……一项项重大工程为社会主义事业的蓬勃发展和祖国富强书写了浓墨重彩的篇章。

这些伟大的重大工程成就，凝聚和倾注了以钱学森、朱光亚、周光召、侯祥麟、袁隆平等为代表的一代又一代科技专家们的心血和智慧。他们克服重重困难，攻克无数技术难关，潜心开展科技研究，致力推动创新发展，为实现我国工程科技水平大幅提升和国家综合实力显著增强作出了杰出贡献。他们热爱祖国，忠于人民，自觉把个人事业融入到国家建设大局之中，为实现国家富强而不断奋斗；他们求真务实，勇于创新，用科技为中华民族的伟大复兴铸就了辉煌；他们治学严谨，鞠躬尽瘁，具有崇高的科学精神和科学道德，是我们后代学习的楷模。科学家们的一生是一本珍贵的教科书，他们坚定的理想信念和淡泊名利的崇高品格是中华民族自强不息精神的宝贵财富，永远值得后人铭记和敬仰。

通过实施采集工程，把反映老科学家学术成长经历的重要文字资料、实物资料和音像资料保存下来，把他们卓越的技术成就和可贵的精神品质记录下来，并编辑出版他们的学术传记，对于进一步宣传他们为我国科技发展和民族进步作出的不朽功勋，引导青年科技工作者学习继承他们的可贵精神和优秀品质，不断攀登世界科技高峰，推动在全社会弘扬科学精神，营造爱科学、讲科学、学科学、用科学的良好氛围，无疑有着十分重要的意义。

中国工程院是我国工程科技界的最高荣誉性、咨询性学术机构，集中了大批成就卓著、德高望重的老科技专家。以各种形式把他们的学术成长经历留存下来，为后人提供启迪，为社会提供借鉴，为共和国的科技发展留下一份珍贵资料。这是我们的愿望和责任，也是科技界和全社会的共同期待。

周济

序

　　2012 年 3 月,中国科协通知我,我入选老科学家学术成长资料采集工程,将要把我的科研工作资料和其他有关工作资料收集并存档。对此,我一则以喜,一则以愧。喜的是我几十年科学研究工作中的一些原始材料,如果把它们处理掉,总觉得有点可惜和不舍,现在有了妥善和理想的归宿;采集的除科研原始材料以外,还有其他有关的经历材料,也可以保存起来。所以我感到很高兴。但是我又感到很惭愧,我的贡献很小,居然获得条件优越的安排;既感幸运,又感愧疚。

　　接到中国科协通知以后,我们成立了由贾东梅、肖林、刘天玉和我本人的 4 人采集工程小组。老科学家学术成长资料采集工程的研究报告本来是请肖林副教授编写的,他非常认真地在繁忙的教学科研工作之余花了很大力气做这项工作,并已为此工作了半年以上,写了差不多按他原计划一半以上的内容,近 5 万字初稿。但是,到 2014 年 2 月,肖林联系好去英国作学术进修、深造的申请,已经被批准,他应该尽快去英国。我就主动地跟肖林讲,请他把研究报告的写作停下来;与此同时,由于一些其他学术活动的关系,我熟悉了我的浙江大学熊家钰校友,我向熊先生提出邀请,并且把肖林的半部样稿也送他参阅,希望由他来写作这份研究报告,他高兴地答应了。

　　熊先生和我讨论了研究报告的大体框架和章、节名称,提出用"究脑穷源探细胞"这样 7 个字作为研究报告的书名,我欣然同意了。我感觉这 7 个字比较生动、形象地描写了我的科研工作特点。"究脑"是因为我年轻时就对神经系统和脑有兴趣,以后在前辈的指导下进入了这个领域,主要是张香桐、朱鹤年、冯德培和卢振东诸位先生,我自己也动脑筋考虑脑活动机制方面的问题;后来又进入到甾体激素对神经元作用机制的研究,这就是"穷源"了,这方面,我的老伴徐仁宝教授给我介绍了许多有关甾体激素作用的知识;由于机制研究不可避免地接触到神经细胞接受激素的过程,这样也必然牵涉到一些细胞生物学问题,进入该领域,这就是"探细胞"了。我虽然是一个半路出家的细胞生物学门外汉,但既然进去了,也就对它发生了兴趣,所以,以后扩展到提出来想做单分子研究,也做了一点点;再晚一些,又提了科学设想,认为应该做大分子的定位、定量问题,后来提出"精确细胞生物学"的设想。我想,这 7 个字的描写,比较适合我的情况。

我经常设身处地为熊先生着想,他一定为写书花费了大量精力。纵然肖林所写的半部样稿和我对他的工作介绍,使他能够较为容易地理解脑科学和细胞生物学方面的科学内容,但总体上说来,他是重起炉灶。熊先生是一位学工科的人,他能够清晰地描写出脑科学和细胞生物学方面的科学问题,是很不容易的,我向他致谢。

采集工程从 2012 年 6 月开始,到现在已经两年多了。我自己尽了力量,做了原始资料的分类,讨论工作框架等工作。特别是,我们小组的其他 3 位:贾东梅、肖林、刘天玉,他们为采集工程费了很大力气,贾东梅和刘天玉两人还为此出差到杭州、北京,进行采访;这其中,贾东梅所付出的精力更多。我对她(他)们表示深切感谢。还有为数更多的朋友、同事、同学,他(她)们为采集工程提供了许多宝贵材料;采集工程也麻烦了其他许多工作人员,他们为采集工程做录像,把视频材料变成文字材料,提工作建议,等等。对于他们所作的努力,我在此一并表示感谢。

陈宜张

陈宜张院士

陈宜张院士接受采集小组
肖林的访谈(2013 年 3 月 14
日)

陈宜张院士与采集小组成
员合影(2014 年 1 月 22 日,
左起:刘天玉、贾东梅、陈宜
张、肖林)

陈宜张院士与作者熊家钰
先生合影(2015 年 12 月 22
日)

目 录

图片目录

导　言

传主简介

　　1927年10月23日,陈宜张先生出生于浙江余姚周巷镇(现属慈溪)。1952年浙江大学医学院毕业,第二军医大学神经科学研究所所长,中国科学院院士。1999年10月至2003年11月兼任浙大医学院院长,曾任中国生理学会、中国神经科学学会副理事长、《中国生理学报》副主编,创办《中国神经科学杂志》任常务主编。他长期执教、深受学生爱戴;他培养硕士和博士研究生39人,多数成长为各医疗、学术和教育机构的学科带头人和骨干。中国人民解放军总后勤部授予他"科学技术一代名师"称号。

　　自20世纪50年代初进入军事医学高校至今的60多年间,陈先生在教学岗位和科研工作中,为我国生理学和神经科学的发展与创新,奉献了主要精力;为提升我国生命科学在国际上的学术地位,殚精竭虑,做了大量有深刻影响的科学研究工作。早期,他主持的烧伤后输液实验研究,对当时临床通用输液公式有一定的修改性作用;他进行的包括条件反射、外周神经、树突、下丘脑、中脑、应激和整体脑功能研究,在理论和实践上推动了神经科学的发展。至 20 世纪 80 年代中后期,他的科研成果十分丰硕,创建了糖皮质激素膜受体假说,挑战了传统的甾体激素基因组机制理论,丰富了内分泌学领域关于激素作用机制的学说,被国际经典大教科书《威廉姆斯内分泌学》和著名期刊、文献所接受和广泛引用。近十年来,他倡导和组织专家学者研究和实践的细胞内单分子课题、发表的精确细胞生物学的新论断,其影响或许更为深远。

采集过程

2012 年 3 月,接到陈宜张先生学术成长资料采集任务之后,第二军医大学高度重视,迅即成立由陈先生领衔和长期配合和协助陈先生工作的专家、熟悉陈先生科研经历及受教于陈先生的弟子学者组成的采集工作小组,在陈先生的指导下开展工作。陈先生对采集小组反复强调:采集资料和编写研究报告,看似为了个人,而更重要的是将老科学家们的求学历程、师承关系、科研活动和学术成就等学术成长中的史实,以口述资料、实物资料、音像资料和传记文字完整、系统地保存下来,供后来者学习借鉴,向读者和科学界展示我国生理学和神经科学繁荣发展的现状,弘扬中国科学家追求国际科技先进的精神风范,因而可认为这是实现振兴中华的中国梦的组成部分。

采集资料,年表为纲。采集小组比较全面和细致地编制了自 1927 年陈先生出生之日起,至 2015 年 9 月 20 日止的 87 年零 11 个月中,传主的主要学术活动、科研重要事件,与学术成长有关,和学术思维有涉的事件、事实或事情。纲举目张,按年表所列历史史实记载,采集小组选择了与陈先生知识成长、学术成熟和科研成功有所影响、关系密切和熟悉的同学、同事、同仁、领导和家人及他培养的研究生代表人物进行访谈。自 2013 年 3 月 5 日起至 11 月 6 日止的 246 天里,在上海 26 天中访问 37 人次,在杭州 2 天中访问 9

人次,在成都 1 天中访问 1 人次,在北京 2 天中访问 5 人次,总计 31 天在四城市访问 52 人次获得访谈口述录音 1 590 分钟,整理成《陈宜张院士学术成长资料采集工程访谈汇编》共 379 页,约 40 万字。接受访谈的人士,涵盖陈先生的高中同学 2 人、大学同学 5 人、科研合作者 15 人(其中院士 5 人),同事 8 人,弟子 8 人和家人 2 人共 40 人,访问陈先生 13 次,录音 585 分钟。这些第一手资料,为撰写研究报告,提供了丰富而确凿的史料支撑。

采集成果

采集工作小组由陈宜张先生领衔。他深知出版科学家丛书是因为"他们的学术成长历程生动地反映了近现代中国科技事业与科技教育的进展,本身就是新中国科技发展历史的重要组成部分。"(韩启德:丛书总序一),实施采集工作"是国务院交办的一项重要任务,也是中国科技界的一件大事。"(白春礼:丛书总序二),这对"引导青年科技工作者学习继承他们可贵的精神和优秀品质,不断攀登世界科技高峰,推动在全社会弘扬科学精神,营造爱科学、讲科学、学科学、用科学的良好氛围,无疑有着十分重要的意义。"(周济:丛书总序三)。因此,陈先生用对待科学研究一以贯之的严谨、认真和负责的精神,视采集工程的全过程的顺利进展和圆满完成中国科协交给的任务为己任,坦诚以"举贤不避亲"的出于公心的理念,主动积极带有创新性地自荐自己的各类学术成长资料和史料,为采集工程的质量奠定了坚实的基础,为作者写好研究报告提高了强大的心理支撑,吃了"定心丸"。

采集工程有的放矢、有意而为,收获颇丰。主要成果有:

1.《陈宜张自传长编》(初稿,2014 - 02 - 28)

2012 年 3 月,陈先生接到中国科协入选科学家学术资料采集工程通知后,对自己 85 年中的科学生涯进行了系统的回顾。他决定以自传形式总结 60 年来的科研经历;他以耄耋之龄,戴着近视和老花眼镜,于 2013 年初,在近一年时间内,日以继夜地写成了共 13 章、55 节和 25 个附件材料的自传,

约 34 万字(共 214 页,每页 40 行,每行 40 字)。陈先生在自序中写道:

> 2013 年 3 月,中国科协要为我编"老科学家传记",我接受了。这里面有一个节目是编写组对我进行采访,作录音。主要采访做了 5 次,接下来还有一些短的补充采访。由于这样一次活动,引起我的一个想法,我想干脆把以前陆陆续续写的材料,跟我这次采访时讲的录音记录材料整理在一起,作为我的自传稿。另有一些材料,以前用其他形式发表过,或者作为一个专门材料写作过,就把它们摆在附件里面,包括对一些老师、朋友的回忆,以及一些专题问题的总结。这些加在一起就成为自传长编初稿的内容。

陈序说明了他编写自传的初衷,为采集工程提供纲领性的文字,是陈先生十分周密的工作部署,可谓用心良苦。

自传长编有:我的青少年时代,就读浙江大学,在第二军医大学工作,中科院生理所进修,兼任浙大医学院院长,与中国生理学及神经科学的渊源,冲击波及烧伤输液研究,脑研究,糖皮质激素非基因组机制研究,对细胞生物学的兴趣,治学之道,学术风范(学术展望)和人生风采共 13 章。与传记相比,它涵盖了研究报告的主要内容。可以认为,今日之《陈宜张传》,实为《陈宜张自传长编》之演变本,是第三人称之自传。作者充其量是按研究报告写作规范,对自传内容作了一些次序安排上的调整,在写作中变换掉第一人称的表述而已。传记中关于陈先生学术成长过程阶段性的表达,他的科研生涯主要贡献的关键节点,他的科研成果达到的学术高度的描述,全部得益于自传中明晰的启示。

文如其人。陈先生自传的文风,像他做人和做学问一样朴质无华、情意交融,为作者撰写传记提供了范本和最具体的章节安排,作者深感拜读陈先生的文作是一种享受,为他立传是难得的学习和提高文字水平的机遇。自传中,有"一言之赐"一小节(自传第 190 页),现摘录用以说明陈文流畅和清新的文风。

陈先生听到有人做变性手术,男人变成女的,女人变成男的,他起初不

相信,后得悉二军医大长征医院施行变性手术后,他在文章中写道:

> 虽然这个问题到今天我还难以理解,这里面肯定有神经、心理、脑基础活动方面的问题。不过,这也说明我的孤陋寡闻,我的知识浅薄。我经常有一些无知却还自以为是的情况。这件事,对我是一个暴露与提高。

这类文字,在自传中经常出现,说明一个正直的科学工作者在科学问题上颇有自知之明,既敢于坚持真理,又勇于自以为非,这是陈先生内心强大的表达。

自传中翔实、系统的史料记载,严密而精确的章节安排,为研究报告的写作,提供了最具活力和实用的泉源。

2. 陈先生收藏的纪念册、传记、新闻报道和评述文集

其中有:《时代需要的真正科学家——陈宜张院士》,2014 年 2 月由二军医大编辑出版。在座谈发言、新闻报道、评论反响和人生风采等四大专栏中,共发表包括二军医大校长孙颖浩少将、政委陈锦华少将的发言在内约 36 份文作共 20 万字,从陈先生的科研、为师、为人、科学贡献等多角度记载了陈先生的科学精神和人格魅力。

《陈宜张院士 80 华诞纪念册》,2007 年二军医大编印,其中有关家庭生活照片,为传记选用。

3. 来往书信

获得来往书信共计 630 封,其中原件 576 封,数字化 54 封。重要的信件有:

王季午致陈宜张函,表达了对陈宜张当选为中国科学院院士的喜悦之情,对陈宜张取得的成绩感到欣慰。此后王季午先生提议邀请陈宜张担任浙大医学院院长。王季午系陈宜张的老师,浙江大学医学院首任院长。

冯德培致陈宜张函,1989 年 7 月,在与陈宜张一起参加赫尔辛基(Helsinki)第 31 届国际生理学大会期间,冯德培先生主动把陈宜张介绍给国际生理学界的著名科学家,美国的 Knobil 是其中之一。冯德培为 Knobil

和陈宜张拍了合影照。冯德培回上海后发此信把照片寄给陈宜张。冯德培为我国著名神经生理学家。

朱鹤年致陈宜张函，朱鹤年先生信中的一首诗写了他和陈宜张一起参加过的几次会议：1979 年全国针麻会议、1981 年全国生理学大会、1982 年苏州医学院的论文答辩会和 1983 年去河南医学院作学术访问。朱鹤年先生是陈宜张的前辈学者，著名的生理学家，第二军医大学生理学教研室主任。

唐孝威致陈宜张函，关于 1997 年第 73 次香山会议后有关联合申请课题，或向科技部提出科学建议等问题的讨论。唐孝威为中国科学院院士，物理学家，浙江大学物理系教授。

莫斯（Moss）致陈宜张函，莫斯和陈宜张是第 33 届国际生理学大会"甾体激素的非基因组作用"专题讨论会的主持人，做专题报告的共 4 人，莫斯，陈宜张，另外还有德国和法国学者。国际生理学大会对参加作专题报告的人有经济资助，但这笔钱迟迟不能到款，一直拖到 1999 年才拿到。莫斯的这封信是通报这笔钱已经收到，4 个人是如何分配的。莫斯是美国德州西南医学中心神经生理实验室主任。

麦克尤恩（McEwen）致陈宜张函，回答陈宜张邀请他来参加 1994 年的 FAOPS 大会的问题。麦克尤恩为美国科学院院士，洛克菲勒大学神经内分泌实验室主任。

八木（Yagi）致陈宜张函，1994 年上海召开亚洲大洋洲生理学会大会，八木参加。在与八木的联系中，陈宜张推荐刘秀到他们系里去工作，来信中介绍当时日本资助外国学生、学者的有关情况。八木为日本著名生理学家。

4. 照片

采集照片共 1 287 张，全部数字化。每张照片由陈宜张亲笔写下注释，回忆起每张照片的拍摄时间、事由及照片中人物姓名，大大增加照片史料价值。重要的照片有：

1987 年，第二届国际脑研究组织（IBRO）大会在匈牙利布达佩斯会议中心召开。陈宜张有一个展板展出，内容为糖皮质激素对神经元的快速、非基因组作用。

1994年，陈宜张参加在布达佩斯举行的第三届国际神经内分泌大会。由于匈牙利弗莱廓(Flerko)、荷兰德·克罗特(de Kloat)等人的推荐，陈宜张作专题报告。

1990年，军队神经生物学专业委员会审稿期间，陈宜张到蔡翘教授家中去看望他。蔡先生身体已不大好，他从楼上下来，与陈宜张交谈，此后不久，蔡先生去世。

陈宜张参加了在俄罗斯圣彼得堡召开的国际生理学联合会第33届大会，主持"甾体激素快速、非基因组机制"专题讨论会。这是在这次大会上由中国人主持的唯一的专题讨论会。

1995年，在上海第二军医大学召开的第一次全国神经科学学会代表大会及学术会议。陈宜张任组织委员会主席，赵志奇任学术委员会主席。宣告中国神经科学学会的成立。

2001年，由中科院学部资助，在上海第二军医大学召开中国国内的第一次单分子学术讨论会，由陈宜张主持。这是国内第一次召开的单分子研究会议，陈宜张提出了单分子的研究方向。

5. 手稿日记类

采集小组共采集到陈宜张保存的读书笔记、科研记录、论文手稿、日记等242件，其中实物144件，数字化98件。如随想集(学术记事)，陈宜张在2003—2012年期间书写的学术思路及记事录；单分子项目的组织及酝酿日记，记述了自然科学基金重大项目-单分子研究的组织及酝酿过程；1987年参加匈牙利布达佩斯第二届国际脑研究组织大会纪事；1951年陈宜张在浙江大学医学院结业时的总结发言稿。

6. 证书

采集证书252件，其中原件190件，数字化62件。重要的证书有：国立浙江大学注册证：上面注明了陈宜张入浙江大学后第二年九月从机械系转到医学系；自然科学奖证书：陈宜张的"糖皮质激素对神经元作用的非基因组机制：膜受体假说"项目获得1997年自然科学四等奖，是当时第二军医大学获得的第一个自然科学奖；中国生理学会会员证：陈宜张在中国生理学会担任副秘书长时的会员证；中国生理学会证书：1990年陈宜张当选为中国生理学会第十八届理事会副理事长；浙江大学医学院院长聘书：1995 年中国科学院院士当选证书，1996 年 12 月解放军总后勤部"科学技术一代名师"证书，1999 年陈宜张被聘为浙江大学医学院院长，为四校合并后新浙江大学医学院第一任院长；中国神经科学学会证书：1996 年中国神经科学学会成立，陈宜张被选为中国神经科学学会第一届理事会副理事长。

写作思路

学习传主严谨治学和求真求实的科学精神，力求写真陈宜张先生近 60 年中的科研经历，再现传主在教学、科学探索中的科学思维、人格境界和学术风范，反映陈先生科学成长中的科研风格，以期体现这位东方神经生理科学家的精神风貌，这是治传的根本目的。在写作时，时时以传主告诫的、文章要经得起时间和历史的检验的警句，作为执笔时的座右铭。

在传主的指导下，传记写作目录和章节安排是边写边改，多写多改后，逐步成熟，确定了比较符合传主一生主要科学学术成长经历的写作框架。

全传共 10 章 45 节，第一章至第三章写书香家世、中学自学和大学时代，时间跨度自 1927 年出生至 1951 年离开浙大，可视为陈先生人生成长的阶段，在第三章 11 节中，写传主祖父、父亲和二位叔叔刻苦治学、勤奋攻读的言传身教对幼年陈宜张的熏陶和潜移默化的精神感染，突出《国史旧闻》和《新元史本证》两部著作是陈宜张可见、可触的严谨治学的活样本；写在国破家毁的逆境中，陈宜张依靠自学达到高中文化水平的传奇学历；写浙大一流名师的教育、"东方剑桥"学术氛围的启示、"民主堡垒"学生运动对他政治信仰和人生观的启蒙和革命思想的熏染。

第四章至第六章写扎根第二军医大学、有幸师从张香桐大师跨入脑研究的科学殿堂，倡导糖皮质激素非基因组机制假说，作出科学生涯中对生命科学的最主要的贡献。这三章 15 节的文字，是全传重中之重，亦可视为陈先生科研事业中的成熟、成功阶段，进入了人生奋斗的高潮。如果说陈宜张是神经生理科学海洋里的时代弄潮儿,那末发表糖皮质激素快速作用假说,便是他劈波掀澜时气势磅礴的最强弄潮声,他的科研境界达到了高峰。

第七章至第八章,写推助中国生理学和神经科学的发展,具体体现为热心组织学会活动,通过创办专业期刊传播学术思想和科研成果,帮助专才成长;写耄耋之年探细胞,突出他积极组织活细胞单分子研究和倡导精确细胞生物学新论断,对细胞生物学领域的促进,刻画了一位科研不息、攻关不止的老科学家的形象。这两章9节的史实,是陈先生长期形成的不断科研创新的佐证,和前三章可谓呵成一气。

第九章,写入选中国科学院院士、出长浙大医学院和荣获总后勤部的精神奖赏。所写的历史事实,与前五章有着互为因果的关系。陈先生成为陈院士的经历,是他在科研学术上取得征服生命科学界的成果和在国际、国内学术地位稳步上升的客观反映。陈先生的假说,在1990年初露锋芒,学术上的成熟和人们对它的认知到接受,有一个允许的思维过程;经过两三年的理论和实践的检验,陈宜张学术思想已为专家学者所了解和开始熟悉,特别是国际权威的《威廉姆斯内分泌学》大教科书,在持续6年的第八版和第九版中,均引用陈宜张所提出的新机制,西方经典的文献期刊也对陈氏的研究保持高引用率,表示接受东方生命科学家的崭新的学术观点;1994年,即中科院遴选新一届院士的前夕,国际生理学大会邀请陈先生在1997年第33届国际生理学大会上主持甾体激素的非基因组机制专题讨论会,这是一次唯一由中国科学家主持的国际生理学术大会的专题讨论会,为中国生理学界赢得了声誉。国际上的科学呼唤,无疑为陈先生入选院士铺开了绿色通道,1995年他水到渠成,成为中国科学技术国家队的新成员。四校合并后的新浙江大学医学院院长要求是院士或院士级的学者,浙大医学院创办后的首届毕业生陈宜张院士成为首选人选,院长之任也就顺理成章或曰非陈莫属也。总后勤部因势利导,发出一代名师的奖状,适时宣传和弘扬陈院士的科学精神和诲人不倦的高尚风范,可谓明智之举。

第十章写陈院士的家庭生活,这是一位科学家科学事业获得成功的重要组成部分。贤妻的内助和外助特别是学术的指导和合作攻关的默契,儿孙的学业、事业的成就和亲情,家庭的和谐和守望相助,都是陈老一生的幸福之源。在此章的 5 节中,也介绍了作为科学家的陈院士的诗人气质和他的诗作,以期给读者和后学者一个矢志科学而又极富热情的性情中人的印象。

全传 10 章的内容安排,贯穿着紧扣学术成长的主线。这根主线将如下 8 个历史节点比较自然地连接在一起,这就是书面上所标示的:1927 年出生浙江余姚,1946 年考入浙江大学医学院,1951 年进入第二军医大学,1962 年张香桐指导开展脑科学研究,1987 年向国际科学界宣布糖皮质激素快速作用机制,1995 年当选中国科学院院士,1999 年兼任浙江大学医学院院长,2012 年倡导精确细胞生物学。撰写研究报告时,充分采用传主自传长编中朴质的语言和尽可能地多用访谈时受访者的原话,保持史实描述的"原汁原味"而令读者感到亲切可信,能从字里行间和配合的图片中,想像历史画面中人物的音容语调甚至感觉到科学交流中的友情和至友之间的呼吸之声,为弘扬传主和专家学者们的献身科学的精神,力求好的效果。

第一章
余姚周巷　书香家世

开明的秀才祖父

1927年10月23日,陈宜张出生在浙江省余姚县的周巷镇,现隶属于宁波市慈溪市。周巷位于杭州湾大桥的桥南,由北过桥向西拐弯至庵东,再往西行约十公里即周巷。周巷镇的通大桥和大通桥之间的河北岸,长了一棵高大的古樟树,树的附近居住着同宗的十几户陈姓人家。清代末年,他们共同经营一家"同春染坊",所以这些家庭之间以及陈氏以外人士,便称对方为"樟树下同春XX房",陈宜张的高祖父排行第三,故被称为"樟树下同春老三房"。说陈宜张书香门第,也不算太典型,陈宜张的祖父陈少慕(1874—1938)是晚清秀才,曾祖和高祖也都读书识字,所以陈家可称书香人家。

陈宜张的曾祖和祖父是两代单传,父亲陈登原有兄弟四人,二弟早殇,三弟陈叔陶,四弟陈季涵。陈宜张有一个姐姐和三个弟弟,是同春老三房的第五代人。

1904年(光绪30年)陈少慕在31岁时考上秀才。次年,延续千余年的中国科举制度寿终正寝,开明而有远见的陈少慕对此早在意料之中。

陈少慕对长子陈登原在学识方面的要求严格。有一次把儿子关在书房内,逼他阅读《资治通鉴》。儿子生气了,坚持不读,但被锁在房内也很无聊和无奈,便随便翻开这部大部头书看看。起初他是略加浏览,但几经翻看,他逐渐对书中的内容发生兴趣,便主动地逐字逐句通读起来。他后来入东南大学攻读历史系,成为中国著名的历史学家,与"闭门逼读"不无关联。陈少慕很有眼光,他知道拥有科学知识的重要,所以竭尽全力,培养自己的三个儿子,都成为国立大学毕业的优秀人才。

1927 年农历 9 月 28 日,陈宜张这个属兔的胖小子,在同春老三房出世,给久未添丁的陈家带来了欢乐。陈少慕替这个长房长孙取名陈宜张,希望孙儿将来彰显家门,张扬家风,53 岁的陈少慕对陈家后继有人甚为欣慰,自然地成为长孙的第一位"庭训"老师。他教孙儿学习古文和背诵《唐诗三百首》《古文观止》等。结合诗、文讲解,穿插讲述相关的历史故事,所以陈宜张听得很有兴趣。他替孙儿批改作文,用心细致,有圈有点有批语,批语多系鼓励之词。陈宜张有一次在作文中,引用"若不胜追兵之逐者"一词来形容台风过后,天空云彩的快速飘逸。陈少慕为此句之运用巧妙适当大为欣赏。当时,陈宜张是八岁的孩提,能有如此深刻的国学领悟,可见平时学习是很勤奋的。

图 1-1　1959 年陈登原在西安

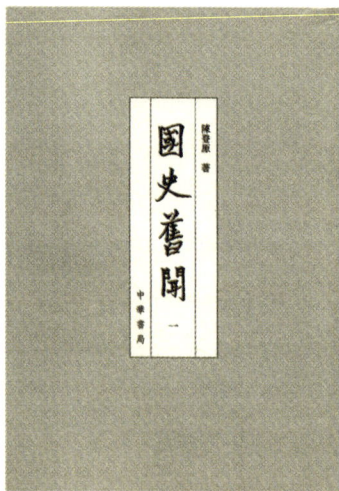

图 1-2　陈登原著《国史旧闻》书影

每年夏天和家人围坐纳凉的时候,便是陈宜张向祖父和父亲学习古文、古诗和文史知识最合适的机会。他能背诵白居易的《长恨歌》:"汉皇重色思倾国,御宇多年求不得。杨家有女初长成,养在深闺人未识。……在天愿作比翼鸟,在地愿为连理枝。天长地久有时尽,此恨绵绵无绝期。"那时他不懂这些缠绵悱恻诗句的意境,但也觉得有点伤感。此时,陈登原便给他讲解开元、天宝之治和安史之乱的历史,说李隆基和杨贵妃的爱情故事。陈宜张的记忆超常,88岁的陈宜张院士至今还能背出120句,840个字的《长恨歌》诗句。

"嘈嘈切切错杂弹,大珠小珠落玉盘。间关莺语花底滑,幽咽泉流水下滩。"陈登原在讲解白居易的《琵琶行》时,讲到白居易与元稹的政治主张和文学见解都很一致,友情特别深厚。当说到元稹在病中得知白居易被降职后写的诗句:"残灯无焰影幢幢,此夕闻君谪九江。垂死病中惊坐起,暗风吹雨入寒窗。"时,陈登原不禁情为诗动,高声朗读起诗句来。诗意激起父亲感情的投入,让陈宜张从小感染到诗言志和诗句渲染的魅力。

陈宜张读得较多的是《古文观止》中的古文。他喜欢唐宋八大家的散文,尤其是欧阳修的《醉翁亭记》。他把这篇散文印刻在脑海之中,以致在2012年85岁那年,到理发室理发时,会对安徽滁州籍的理发师,即兴背诵《醉翁亭记》。他告诉理发师,"欧阳修描写的正是你的家乡滁州。"陈宜张兴奋地用略带宁波口音的普通话摇头晃脑地背诵:"环滁皆山也。其西南诸峰,林壑尤美。望之蔚然而深秀者,琅琊也。峰回路转,有亭翼然临于泉上者,醉翁亭也。……"滁籍理发师虽然不明白这位慈祥老人朗诵的是什么意思,但知道是描写他的家乡的美景,感到这是对他的尊重,所以心生好感和谢意。他下意识地眼睛盯着老人,他的头也不由自主地摇晃起来似乎表示:"颇有同感。"当然,在为陈老整理皓首时,自然细致入微,梳理银发"一丝不苟"。

陈宜张喜欢刘禹锡的《陋室铭》。他读到"山不在高,有仙则名;水不在深,有龙则灵;斯是陋室,惟吾德馨……"时,祖父告诫他说:"做人,环境虽差,但重要的是要有德,有志向,有操守,有了这些做人的品格,环境再差也无所谓,陋室也就'何陋之有'了。"尽管他当时还不能完全体会这些警句里的深意,但他潜移默化地受到中华文化的熏陶。他说:

优美的古诗词，可以陶冶情操，培养情感，教人道理，有时还会给人开拓思路和启迪。就以欧阳修《醉翁亭记》为例，作者运用清晰的描述，首先放眼"环滁皆山"的大背景、大环境，由此引出"西南诸峰"，再到诸峰中的"深秀者琅琊"，呈现"水声潺潺的酿泉"，最后才使"临于泉山上的醉翁亭"呼之欲出。如此丝丝入扣的描写，体现了缜密的逻辑，而做科学研究，最重要的就是缜密的逻辑，需要抽丝剥茧，去伪存真。①

陈宜张从小得到的文学奠基和受到的文史诗词方面的训练，使他在今后几十年的科研实践中，善于把文学思维融入科学探索而丰富了科学的内涵，使科学和文学能水乳交融。父亲给陈宜张兄弟们讲述中国古代公孙龙子的"白马非马"和古希腊芝诺"游矢不动"的故事，使陈宜张自幼感受到逻辑推理的魅力。陈宜张回忆说，父亲在茶余饭后的谈话，每日功课的督促，传授的文学、历史、科学知识以及做人的道理，使他们兄弟们终身得益。

陈宜张的父亲陈登原长期在外地任教，有时母亲也随父亲同行。所以，幼年的陈宜张和大姐宜振、二弟宜和，便由祖父母照料抚养。陈宜张自幼爱动脑筋和贪玩，经常在顽皮一天后，满身脏泥回家。他偷偷地溜回家后，第一件事是看祖母的脸色，观察老人家有否生气。

1996 年 2 月 20 日农历正月初二，陈宜张夫妇和儿子大庞回故乡重访周巷旧宅，回忆童年趣事时，陈宜张心情激动，曾赋诗《忆周巷樟树下故居》以志。

三更梦醒想前尘，樟树同春栖此身。

雪压梢枝冬烂漫，花引蛱蝶夏丽绚。

堂前击弹虾背屈，宅后捕蝉猿臂伸。

汗出淋漓顽皮后，进门偷看祖母嗔。②

---

① 除非另有特别说明，全书陈宜张引语，均来源于陈宜张访谈、2013 年 3 月 14 日—26 日，4 月 12 日，9 月 16 日和 10 月 17 日。上海，资料存于采集工程数据库。全书同，余注略。

② 陈宜张：《自传长编》，上海，第二军医大学，2014 年 2 月，全书陈宜张诗文均引自此书。

1938 年的盛夏，一天下午，陈少慕全身乏力，不思饮食，连续上吐下泻。经中医诊治和西医注射强心针，均无效果，至次日凌晨便撒手西去，终年 64 岁。后来得知，他是染患霍乱，当时如能输入生理盐水，可以挽救，但周巷那时没有这个医药条件。陈宜张的父亲陈登原对其父的无法救治，深感无奈和无助。当时，他想他的儿子如果是医生，那该有多好！

父亲的《国史旧闻》

陈登原（1900—1975）字伯瀛，1922 年考入东南大学历史系，1926 年毕业后先后执教东南大学、金陵大学、之江大学和中山大学等高校。解放后任西北大学历史系教授、中国古代史教研组组长、校务委员和图书馆馆长；加入九三学社和中国民主建国会，曾任陕西省政协委员。

陈登原对中国历史的深刻研究，记载于他的 23 部、近 1 000 万字的著作中。自 1926 年至 1937 年的 11 年内，他的著作中涉及书评、藏书记述的有《古今典籍聚散考》、《天一阁藏书考》；关于田赋的，有《中国田制丛考》、《中国田赋史》、《中国土地制度》等，其他著作有《国名疏故》、《金圣叹传》、《历史之重演》等，平均一年出一本书。20 世纪 30 年代末出版的《中国文化史》（上、下册），被译为日文本（上册），俄罗斯科学院做过专门的介绍。

1999 年 10 月 21 日，陈宜张将《天一阁藏书考》和《中国典籍聚散考》两书印本，寄赠天一阁博物馆，在该书问世 67 年之后，完成了他先父向家乡捐赠这部为天一阁专写的史料的遗愿。2010 年 5 月，由陈宜张的三弟陈宜周发起，把家中保存的全部陈登原手稿捐赠给宁波天一阁，宁波市为此举行了隆重的捐赠仪式。

陈登原所著《天一阁藏书考》是第一部全面而系统地研究天一阁藏书的专著，因此弥足珍贵。他在半年内，完成了 11 万字的书稿，书中附录有重编的宁波范氏天一阁图书目录，记录当时清点的存书仅有 962 种（完整的 310 种）、7 991 册，碑帖全失。对此，陈登原痛心疾首，感叹曰：

范氏藏书，自懋柱（范钦的八世孙，为乾隆编纂《四库全书》时，献书最多）以来，无读书种子久矣。家贫著以书为奇货，而有串同盗窃之嫌；家富者忙于读书，亦多牵累之虞。是则书为范氏祸，明矣！①

陈登原治史，敢于提出质疑，勇于推翻和修正经史实证明有谬误的结论和论点，他曾谈及"余治历史者也，是故偶有吟咏，不喜风花雪月，喜于古人故事，妄作穿插之语。"

《国史旧闻》是陈登原倾毕生之精力完成的体大思精的巨著，是这位历史学家为之鞠躬尽瘁的代表作。1937年，这本书就开始筹划落笔，1938年他离开之江大学后，回到周巷动手写作，一直写到1965年由西北大学退休，前后持续了近30年，其间还受到社会动荡的折腾和磨难，其忠实于史学研究之意志和毅力不言而喻。

《国史旧闻》从三皇五帝，一直写到清末，为避免惹出是非，书中未写民国的史闻。作者用排列专题和提问的格局，写出正面和反面的相关资料，再加上作者以"登原曰"形式，表达很简短的述评，仅二三行字而已。他做史料研究，主张"宽"、"博"二字，即眼光要宽广，要广览群书，提炼精华，最大宽度地掌握历史的真实资料和确凿的证据，有了一定的宽度后，才能从博到精。写作《国史旧闻》时，他将中国历史上古往今来的史料，分别编为文化、政治、军事、经济、田赋、文学、诗歌等大类的近900条专题索引，制成卡片随身携带。这部近300万字的书稿，他抄了至少四五遍。他告诉陈宜张，"反复地抄写文稿，就是反复地修改，才能写出精炼的文章。"陈宜张每忆及此，便想到父亲为防蚊叮，把长裤管塞在高帮套鞋内；母亲在煤油灯罩外加上铁丝套，可以加热茶杯中的茶，给父亲润喉提神的这些情景，使他深感父亲治学精神之坚毅和母亲对父亲事业的有效的支持。

陈登原用毛笔和钢笔交替写字，以调节手指的感觉。久而久之，右手中指右侧，磨出了一块很厚的老茧。文革时，红卫兵批斗他时，看到他写书连手指都磨出老茧，也很感动。

---

① 孙武军：《陈宜张传》，宁波：宁波出版社，2008年，第9页。

父亲为了家庭生活有经济来源,经常在各地的高校任教,和家人离多聚少,支撑全家和养育子女的重任都压在陈宜张的母亲肩上。她无怨无悔地关爱丈夫和子女,维护陈家的和睦相处和安宁。陈登原为表达对妻子严一清(1897—1994)由衷的感激之情,在1958年《国史旧闻》第一册出版前,恭请贤妻亲笔题写书名。所以,严一清手书的"国史旧闻"娟秀楷字,永远刻印在这部历史长卷的封面上,记载着这对恩爱伴侣守望相助和同甘共苦的故事。

图 1-3 1988 年母亲严一清在上海

《国史旧闻》全书四册,74卷共900条。第一册于1958年由三联书店出版,后三册由中华书局出版。引以为憾的是第三、四册出版是在1975年1月之后,作者生前未能亲睹这部影响中国历史学界的巨著之全貌。

陈登原对自己的文史功底有足够的自信,自知没有机会能够在首都北京那样的文化古城工作,没有得到著名的史学大师的指点,在许多方面不及顾颉刚、向达等知名学者的水平,但他能准确地占有史料,辨别真伪,以科学的史观,求真的史识和高尚的史德,创作了大量有影响的专著,形成了独特的重论据,重过程,重分析,重事实,而异于一般历史思维定势的治史守则。他的自信、坚定、求真和慎辨的品质,在耳闻目睹中自然地影响着智力发展中的陈宜张。

1975 年 1 月 7 日,陈登原因病治疗无效,于西安逝世,享年 75 岁。陈宜张的三弟陈宜周教授在回忆他的父亲和当年家庭生活时说:

　　父亲对我们子女的教育,在言辞方面的教育较少,实际上父亲对我们的影响在于身教。我对父亲的深刻印象是他一生勤奋于文史著作,现在国内有很多媒体上都报道他的著作《国史旧闻》。

　　在这本书的第四册中说,礼仪起于富足,就是有礼貌起源于富足,盗窃起于贫穷。我的大哥在勤俭节约方面做得很好,正是遵循了父亲的教导。

　　我父亲善于收集资料和整理运用。他主张勤奋写作,他教育我们要勇于写论文和投稿。如果一个人 20 岁时感到贡献太少,30 岁时不成熟,到了 40 岁时去投稿,被退回来那不是脸上无光吗。如此,20 岁、30 岁、40 岁岂不是一辈子无所作为吗? 他要我们要有勇气,不要害怕,大胆写作投稿。受父亲的鼓励,陈宜张在 1956 年便在《生理学报》上发表文章。我在大学里没有读过高深的力学课程,但是经过勤奋自学,我在 1962 年《力学学报》上发表论文,实际上我在 1959 年就开始写论文和投稿,在当时西安地区大学助教中是第一名。2003 年,我在英国出版了《断裂力学的独立问题》专著,迄止 2012 年,我在国外发表了 285 篇论文,在力学杂志也发表很多学术文章。

　　我父亲一生珍惜时间。他说,一个人的一生不要追求拥有多少金钱物质,享有多少荣华富贵,而是要给后代留下一些文化财富,因为享福是短暂的,你活 60 岁、80 岁都是短暂的,而后者是永恒的。一个人很重要的就是离开人世时,总要给后代留下一些文化方面的遗产。陈宜张学术勤奋,盖源于我父亲自学精神的熏陶和启发。①

---

① 陈宜周访谈,2013 年 3 月 5 日,上海,资料存于采集工程数据库。

图1-4 20世纪30年代陈登原与子女合影(左起:长子陈宜张、次子陈宜和、女陈宜振)

工科三叔评新元史

陈宜张的三叔陈叔陶(1913—1968)和四叔陈季涵(1915—2002),都从国立浙江大学土木工程学系毕业。

陈叔陶由浙江全省教学最好的杭州高级中学高中毕业时,获全省会考第一名。1934年,他考取上海交大和杭州浙大,后入交大读书。当年秋季,他患伤寒病,在家休学一年。病愈后,交大不知何故未给复学,后与浙大联系,浙大表示接受,所以1935年他转入浙大土木工程学系学习。同年,他的四弟季涵也考进浙大,兄弟二人同班读书。陈叔陶在养病期间自学研究,写了一本约7万字的《新元史本证》,该书针对《新元史》书中的谬误,提出了正确的史实和史说。

图 1-5　1963 年全家合影（坐者左起：陈二荦、严一清、陈大庞、陈登原；立者左起：徐仁宝、陈宜张、陈宜扬）

在中国二十四史中，首部元史是明朝宋濂编著的《元史》，学界反映，此书编得草率，质量不高。清末民初，柯绍忞编了一本《新元史》，读者反映此

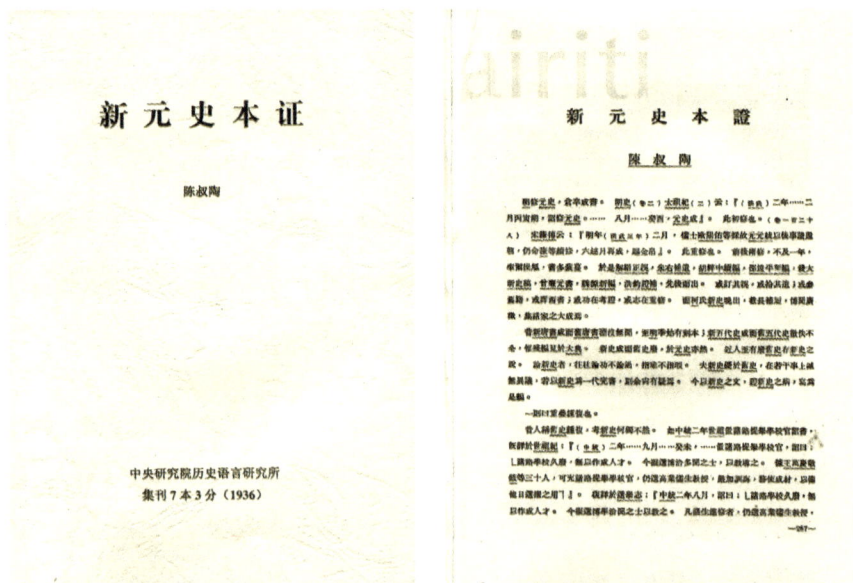

图 1-6　陈叔陶著《新元史本证》书影（1936 年）

书比原来的好,但却被时为高中毕业,且患病休养中的陈叔陶审视出人名、地名、纪年、纪月、纪日、纪事、世系、封爵、官职、氏族、谥号11处多误;纪年、纪事、宗室、世族、姓氏5处多遗;另有重叠重复、译音无定、误氏为人、体例不一、书法未审、剪裁未当和人名未当共计23处错误,他据此写了一本《新元史本证》对原著加以修正。他将书稿寄给当时的中央研究院历史语言研究所所长傅斯年,傅所长看到书稿时,陈叔陶已进浙大读书。傅所长请刚出任浙大校长的竺可桢①查询浙大写此书的作者的情况。竺可桢先后查了历史系的教师和高年级学生,都没有找到作者。后来查找全校人员名单,才查到土木工程系二年级的陈叔陶,竺校长对这位学生印象深刻。

解放后,竺可桢与陈叔陶在全国劳模大会上相遇时,两人还谈及当年的往事。

傅斯年主持的历史语言研究所,自1928年起,每年出一本集刊,每本有四分集,陈叔陶的《新元史本证》,刊登在1936年集刊第七本第三分集(第281—354页)上。为这本集刊在历史领域的撰稿人有陈寅恪、陈垣、傅斯年、顾颉刚、胡适等,与这些大师相比,陈叔陶是小人物。一个大学工科的低年级学生,他能在一年不到的时间内,写出和自己所学工科完全隔行的史书评著,实属难能可贵,他的这种追求学术的智慧和勤奋进取的精神,对陈宜张这一辈人,是一种具体的身教。

陈叔陶是第三届全国人大代表,多次被评为全国劳动模范。

1939年5月15日,竺可桢曾在日记中写道:

……三点至校,土木系四年级生陈叔陶来。陈在二年级时即研究

① 竺可桢(1890—1974),气象学、地理学家,浙江上虞人。1918年获得哈佛大学博士学位,1948年当选中央研究院院士;1936年至1949年任浙江大学校长。他组建早期中国气象观测网,开展物候观测、高空深测及大气预报,在台风、中国季风及大气环流、气候区分、物候、气候变迁研究领域,作出开拓性的贡献,在中国气象界,首先倡导季风系统这一概念。首创区域气候研究,提出划分亚热带的指标。确定中国八大气候区,确立了气候区划和自然区别的基本轮廓。主持并参加我国黄河中游水土保持、治沙、黑龙江流域、西部南水北调,云南热带资源等综合考察工作,作出了重大贡献。1955年当选中科院学部委员(院士)。参见:《名流浙大》,第54页,2007年5月,杭州:浙江大学出版社。

历史上之文字,傅孟真(即傅斯年-作者注)认为有价值。前次在昆明余曾询孟真有否嘱其入历史研究所之可能,孟真以为如渠志愿在于研究历史,甚愿罗致之。今日陈来,据云渠已得傅孟真来函招其往史语所,渠之志愿仍在土木机构方面,不愿往。余告以国内无一机关可以研究此学,土木毕业而后只可在路上作测量工作而已,故嘱其于路上工作一年后仍能专心历史。[①]

正如竺可桢在日记中所言,1939 年,浙江大学西迁途中,在广西宜山办学时,竺可桢曾询问陈叔陶由土木工程系毕业后,有没有打算去历史研究所,如果去,就有可能多做一点学问;如做土木工程,那就是施工工作。显然,竺校长希望他去历史所。陈叔陶告诉竺校长,傅先生来信了,他已回复仍要做土木工程。

陈叔陶做土木工程研究时,要数学运算。那时在老家周巷没有计算机、计算器,是用胶版质的计算尺,可进行乘、除、开方、立方运算,但精度不高。所以,他灵机一动,把两把中国算盘串联,原来的十三格变成廿六格,可进行开平方、开立方。陈叔陶和大哥陈登原一样,在夏日挥汗如雨,冬天呵手取暖,珍惜时间做学问。陈叔陶在高中时,背读《英汉模范字典》,他是从 A 字读起,按英文字母顺序一个一个地读记,他指导陈宜张学英文时,也要侄儿背英文课文。陈宜张的扎实的英文根基由此而来。

陈宜张的父亲和叔叔治学的精神,给他多方面的教育和启示。陈宜张体会到:第一,做任何事情,都要全力以赴,抓紧时间去做,不能马马虎虎。第二,做学问要盯住不放。虽然父、叔的学习条件不算太好,但他们发挥最大的努力,锲而不舍,做出了好的成绩。第三,要培养自己的自信心,父辈们为他们提供了榜样,使他知道根据自己的知识水平和条件,充满信心地把可以做好的事情做出自己认为最好的成绩。做任何事情,自信心十分重要。

---

① 《竺可桢日记》,第一册(1936—1942),北京:人民出版社,1984 年,第 332 页。

第二章
中学自学纪事

上虞战时初中

陈宜张自幼由祖父教读国学和诗文,他没有读过初小,只上了五年级和六年级两年高小。1939 年他考取余姚中学,因 1937 年下半年抗日战争爆发,他的父亲陈登原已由杭州返回周巷,在邻县上虞协助姑父办了一所属于补习性质的上虞战时初级中学(下简称战中),陈宜张就在战中住校读书,没有到余姚上学。战中设在丰惠镇的胡家祠堂,距周巷约 25 公里,每学期开学和放假时,陈登原父子步行往返,平时在学校的食堂用餐。丰惠镇经常有空袭警报,师生出去逃避,就无法在校吃饭。所以,他父子有时到餐馆去吃一碗面条,这对陈宜张来说,是一种享受和奢侈的事。1941 年 4 月 5 日清明过后,余姚沦陷;在此之前,他们父子已回到周巷。陈宜张从此结束了从 1939 年秋到 1941 年 4 月三个学期的学习生活。一年多的时间,给陈宜张留下国难当头、生活艰难的痛苦记忆,十三四岁的少年陈宜张,已深知愁的滋味。

他怀念无忧无虑的童年生活……

沦陷区自学五年

　　1941 年 4 月 21 日,日寇侵占宁波,23 日入侵余姚。因周巷离铁路稍远,所以在 4 月 30 日沦陷。从此,陈宜张心里笼罩着亡国奴这一屈辱字眼的阴影,过着担惊受怕,好像随时会发生意外事件的惊恐日子。因时局紧张,害怕发生杀人、放火、抓壮丁等事情,所以要经常逃难。有一次,陈宜张和家人逃难到附近十多公里外的临山,亲戚帮助租了一间民房,躲了较长一段时间,有时要跑三个小时的路,偷偷地回家看一看。

　　还有一次,陈宜张和父亲逃难到上虞县永和市的姑父张革家里,住在矮小的阁楼上。一天晚上,日本兵带着翻译来搜索阁楼,用枪对着父子二人,到清晨才放人走。后来知道,日本兵是来抓张革家隔壁他的大伯父的。

　　日本侵略者占领周巷的四年多时间中,陈宜张非常沉闷和悲愤,盼望早日把日本帝国主义赶出中国。1942 年,陈登原在梅雨季节写了一首《黄梅特长》的诗,恰当地反映了陈宜张当时的心境。诗曰:

　　　　淤日停云久作梅,总为昏闷辗徘徊。村前薄雾迷人兽,市里浓蒸少往来。偶偶骄阳闪水国,绵绵细雨长蒿莱。伊谁不望东风软,默祝晴天万里开。[1]

　　诗中讲述的迷人兽是指汉奸横行,人兽难辨;东风软是盼望早日打败日寇;晴天是表达沦陷区人民默默祝愿早日光复国土。2003 年,兼任浙大医学院院长的陈宜张院士在一次对学生讲述他在沦陷区的亡国奴生活境遇,说到伤心处,他不禁语调哽咽,泪水盈眶而不能自已。学生关切地询问时,他说:"我恨日本侵略者!"

---

[1]《陈登原诗文集》,哈尔滨:黑龙江人民出版社,2004 年,第 44 页。

当年,陈宜张正是怀着对日寇的强烈憎恨和复国之志,在父亲和叔叔精神上的激励支持和学识上的具体辅导下,以坚韧的毅力,自学五年,达到高中课程的学业水平。

1941 年 4 月,陈宜张因家乡沦陷,他只读了三个学期的初中,在国土沦丧,时局动荡不安的情况下,他被迫只好在家自学,不然他的学业就要荒废,这是他自己和全家人所不愿意看到的。那时他的祖父陈少慕已于三年前病故,叔叔在昆明,所以前两年由父亲教他自学,主要是文、史方面。此前,他已读了《古文观止》《唐诗三百首》,是祖父辅导的,还能背得出来。所以,父亲教他读《御批通鉴辑览》,这套书比《资治通鉴》简单一点,是当初给皇帝看的,是简要的《资治通鉴》。这套古书没有标点符号,文字是连着排字的。父亲要他自己先阅读,用鸡翅的羽毛管沾红印泥盖圈断句。要先读懂,才会断句,这样能够锻炼自己的古文功力。

陈宜张的两位叔叔由浙大毕业后,他们被分配至设在昆明的资源委员会桥梁设计处工作,负责滇缅公路桥梁设计。陈叔陶在昆明做设计,陈季涵在功果大桥做施工。后来,因祖父去世,祖母在家无人照顾。所以,奉母至孝的两位叔叔从云南回到老家。以后,三叔曾一度去浙大龙泉分校教书。当他们在家中的时候,便可以指导陈宜张学习初中到高中的数理化和外语;初中的平面几何、三角;高中的立体几何、大代数、解析几何都是自学的,都用的英文原版书。这些书都是二位叔叔的中学用书,如 3S 几何、Fine 大代数、Hall & Knight 编著的经典高中数学教科书等。叔叔们指导他如何掌握最合理的解题方法,以获得最佳的学习效果。

叔叔们对陈宜张要求严格。学英语时,叔叔讲解每个单词,再读一遍课文,就让陈宜张自己去读。第二天学第二课时,要他背上一课的课文。一开始他很轻松地背出,但学了十多次课文时,就比较困难了,不仅要背新课,以前的课文也要背出。这种训练方法,加之经常运用英文课本,所以陈宜张英文基础牢固。

刻苦用功的陈宜张在五年中,把高中课程全部自学完成。在运算小代数、大代数中的方程、级数、几何、平面几何、三角和解析几何时,他把所有的习题全部做一遍,靠自己思考解题,实在不懂的,请教叔叔。四五年下来,运算习题的练习本有一尺多高。他觉得自己的数学基础比较好，只要做习题即可，不要做实验。而物理、化学需要做实验，家里没有做实验的条件，所以理论与实践结合的学科知识基础不牢固。陈宜张认为，三叔在杭州高级中学读书时，背读英汉《模范字典》的学习精神，是他自学的样板，有些知识就是靠背，经过背才能记住，这是思考问题的基础。

陈宜张对"自学成才"有客观而实在的评说，他认为自学是有不足之处的。周巷沦陷后，陈宜张没有到后方去上中学，是家长不放心让从未离开过家乡的孩子到外地去，也因为家中有好的自学的条件，那就是文科方面有父亲，理科方面有两位大学理工科毕业的叔叔，他们可以指导，自己也有志向和信心。当然，在入读正规高中条件不具备时，选择自学是不得已而为之的事。

图 2-1　1943 年陈宜张在家中自学

陈宜张自学了从初中二年级直到高中三年级的全部中学课程。在他考入浙大后，自学的软肋就暴露出来。他的物理和化学的基础就显得不过硬，因为只有书本上的知识，没有化学实验，没有做物理自由落体加速度实验，因而对其中的科学知识理解不深，感悟不透。自学不如老师在课堂讲课理解得深刻，老师精辟的论述把这门学科的精华明确地教给学生，听进去了终生受用。老师综合很多前人的经验，用简短的语言就清晰地表达出来。在浙大学物理时，老师说有一个概念很重要，叫量纲（维度，dimension），如物体长度可用尺量，计量单位是尺、寸或厘米、毫米；物体重量用砝码称，计量单位是克、公斤或磅。但是，尺和磅可以互换吗，当然不行，这是老师教的一个基本概念，老师精辟的指点，就看学生有没有水平听懂。如果在中学里有好的、专业的老师精辟的指点，那学生的受益是无穷的，但这并不否定自学的作用。

陈登原时常用他的好友黄云眉先生自学成为史学界公认的明史专家的

故事,激励陈宜张自学的信心。黄先生小学毕业后就没有进过学校读书,完全靠自学成为名家。

陈宜张刻苦自学完成高中课程,但报考大学要高中文凭,所以他到余姚中学插班。

高中读三月　上海考大学

1945 年 9 月,日本投降,10 月,国民党军队进驻余姚。陈宜张的父亲认识接管余姚中学的校长周绍基,所以陈登原父子去见周校长了解关于到该校读书的手续。陈宜张听到俩人谈到蒋宋孔陈四大家族和孔祥熙发国难财及孔二小姐带财物到香港等国府腐败的事,非常失望和彷徨。

陈宜张插班入余姚中学的高三春季班,由 1945 年 11 月到 1946 年 1 月学习了三个月。当时的同班同学至今还有联系的有王家甫、邵淇泉。学期结束,就算高中毕业了,但拿不到文凭,因为余姚中学在日寇占领时是一所伪政府教育部门管理的中学,胜利后要经国民党的浙江省教育厅认可,手续还未办好,所以高中毕业生要经过教育厅的甄别考试。因此,该班全班 20 多名毕业生去宁波应考。陈宜张在三叔陈叔陶的陪同下参加了甄别考试,拿到了高中毕业文凭。

当时私立的苏州东吴大学,上海圣约翰大学,杭州之江大学都在春季招生,但学费昂贵。陈宜张估计,读四年要相当多的费用,家中付不起。所以陈宜张和王家甫、邵淇泉三人一起复习功课,等到夏季投考学费较低的国立大学。

余姚中学同意陈宜张住校复习功课迎考,所以他从 1946 年 2 月到 6 月间就住在他叔叔陈叔陶的宿舍内。高考开始,才离校去上海、杭州投考国立大学。

陈叔陶是余姚中学高二春季班的数学教师,该班的女生田宜男等经常来宿舍向陈老师问数学问题或考试成绩。田宜男曾谈及陈宜张和王家甫、

邵淇泉三人投考大学的情况,她说:

> 他们三人想考国立大学,因为学费便宜,私立大学学费贵。国立大学难考,十个人取一个。1/10 的录取率,很多人进不了,少数有钱的人去读私立大学。他们全班也就是他们三人立志考国立大学。后来王家甫考入厦门大学法律系,他们二人读浙大工科,一年后陈宜张转入医科。①

余姚人杰地灵,素有"文献名邦"之称,历史上以王阳明和黄宗羲为代表,人才辈出。余姚中学坐落姚江畔,龙泉山麓,山脚下是学校操场。学生们在那里打球、跑步、锻炼身体。假期放学后,陈宜张插入高三春班后,大家感到这位插班生有些与众不同,虽然他没有在学校读过书,但书生气很浓。他对新环境还不熟悉,说话不多,但如和人交谈,就很坦率、真诚。他的学习成绩在班级内名列前茅,文史知识和理科外语出类拔萃。同学们后来知道,他出生书香家庭,家学渊博又多年刻苦自学而勤奋成才,所以大家对他尊重而友好,重情重义的陈宜张也把余姚中学视为自己的母校。

陈宜张高中毕业离开余姚中学,在 50 年后的 1996 年春节回到母校,由现任校长陪同参观了校园。他还依稀记得当年读书的教室和活动场地的情景;2000 年,他专程回母校访问,为师生做报告;2002 年 6 月,余姚市政府邀请他襄助博士生联谊会,期间他离住所外出散步,江南、江北直街虽依稀可辨,而他父亲的挚友、他引为自学成才偶像的黄云眉先生家居旧址,已面目皆非。有感于半个世纪的沧桑巨变,他以《访黄云眉精舍旧址》为题赋诗一首。诗曰:

涂泥虞宦漫步游,(1) 故人姓氏忆黄裘。(2)
城南精舍毓灵气,学术书香芬芳流。

(1) 涂泥弄、虞宦街为余姚城内街道
(2) 黄先生亲属中有裘姓者

---

① 田宜男、王家甫夫妇访谈,2013 年 3 月 14 日,上海,资料存于采集工程数据库。

2005 年,陈宜张参加余姚中学 70 周年校庆大会并讲话。2007 年 6 月,在余姚中学设立陈宜张奖学基金,向全校师生作报告。他勉励学生们热爱祖国和民族,做一个正直、正派的人;要说真话,学会独立思考,善于质疑一切问题;要打好科学、文化基础,尤其不能忽视汉语基础,将来做对社会有用的人。

1946 年是陈宜张的"多事之年",他家里发生了许多变化。年初,他的祖母病故;父亲往浙江省财政专科学校任教;三叔到余姚县中当数学和物理老师;四叔去台湾省公路局任职;姑父张革赴上海幼儿师范学校教书;陈宜张在大暑天奔往上海,报名和参加五所大学的招生考试;年底,又从上海出发赴杭州浙大报到。全年忙得不停,他感觉有点劳累。

夏季报考时,因为上海可选择的大学多,加之陈宜张的姑父在上海,邵淇泉也有亲戚在沪,所以两人决定到上海投考。王家甫没有同去。

陈宜张到上海后,住在上海愚园路上海幼师宿舍姑父的家里,邵淇泉住在上海成都路白克路(今凤阳路)候在里 4 号的姑母家中的楼上,邵的表弟吴季兰已在大同大学读了一年化学系,此次也参加投考国立大学。当时,考生可报名多所学校,如遇考期冲突,那只能选报一所。一般知名的大学,如清华、北大、上海交大、南京中大、杭州浙大等,都是最先、最早招考,考期往往冲突,以争夺优秀的考生。大学考点设在上海、杭州等大中城市,余姚没有考点。陈宜张在上海选报了五所大学,其中浙大与中大联合招生,所以只能报浙大一所学校。

陈宜张在上海报名、应考奔走了一个月,一直沉浸在兴奋而紧张的情绪之中。那时,各大学分别招生的广告,登在各大报纸上,陈宜张就按报上刊出的报名时间和地址,带着照片和毕业证书前往报名,准时赴考。7 月的上海高温炎热令他挥汗如雨,为了自己的前程和命运而不停地奔波,挤公共汽车、挤电车,无车处则步行。那次去复旦大学考场,是拦了一辆黄鱼车才准时赶到的。考场内没有降温设施,闷热难熬,只有一边扇扇子一边做题目。

陈宜张分别参加五所大学入学考试后,便回周巷等候发榜。当时,各大学录取的名单,都刊登在上海的《申报》和杭州的《东南日报》上,发榜后,他被浙大、厦门大学、北洋工学院三所大学的工学院和暨南大学的数学系录取,后来,他选了浙江大学,因为他的三叔、四叔都是浙大毕业,有"跟亲择校"的心理。加之,杭州离家近,来去方便;浙大的学术水平在当时曾被称为"东方剑桥",应该是可以的。因自认数学、物理学科的基础好,所以陈宜张倾向于学理、工科,但他不喜欢叔叔们读的盖房、造桥的土木工程系,所以选读造机器的机械系。

图 2-2　2005 年 11 月 5 日参加余姚中学 70 周年校庆(左起:徐东吴、田宜男、陈宜张、王家甫、周慕善)

在陈宜张去杭州前,他的母亲为他做了一条新的棉被并在被面上绣了绿色的 I. C. Chen 很漂亮英文名字。当年,他 20 虚岁,在周巷有一句俗语"傻笃笃,二十读大学",原是对前清高中了秀才的祝贺语,现在,乡亲们用来祝贺陈宜张考上大学。这也算是古为今用吧!

邵淇泉、吴季兰也考取了浙大。王家甫考取厦门大学,后来他和比他低一班的田宜男结婚,田宜男没有考大学,在家乡教书。

第三章
选读浙江大学

　　1937年7月,抗日战争全面爆发,浙江大学师生经过四次大搬迁,足迹遍及七省,行程2 600余公里,于1940年1月抵达黔北,在遵义、湄潭、永兴办学,直至1946年5月抗战胜利迁返杭州。师生返杭需要一些时间,仪器设备都在运输中,铁路不畅,很多物资只能水运。所以,要等人员物资运回,教学秩序相对稳定后,才能开学。因此,1946年考入浙大的陈宜张这批新生,入学时间一直延滞到年底。

图3-1　国立浙江大学校门

图3-2　浙江大学入学注册证

新生报到的 12 月 16 日当天,杭州漫天飞雪。陈宜张和邵淇泉、吴季兰三人,由上海乘火车赴杭。当时火车走得很慢,车厢十分拥挤,连车厢厕所也塞进旅客。到杭州后,他们在城站雇了人力车将行李运到浙大时,行李包上和他们的头发上飘满了雪花。

在陈宜张三叔陈叔陶的浙大同学,时任浙大数学系讲师楼仁泰的指导下,三人安排了宿舍,办好了新生入学手续。陈宜张学生证的学号是 35536,这 5 个数字陪伴他在浙大度过了不平凡的 5 年学习生活。

由周巷小镇进入大城市的杭州,踏进向往已久的国立高等学府的校门,看到和听到的事情,陈宜张都感到十分新鲜。

陈宜张的宿舍是在工学院的大礼堂内,用木板分隔而成的小房间,每室放 4 张上下铺床,可住 8 个人。新生入校可与高年级的同乡同住,或由学校安排其他新生入住。到了二年级,大家就可以找熟悉的人同住,陈宜张住西斋二楼,同住的有邵淇泉和电机系 2 人、化学系吴季兰和机械系 2 人共 7 人,室内的一张空铺让大家放置箱包之类物件。当时学生宿舍有西斋一、二两座楼、义斋、礼斋、智斋、信斋。学校的学生食堂由学生自己管理,每天有二人轮流监厨,负责在清晨到炊事房称米下锅,监督炊事员外出购菜,晚上把剩余食物贮存收藏,监厨的同学,这一天就不能去听课了。

为防止有作弊混入的新生,所以入校后要进行甄别考试,陈宜张记得是在健身房统一考试的,那天特别寒冷,蓝墨水都结冰了。

入学后,新生关心的是能否享受公费。当时,浙大有全公费和半公费两种,根据新生入学考试成绩决定,两种各占 30%,其余是自费。陈宜张入学考试,语文 70 分(录取标准 40 分)总成绩属优等,他享受全公费,可供每月伙食费开支。

浙大给陈宜张的第一个良好印象,是入学不久的一个雨天,学校的教务长张绍忠[①],冒雨来宿舍查看新生宿舍情况,他的儒雅学者风度,毫无官员的架子,给大家留下亲切和平易近人的好感。陈宜张后来得知他治校严格,坚持原则,被誉为"铁包公",心中十分敬佩。

　　在陈宜张到杭州报到之前,他和姑父在上海杨树浦轮船码头送走了去广州中山大学任历史系教授的父亲和任该校土木系副教授的三叔。他们二人是乘法轮 Andre lebom 号经香港去广州的。

　　浙大学生上课的教室分散在全校各处,一年级的课多数是在简易的活动板房内上的,屋顶和四壁都是木板,用铁皮钉在一起。因此,夏天闷热,冬天透凉,这是学校刚刚复员,万事待兴的不得已之临时举措。上课不久,陈宜张发现,如果学生对这门课不感兴趣,可以逃课,不被发现也没有人管,但这不是公开允许的,逃课较多的是"三民主义"课。学校注册课(科)为防止逃课,要求上课时老师点名,但点名也有漏洞,逃课者可托人代为签到应卯。后来注册课将座位固定排列号码,上课时派人在教室查缺人的号码,就算缺

图3-3　浙大西斋二楼外貌

---

① 张绍忠(1896—1947),浙江嘉兴人,物理学家。曾先后在芝加哥大学和哈佛大学学习,师从诺贝尔奖得主勃利奇曼教授,攻读高压物理。曾任厦门大学物理系教授。1928 年,由蔡元培推荐到浙江大学创办物理系,任系主任,兼任文理学院副院长,是浙大物理系的奠基人。1937 年在抗战初期任浙大教务长。他严格治校,坚持原则被称为浙大"铁包公"。著有《液体在高压下之电解常数》等书。参见:《名流浙大》,2007 年 5 月,杭州:浙江大学出版社,第 84 页。

课。有时教师因病因事请假,注册课会提前通知不上课,如无通知,学生在教室等候超过 10 分钟后,教师不来,学生就可散课。有一次,丁绪贤教授上化学课迟到约 10 分钟,学生散去,丁老师老远看到高喊:我来了! 但学生们假装没有听到,拔腿快跑。

为方便不同系的学生选读公共课程,注册课将有的外语课排在早上 7—8 时,让各系学生有共同的时间。陈宜张的一年级德文和有机化学就是清晨 7—8 时上课的。有时,在晚上也排实验课,因为一周只有 6 个下午可以做实验,而陈宜张在二年级时选了二年物理、有机化学、分析化学、生物学、比较解剖学等一共七个单元的实验。为此,生物系专门为他安排一位助教周夲湘,在周日晚上,师生二人在阳明馆生物系实验室做实验,陈宜张观察显微镜,对照标本;周夲湘老师指导和讲解,二人倾心交谈,师生感情是很特殊而深刻的。周夲湘是著名的生物学家,后任华东师范大学生物系教授。

转系医学院

陈宜张入学时间推迟,所以第一学期只读了两个月便放寒假。寒假很短,不久新学期开学,所以到 1947 年暑假,他才回到周巷。他的父亲早就希望他改学医科,在读书期间不断向他提出,要他考虑转系。父亲提出的理由很现实,说学工出来就是当工务员,物价飞涨,有什么办法,有什么出路! 陈宜张也看到,浙大的教师,如三叔的同学楼仁泰讲师,收入低,生活清苦。父亲说如果读医可以自己开业,收入稳定,相对丰实一些,甚至具体地设想:"你开诊所,我管挂号,咱家万事不求人。"可见父亲用心之良苦。陈宜张还想起,九年前祖父患霍乱去世前的无助景象,如果当时家中有医生,就有可能挽救祖父的生命。陈宜张更想到,一个人要生存和发展,不能失去尊严,所以当医生是理想的一种职业;能救病扶伤,又是对社会和老百姓最直接和有效的贡献。所以,作为长子能遵父命学医,也尽了孝心。虑事周密的陈宜张对转系的具体操作仔细分析,认为自己读机械系一年,成绩不错,申请转系读医又是学校规章允许的。此外,一年级所读的学分,大部分可计算成绩,转系后的学习,应该没有困难。所以,他决定申请转系。

他怀着试探的心情,由家中发信给竺可桢校长申请转系读医学院,很快收到竺校长的亲笔回信,说转系应于学期结束前提出,现已过期。但可持此信与注册课协商,能否先修医学院课程,等二年级结束时再办手续。陈宜张收到竺校长及时的回信感到十分亲切,深信竺校长"爱生如子"所言不虚。当时浙大刚由贵州复员回杭,学生由西迁时的 460 人增至 2 171 人(未计1946 年入校新生)撤离杭州时,仅有文理、工、农三个学院的 16 个学系,复员后已发展有文、理、工、农、师范、法、医七个学院 27 个学系和研究院、研究所、研究室 11 处及龙泉分校、两个先修班和附中。学系和学生人数猛增,对一校之长的竺可桢来说,增加的学校全局管理的难度和工作之繁重,不言而喻。就在如此忙碌的百事待举之际,竺校长竟然为一个超过转系申请期的学生来信亲自回复,为陈宜张操心和设法弥补,尽量满足学生和家长的心愿,说明了这位伟大的校长心中充满了人间的大爱。

当时浙大的注册课,相当现在的教务处。1947 年秋开学后,注册课同意陈宜张选修医学院课程,到 1947 年度结束时,办理转系手续。

1946 年,浙大医学院刚刚成立,陈宜张要求转系医学院,在二年级选课时,由新设立的医预科主任、遗传学家谈家桢[①]负责审选。谈先生看到陈宜张成绩单上的微积分、普通物理学和普通化学等,成绩不错,对医学院继续学习完全有用,所缺的是普通生物学,两学期共 6 个学分,他选学分析化学、有机化学和物理均无问题,就是选修比较解剖学、遗传学时,缺少普通生物学先修课的成绩。谈家桢知道陈宜张是由工学院转系的,他在工学院一年级时数理化的成绩上乘,同意他在修学普通生物学的同时,修学比较解剖学和遗传学。

这次选课,谈家桢先生处理事务的睿智和果断,严肃而亲切的风度,给陈宜张留下深刻的印象。2008 年,陈宜张在《祝贺谈家桢先生百岁华诞》一文中,特地写了"因选读而熟悉谈家桢先生"一节文字,以记载当年的一段过

---

① 谈家桢(1909—2008),浙江宁波人,中科院院士,著名遗传学家,中国遗传学创始人,曾任浙江大学理学院院长。参见《图说浙大》,杭州:浙江大学出版社 2010 年 8 月,第 83 页

从往事。文中提到,陈宜张要补修一年级普通生物学的课,情况比较特殊。尤其是他的学分不够,还选修了德文和人类学。谈先生也因为他一年级学习成绩不错,才同意他多修几个学分。

陈宜张心里清楚,转系医学院原来所读学分总是要损失一些的,比如投影几何、机械画和金工的学分,医学院不需要。而在机械系读的国文、英语、微积分、普通物理和普通化学,这5门课有15个学分都有用。因为一年级没有学普通生物学,所以他要比其他同学多学一门课,才能赶上进度,这对他实在是一种促进。

浙大开设的同一内容的多种公共课,根据不同院系学生有程度和侧重点不同的课号,这是一种创举。例如,普通物理学、外语,都有1号、2号……直至9号、10号的课,并注明第几号课适用的系,但有些可以互通,如工学院普通物理可以是2号至8号,适用于电机、机械、土木、化工、航空等专业学生。如遇所选课程在上课时间有冲突时,可挑选其他系的同一门课听课。陈宜张选修普通生物学时,为了不和二年级其他课程上课时间冲突,所以便选听了王曰玮老师为农学院开设的普通生物学。他原想选听谈家桢讲的遗传学,因时间冲突,就选了徐道觉先生的遗传学课程。

浙大设有选修课,可供需要的学生发挥专长和兴趣,也可在学分上有点机动的余地。陈宜张在二三年级时选修了德文、伦理学可以储备一些学分。

浙大的学分制规定,每个学生自入学至毕业的学习期间,必须完成总的学分(如机械系四学年要完成152个总学分),每学期的学分又设上限,不允许修得过多(如机械系每学期22个学分),由每学期学习课程所规定学分数来控制,如物理、数学各4学分,英语、化学各3学分,国文2学分,化学实验1学分等。在毕业计算总学分时,包括少量选修课的学分。一般高年级学生完成的学分数较少,让学生有更多的自由支配时间。

陈宜张认为,浙大选课制度优越之处,在于设有先修课和后继课的循序渐进,保证学习有牢固的基础:按学生成绩高低,决定选读多少学分,不会使学生的学习负担过重。

按照学校注册课的要求,陈宜张在读完二年级后,于三年级第一学期开始,正式转入医学院。在此之前,每次考试试卷上还要填机械工程系,所以发生了一件趣事:贝时璋①在监考比较解剖学时,看到陈宜张试卷上填的机械系,甚为不解,又不便在试场内询问,所以眼睛瞪着陈宜张,看了好一会儿,大概是因为像陈宜张这样选课的学生比较少见,甚至是绝无仅有而好奇吧。还有一次是在生物系楼上上课时,贝时璋一边讲解一边在黑板上画动物体形图和血管、神经分布的情况,此时第四节课已近 12 点,学生已饥肠辘辘,听到下课铃声,陈宜张和同学递换脸色,示意快下课去吃饭。不料此时,贝先生转身,看到了陈宜张做的鬼脸怪状,贝先生喃喃自语了几句,似乎是讲"时间到了!"陈宜张感到非常尴尬。

陈宜张比较细心,在浙大注意观察教学中的新鲜事,也关注老师们的生活情况。他感觉那时老师的待遇是很微薄的,如楼仁泰先生,有两个孩子,住房很小,家里用马桶,烧煤球炉,很清苦。教有机化学的张讲师,讲课生动,人很和蔼,但不苟言笑。他得知,张老师的收入,相当于每位学生听一次课,每人给他一根油条。陈宜张曾经计算:按 2011 年物价,一根油条,上海 0.8 元,杭州 1 元,每次听课有 20 人,就等于一堂课 16 元至 20 元。如每位老师每周上课 30 次,每月 120 次,则月薪约合人民币 2 400 元。老师们工资低,但都很敬业,很少听到说老师不负责任的反映。

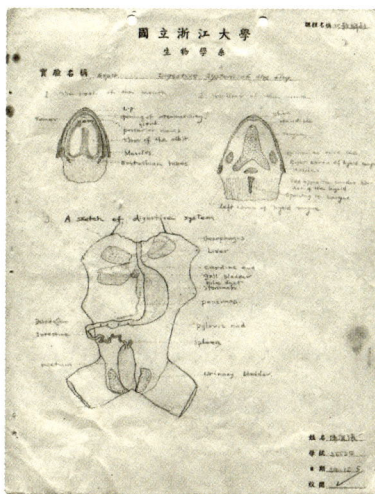

图 3-4　陈宜张的比较解剖学实验报告(1947 年)

陈宜张在一年级学微积分要动脑子运算和推导证明,学物理学要解题分析,要善于思维,所以对这两门课学习很有兴趣。到二年级,学科主要是生物和化学,要死记硬背的内容多,动脑子少,所以积极性不高。他对选修

①　贝时璋(1903—2009),细胞学家,浙江镇海人。1928 年获德国宾根大学自然科学博士学位,1948 年当选中央研究院院士。1930 年至 1950 年任浙大生物系教授、系主任、理学院院长,1955 年当选中科院学部委员(院士)。参见《名流浙大》,杭州:浙江大学出版社,2007 年 5 月,第 149 页。

的伦理学和经济学,也不感兴趣,没有认真地去听课,不过对经济学严仁赓教授的讲课,还有点记忆,还记得"边际效用"(marginal utility)这个单词;伦理学老师是谁也不记得了。

基础医学和临床课程

三年级开学后,陈宜张开始学习解剖学、生理学等基础医学课程、他很留意和了解老师们的学识专长。对王仲侨的解剖学,李茂之的生理学,孙宗彭的生物化学,俞德章的药理学,江希明的组织学,张汇泉的胚胎学等,学生们都很满意,他对生理学和生物化学等课程更有兴趣,符合他喜欢科学思维的胃口,何况生物化学还联系到生物进化,大有研究的空间。对解剖课要背206块骨头的名称,他感到枯燥无趣,但不背又不行,不然考试不及格。对人体解剖学,更感到理论不多,许多骨骼和部位名称都靠背功,虽然可以找到一些规律,但基本上是死记和硬背。

陈宜张对解剖示教和显微镜下观寄生虫卵的实习,甚为投入。王仲侨先生讲解剖学很有吸引力,他的助手姜同喻做的解剖示教更为精彩。只见他手持镊子和解剖刀,边解剖边讲解肌肉起止点,血管神经走向,十分熟练。讲寄生虫学的龚建章教授,指导学生在显微镜下辨认寄生虫卵。他在子弹库内的小实验室内,台子上摆有十几架显微镜,学生按次序入内,在显微镜下观看放置在玻璃片上的虫卵,然后,写出名称。有时,在片上故意不放虫和虫卵,考察学生的辨别能力。结合实际而严格的考察,是一种有效的训练方法。

走进叔和馆的生理实验室,在李茂之老师的指导下,身材高大的技术员的徒手擒狗非常精彩。即使是最高大的狗,他也能熟练地抓住和绑住狗嘴进行静注麻醉,观察动物在麻醉后的生理反应,做血压、呼吸记录。还有在实验室做蛙心实验,把离体的青蛙心放在生理盐水的玻璃平皿里,心还在跳。陈宜张曾将一个蛙心放在平皿里拿回宿舍,两三个房间的各系学生都来围观,觉得有趣。

俞德章老师做哺乳动物离体兔心心脏灌流示教实验时,在悬挂于玻璃套管的搏动有力的心脏中,加入待测试的药物后,心脏会突然改变跳动力量及频率,这种试验称为离体(Lungendorf)心脏灌流,因其过程精彩清晰,使陈宜张至今仍记忆犹新,历历在目。后来任齐鲁大学医学院院长的张汇泉教授曾教陈宜张班级的胚胎学,他用蜡制成的胎儿模型,惟妙惟肖。对照课程内容学习,很有示教作用。

当年,学生一般不用固定的教科书,而由学生自己到图书馆借参考书。上课主要靠笔记,老师适当地发一些油印教材。因为许多书是借给学生较长时间使用的,所以有些常用参考书,如"Duff 物理学"就备书很多,有些书还在右上方切角,以表示公物不得私占。陈宜张回忆,一年级主要是进行课堂教学,学习公共必修课;二年级学习气氛较浓厚,主要是受理学院和生物学系学习氛围的影响;三年级医科特点显著,理论教育和实验结合程度逐渐加深;自己钻研的习惯也逐步养成,时常到基础医学实验楼(其实是平房)的小图书室翻阅期刊和专著书籍。他对遗传学有兴趣,当时虽不甚了解遗传学高深的学问,但是知道可用细菌、草履虫来做遗传研究。比他早进浙大的药学系毕业学长陈志康,留校任教,陈宜张看他在手术灯下做兔子采血实验,才知道是俞德章先生正在指导他做药物对造血影响的研究,这是他在课外的偶然见闻,让他大开眼界,对如何进行科研有了感性的概念。

1950 年,陈宜张在四年级学习内科物理诊断时,发现听心音部位的某些描述,与生理学前辈蔡翘所著的《人体生理学》有所不同,当时国内生理学采用的中文专业教学参考书很少,只有蔡翘的《人体生理学》和吴襄的《生理学》这两本权威之作。陈宜张从实际出发,写信给蔡翘,指出他的书中有错。蔡先生回信,支持他的有些意见,也指出他的不对之处。陈宜张当时是医学院四年级学生,勇于指出医学权威书中的错处,表现了服理不服威的科学精神;蔡先生不以来信者是小人物,而是平等待人,从学术和著作内容上进行笔谈讨论,表现了科学家尊重科学的风度。

陈宜张对临床理论知识,如病理、诊断分析等,也很有兴趣。临床课的重点内容之一是教学查房。一般是老师根据课程内容、选择合适的病例,在病床边结合病员病情讨论。由病员的住院医生报告病例,指导老师根据病情分析讲解,随时向学生提问;老师可以讲书上的道理,也可以根据老师本人的经验讲解。学生看病员的病情和表现,结合临床检查结果,对照和验证基础课讲的理论。学生们最喜欢跟王季午①院长做教学查房,他把病人的发病表现和这种病的病理变化联系起来;把浙江省当地环境与发病的关系联系起来,更多的是讲他本人的治病经验。所以学生感到思路开阔,理论和实际结合很具体。

浙大医学院在 1946 年初建时,曾确定七年学制,包括医预科、基础医学和临床各二年共六年,还有实习医生一年。1950 年决定把学科改为六年,其中的一年医院实习不变,实习前增加三个月的见习阶段。

临床课最先开设内科、外科和实验诊断与物理诊断。临床课的上课地点在田家园浙大医院办公楼的二楼。教室不大,两排座椅,前面有一只讲台和一块黑板。每天早晨,15 个学生背着书包,由大学路步行到田家园上课。因为教室在医院内,所以在课间、课后可以到病房看访病人,把课堂教学和医院实际结合起来。

王季午院长尽最大努力,请最好的专家到校上课,如流行病学李方邑、眼科姜辛曼、骨科朱焱等。因为医学院刚成立,临床医学的老师一时难以完全到位,王季午设法请外校的专家来校教学,如上海医学院的神经病学家张沅昌,精神病学家夏镇夷和伍正渲,泌尿外科王厉耕,妇产科学李瑞林。

学生运动的革命洗礼

1945 年 11 月,陈宜张在余姚中学插班读书时,就曾听到父亲和校长

---

① 王季午(1908—2005),江苏苏州人,医学教育家,内科学专家。1930 年由苏州东吴大学医预科毕业,获得理学学士学位,1934 年毕业于协和医学院,获医学博士学位,留校任教。1940 年在美国吐兰大学进修热带医学,获该校"名誉讲师"称号。1941 年在贵阳医学院任教。抗战胜利后,受竺可桢邀请,任浙大医学院第一任院长兼附属医院院长。1952 年院系调整后,历任浙江医学院副院长、浙江医大副校长、校长、名誉校长。参见《图说浙大》,杭州:浙江大学出版社,2010 年 8 月,第 151 页。

周绍基议论国民党的腐败和老百姓对反动统治的载道怨声,心情颇感沉重。

但当时认为自己只是个中学生,政治上的事离自己还很遥远,所以没有做深层次的考虑。但进入浙大以后,如火如荼的学生运动和民主洗礼迎面而来,每一个热血青年,都面临着必须对信仰的选择。

陈宜张到浙大报到的第一天,就在浙大的民主墙——《费巩壁报》上,看到揭露国民党特务暗杀民主人士李公朴和闻一多暴行的消息,1946 年 12 月 24 日发生美军强奸北大女生沈崇事件,壁报又及时报道和发出强烈的抗议,使他感到:政治来到了身边。

1947 年国民党教育部部长朱家骅到浙大视察,当时,竺校长出国考察,由代理校长、理学院院长王琎(季梁)[①]陪同,学生在健身房迎候。朱部长迟到约半小时,他走上主席台时,台下一片嘘声,持续了约 5 分钟,朱家骅显得难堪;他的小汽车上也被贴上纸条,上写:"今晚为朱部长在学生食堂洗尘,品尝学生一天差似一天的伙食!"这也是学生运动中"反饥饿"的一种方式。陈宜张初次见到大学生的"胆大妄为"而大开眼界,先是感到惊奇和钦佩,后来为浙大的同学自豪。

陈宜张参加"于子三运动"事件[②],是他在浙大接受革命洗礼最深刻的经历。陈宜张永远记得,1947 年 10 月 29 日晚,他在宿舍就寝时,听到校园高地钟山上响起慢节奏的钟声,这是浙大学生自治会敲响的报丧钟声。同学们一直担心在 10 月 25 日被国民党特务逮捕的四位进步学生的安危,敲响的沉闷钟声是不祥的预兆。10 月 30 日大家得知学生自治会主席于子三,在狱中被杀害。于子三是山东牟平人,1925 年 1 月出生,1944 年秋考入浙大农学

---

① 王琎(1888—1966),字季梁,我国第一批庚款留美学生,浙江黄岩人。1936 年获美国密尼苏达大学分析化学电化硕士学位,先后在湖南高师、南京高师、东南大学、浙江高工、中央大学、四川大学、浙江大学和杭州大学执教,历任教授、系主任、理学院及师范学院院长、浙大代理校长。1928 年,他协同蔡元培创建中央研究院,是我国分析化学学科与化学史学科的创始人,长期担任中国科学社理事、社长和《科学》主编。参见王启东:《回首关山思万千》,杭州:浙江大学出版社,2011 年 8 月,第 4 页。

② 于子三运动史料,参见《解放前浙大学生运动史》,杭州:浙江大学出版社,2012 年,第 63—71 页。

院农艺系,1947 年 5 月当选浙大学生自治会主席。他热情投入学生运动和组织反饥饿、反内战的游行示威,受到中统特务的盯梢和监视。10 月 25 日深夜,杭州警察厅会同中统特务,以查夜为名,将于子三等四人逮捕,在 29 日下午将于子三杀害。

竺校长在四人被捕后,四处奔走,日夜操劳设法营救;于子三被害后,竺校长探视烈士遗容时,目睹惨状,悲愤交集而当场晕倒。

陈宜张是比于子三小两岁和迟两年入浙大的学弟。亲睹于子三在学生集会上讲话的音容笑貌,对他惨遭毒手十分悲痛。烈士的鲜血,使他逐渐认清了即将覆灭的蒋家王朝特务们的凶残嘴脸。他参加了抗议示威游行,护送于子三灵柩在凤凰山安葬。对当时的情景和他的心境,在《陈宜张院士八十华诞纪念册》第七页有所记载:

在浙大的前三年,我从 1946 年到 1949 年亲眼目睹了国民党的腐败、反动和沦丧。这三年是在不断的学生运动中度过的。1946 年开学之初,昆明闻一多、李公朴被害的余波仍然荡漾在浙大民主墙上。很快就发生了抗议美军强奸北大女学生沈崇案的罢课浪潮。在反内战、反饥饿的斗争中,浙大同学于子三被国民党反动派杀害于浙江省监狱中。我至今仍清晰地回忆起 1947 年 10 月 29 日晚上为于子三被害从浙大钟山上传来的沉痛的报丧钟声。这件事在浙大激起了持续的抗议。在为于子三送葬的斗争中,我们有同学被打手殴打致伤,被踩断肋骨。半个世纪过去,当我与几位浙大老同学聚首北京时,的确有不胜唏嘘之叹。当时在北京写了一首诗,诗名为《晤戴知贤,忆黄微遗》,诗曰:

往事寻思历历浮,半世纪前宿同楼。

大学路旁军警恶,阳明馆前学子忧。

热血子三报故国,多才微远诉新仇。

世盛岂敢忘旧厄,梦中难觅故人眸!

(刊《院士诗词》2001 年,上海科技出版社)

浙大的六年,给了我很好的基本训练,领略了学术自由,经受了民主的洗礼,使我一辈子得益匪浅。

文中的诗句作于 1995 年 4 月。当月,陈宜张和第二军医大学教授 8 人,赴北京医学院访问、学习,住"大公寓"宾馆,他约老同学戴知贤会晤。1947 年至 1948 年间,他曾数夕与戴知贤、黄徽遗同宿浙大西斋二楼之小阁楼,戴、黄均为学生运动积极分子。忆黄在学运期间,激于义愤、常以微远笔名,撰文鞭笞国民党当局。于子三同学遇害后,黄曾作"于老师的血脸"短文,名为追念学校一位老师,实际上是悼念于子三。陈宜张写道:"今日与戴兄相聚甚欢,学运往事历历在目;然旧梦难寻,故人逝去、则不无泫然也。"

于子三的鲜血,教育和激励了包括陈宜张在内的浙大学生,唤起了热血青年的爱国民主斗志,陈宜张也坚定了信仰。杭州解放不久,他加入了新民主主义青年团;在二军医大进修结束留校后,即入党参军。

求是校训的熏陶

浙大校训

浙江大学校训——求是精神,确立至今 77 年,已经成为一代又一代浙大学生恪守的人格准则和立身的精神支柱。陈宜张从浙大老师们言传身教所体现的求是风范中,得到教育和熏陶。在离开浙大的 64 年中,求是精神成为他的教研和学术活动乃至日常生活的行为规范,长期实践一以贯之。

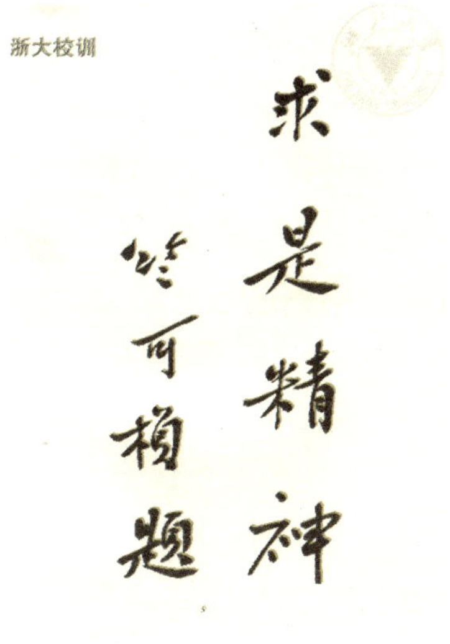

1936 年 4 月 25 日,46 岁的竺可桢出长浙江大学,翻开了他人生最辉煌的

求是精神
竺可桢题

图 3-5　浙江大学校训题辞

史页。1937 年 11 月 11 日,他率领全校师生西迁;1938 年迁至广西宜山时,他主持校务会议,确定了"求是"校训。

　　竺可桢在《求是精神与牺牲精神》的演讲中说:"何谓求是? 不仅限为埋头读书或在实验室做实验。求是的路径,《中庸》说得最好,就是'博学之、审问之、慎思之、明辨之、笃行之。'单是博学、审问不够,必须深思熟虑,自出心裁,来研辨是非得失,方能把是非得失了然于心,然后尽吾力以行之。诸葛武侯所谓'鞠躬尽瘁,死而后已;成败利钝,非所逆睹。'中山先生不但鼓吹革命,而且实施革命。这种革命精神,正是源于求是精神。"①

　　对科学家应取的态度,竺可桢提出:一、不盲从,不附和,以理智为依归。如遇横逆之境,则不屈不挠,不畏强御,只问是非,不计利害。二、虚怀若谷,不武断,不蛮横。三、专心一致,实事求是,不作无病之呻吟,严谨整饬,毫不苟且。竺可桢倡导的求是校训,在当时民族危亡之际和担负着教育救国的大学使命的时刻,对凝聚全校师生增强信心、克服困难、认真教学和推动科研等诸方面,发挥了强大的精神力量,成为身处遵义、湄潭、永兴和龙泉各地师生团结奋发、共克时艰的精神纽带。至今,求是校训已成为浙大的灵魂和每一个浙大校友心中神圣的信仰。

　　在浙大接受求是精神的教育,陈宜张认为感受最深的有三点:

　　第一,民主作风。进入浙大校门的第一感觉是这里很民主。在国民党统治区,民主就是敢于暴露国民党的腐败和阴暗面,这个民主,虽然主要是指政治上的,但实际上与科研学术上的民主是有联系的,如果一个大学在政治上很民主,而在学术上却很窒息,这似乎不大可能。我进浙大第一个很深的印象,就是浙大了不起,学生真是"无法无天"。民

① 《国立浙江大学》(上册),台湾:国立浙江大学校友会,1941 年,第 146 页。除另有说明外,全书涉及竺可桢引语,均源自此书。

主墙上贴的海报，骂国民党，甚至骂当时的一位院长是狗官，因为他和三青团有关系。那次教育部长朱家骅被学生嘘声达 5 分钟，当时我想，人家是教育部长，浙大的顶头上司，学生真大胆。

第二，自信心。浙大比较好的一点就是有自信心。对英国科学家说浙大是"东方剑桥"怎样理解，我认为是在抗战艰苦卓绝的条件下，科学研究不停，而且水平还相当高。所以在浙大读过书或教过书的师生，都以在浙大的经历而自豪。浙大学风之所以浓厚，来源于有那么多的大师，来源于他们扎实的科学功底，来源于他们有那么好的科学业绩，来源于我们有如此好的教学和理论基础。

浙大的校舍不是那么太好，有些教学楼也不太讲究，有的可以说是破破烂烂的。可是，浙大有很好的教授，特别是理学院的一流的名教授，是可以引为骄傲的，例如数学系的苏步青[①]，物理系的王淦昌[②]，光学专家何增禄、生物系贝时璋和谈家桢，物理化学家吴征铠，化学家王葆仁、卢嘉锡等。医学院是新办的，师资相对要薄弱一点。

第三，着重打好基础。低年级的物理、数学和化学这些基础课程，都由很好的教授来讲课。学校认为，这对学生将来专业理论课的学习和对学科的适应性是很重要的。"

浙大学风浓厚，学术自由。陈宜张记得，竺可桢经常邀请一些名家来做报告，有的规模很大，如胡适来讲话，听的人很多；有的专业性强，规模中等，如吴有训、李四光的演讲，由于浙大的民主风气的吸引，当时南方许多国立大学的校长，如交大的程孝刚、中大的吴有训、厦大的卢嘉锡等，都来浙大当过教授。陈宜张以亲身经历，深感竺校长的民主治校的方针和亲自给学生复信等爱生如子的情怀是分不开的。竺校长坚持独立治校办学，与政党分

[①] 苏步青(1902—2003)，浙江平阳人，中科院院士，著名数学家，曾任浙大数学系主任，训导长，教务长，复旦大学校长、名誉校长。参见《图说浙大》，杭州：浙江大学出版社，2010 年 8 月，第 78 页。

[②] 王淦昌(1907—1998)，江苏常熟人，中科院院士，核物理学家，我国核研究事业的奠基人，1999 年获"两弹一星"功勋称号，1936 年至 1950 年任浙大物理系教授。参见《图说浙大》，杭州：浙江大学出版社，2010 年 8 月，第 82 页。

离,教职工成立了教授委员会和讲师助教委员会,学生有自治会,学生膳食也由学生膳食会民主管理。科学上的创新和思想上的民主、自由,是必然联系着的,古今中外,概莫能外。浙大的学术上的自由和政治上的民主,也是紧密相联系的。正是在竺可桢校长的这种办学理念的指导下,在浙大师生以惊人的坚强毅力付诸实践中,才能在艰苦卓绝的西迁文军长征中,仍然不断发展壮大,取得一流的科研成果。

浙大母校的恩泽

　　陈宜张得到浙大的恩泽,包括"东方剑桥"学术氛围的感染。"东方剑桥"是英国学者李约瑟在1944年4月和10月两次访问浙大时提出来的。他访问西迁中的这所"流亡大学",对浙大在战火纷飞的年代坚持办学,学术气氛之浓厚和科研水平之高十分惊叹,盛赞浙大是"东方的剑桥"。

图3-6　全班同学结业合影(前左1徐仁宝,后右2陈宜张,1951年6月)

陈宜张在浙大受到一流的专家教授的基础理论和专业知识的教育,得到科学思想的启蒙和指引,使他在以后的科研和教学生涯中,能独立思考,具有比较全面和切合实际的思维,掌握辨别正确与错误的分析能力和争取学术的自由。

在学习期间,教授和老师们的讲课给他留下深刻的记忆,浙大十分重视基础学科的教育,陈宜张得到扎实的基础理论的训练,所以对培养他的基础课老师印象很深刻,他可以如数家珍似的说出这些恩师们的故事。

朱正元先生讲授的普通物理学,物理概念清楚。至今,对力学、电学、磁学、热学和光学等,都有记忆。他讲的量纲的概念对陈宜张特别有用,物理学上1公斤不能等于1公尺,把量纲搞错了肯定零分,在科研中肯定失败。他在搞单分子研究时,就发现有些专家的量纲概念不清楚。朱先生上课联系实际讲科学,有一次上课,听到汽车开过后,马路旁的墙倒下,朱先生分析说,由于车速过快,车后形成部分真空,墙应该是向马路一侧倾倒。下课后去观看,果不其然。

生物系系主任贝时璋亲自为学生讲比较解剖学,在阳明馆三楼上课,他在黑板上用彩色粉笔画的图非常清晰,讲解又很透彻,学生非常满意。

周茂清先生讲微积分,对定义交代特别清晰,一点也不拖泥带水,让学生听得清楚明白。

徐道觉先生讲遗传学时,也介绍生物统计学知识。当时陈宜张还是以机械系学生的身份听讲课的,在一次小考测试中,全班20多人,只他一个人及格,而且考了75分,受到徐老师表扬。徐老师在学术上有很多成就,现在全世界临床用的人类染色体检查方法,就是徐道觉建立的,他是把人的白细胞用低渗盐水处理,将23条染色体分离开来。

孙宗彭是浙大理学院药学系系主任,曾为陈宜张的班级讲药理学和生物化学。有一次,在生物化学课上,他讲了一个英文单词"imbibition",同学以为是他读错了,应该是"inhibition",因而在课堂上窃窃私语。孙老师说,你们不要议论,回去查字典就知道了。陈宜张查阅后,知道这个单词是吸收、吸入的意思。

2007 年 9 月 12 日,陈宜张发表《记孙宗彭先生二三事》一文,谈及孙先生的教学和指导陈志康学长做钴对造血的影响,谈及他和谈家桢、贝时璋先生和王季午院长的交往。

王季午先生讲的热带病学,给陈宜张的印象最为深刻。他讲这门学科的发展史很有系统,使大家得到比较广泛的知识。他在协和医学院当医生的时候就对黑热病有过研究,所以讲热带病、传染病能结合生动的病例,格外引起同学们的兴趣和重视。王老师的临床教学,从病人的体征、症状及各种检验结果出发,做出各种鉴别诊断的分析,有时还穿插他自己经历的病案实例,如数家珍地娓娓而谈,最后得出准确的诊断和合理的治疗方案,同学们反映,听王季午老师讲课和跟随他查房是一种享受。

流行病学及公共卫生学的李方邕先生,实际工作经验丰富,他亲自带领学生去城里各处看公共卫生设施,到工厂实习,增加了大家的感性知识。

陈宜张体会到,浙大杰出老师和学者身体力行形成的学术氛围,对学生学术思想和情趣,有着深刻的影响。这种影响不仅来源于教室课堂和实验室,也不限于医学院和生物系,而是来源于浙大的整体,一个朝气蓬勃的求是校园。

他在学物理时,知道有 Milikan 云雾室,听了王淦昌老师讲的云雾室方面的科学知识后,就懂得更加具体了。虽然他知道得还很肤浅,但是这种追求科学的精神,已经潜移默化地渗入他的思维之中。

陈宜张亲自接触过谈家桢和来访的苏联的李森科学派遗传学家奴日金,争论遗传学理论的场面,无形中激发了他在以后科学学术活动中,敢于提出和善于表达不同意见的追求科学的精神。类似的自由探讨的活动,在理学院和医学院经常举行。有一次夏天的傍晚,在慈湖之滨,陈宜张和同学们在草地上盘膝而谈,讨论"割了尾巴的老鼠生下来的老鼠是不是短尾巴"之类的获得性遗传的拉马克(Lamarck)学说等问题。

"母校时牵魂,恩师最相思",陈宜张一生中最感念和最缅怀的恩师之一,是为他的医学科学人生启蒙和奠基的王季午老师。2005 年 6 月 5 日,王季午先生在杭州逝世,当时陈宜张在山东进行学术交流,6月11日才得到噩耗,十分悲痛,连夜赶写了《怀念我的老师王季午先生》一文,发表在《浙江大学报》和浙大校友总会的《浙大校友》杂志上。文中纪实了王季午对浙大医学院的创建和发展所作出的贡献,写真了王季午老师一生医学教育人生的人格魅力,他和王老师相识相知和受教的过从往事。

图 3-7　陈宜张(左)与王季午(浙江医科大学展室,1997年1月14日)

1945年,竺可桢校长邀请时任贵阳医学院内科主任的王季午负责筹建浙江大学医学院,在筚路蓝缕的艰苦条件下盖起了医学基础课程实验楼,1947年11月,设在杭州田家园的浙大附属医院挂牌,向社会开放,在为民造福的同时,使学生有了条件较好的临床实习基地。王院长从各医疗机构中,引进优秀医学人才,其中有贵阳医学院外科刘振华,内科学赵易,张鸿典和李之彬,耳鼻喉科梁树今,从中央医院和江苏医学院引进内科学楼福庆、眼科学姜幸曼。由于杰出医生的加盟,浙大医院名声鹊起,令杭州和浙江医界刮目相看。他又千方百计聘请高水平教师,为学生讲授临床课。使学生处于安定和自信的学习情绪之中。他得到中国救济总署负责人刘瑞恒支持,推进医学院的物质条件的改善和硬件设施的发展。1951年,陈宜张分配到上海军医大学(现二军医大前身)生理科进修生理,他向王季午道别时,表示自己有志于基础医学的发展,王老师表示赞许,他告诉陈宜张有关二军医大生理科朱鹤年主任的学术水平和风格,嘱咐他向朱教授好好地学习。走时陈宜张讲出了一些宏愿大志，年少气盛的话，王老师都很支持。他告诫陈宜张，科研方向的选择要通过自己的琢磨和体验。陈宜张回顾半个世纪以来的科研经历，深感王老师的经验之谈，对自己深远的指导意义，他的绝大部分科研课题都是自己在工作中经反复的思辨后确定的。

图3-8　祝贺贝时璋先生百龄诞辰(左起：陈宜张、贝时璋、竺安、郑竺英，2003年11月7日)

1995年陈宜张当选中科院院士，杭州的老同学告诉他，说王季午老师对他当选院士很高兴。王季午比陈宜张年长19岁，可算是他父辈的良师和挚友。作为医学院的创始人，王季午亲眼看到辛勤培育的第一批桃李中结出硕大的果实，内心的欣喜无法言表。1997年浙江医科大学召开重点学科建设评审会期间，90岁高龄的王老师向在座来宾介绍："这是陈宜张，他是我们浙大医学院第一班的学生。"寥寥数语，老人心中的丰收幸福之感，尽在不言中。

1999年浙大诚邀陈宜张兼任医学院院长时，向他说王季午老师亦有推荐之意，使他深感感动，后在1999年至2003年他在院长任期内多次去杭州，每次总要看望王老师，和他谈一些学院的事情。在他辞任时，王老师对他说："那你还是要多关心关心(学院)。"此时，陈宜张突然想起54年前杭州解放之初，学生思想很活跃，要求把原定学制由七年改为六年；他作为班级的班长和学生代表，多次和王季午院长交涉；有时同学对某些课程有意见，他也及时去院长处反映，每次谈话，不管陈宜张是客客气气还是冲冲有气，王院长总是耐心地倾听，有时点头，有时做一些解释，从不疾言厉色。这一种与生为善、以理服人和心平气和平易待生的一代宗师的气量，陈宜张在以后的教学和兼任医学院院长时得到借鉴和复制，成为总后勤部赞誉的“科学技术一代名师”。

陈宜张是1946年入学的医学院第一届学生，是班级的班长。他们的学号是5位数。多数是35开头的，表示民国35年（1946年）入学，也有外校或者高年级转学过来的33，34开头的。经过5年的同窗学习和朝夕相处，大家都互相了解，感情很深。

1951年，按学习计划，他们要进入临床医生阶段。此时，国家急需基础医学的高级师资，故决定由中央卫生部从全国医学院应届毕业生抽调一批学生分配到指定的各医学院进修和培训，陈宜张分配到上海第二军医大学，是班级上分配到各地中离杭州最近的。1951年9月1日，同学们离校，从杭

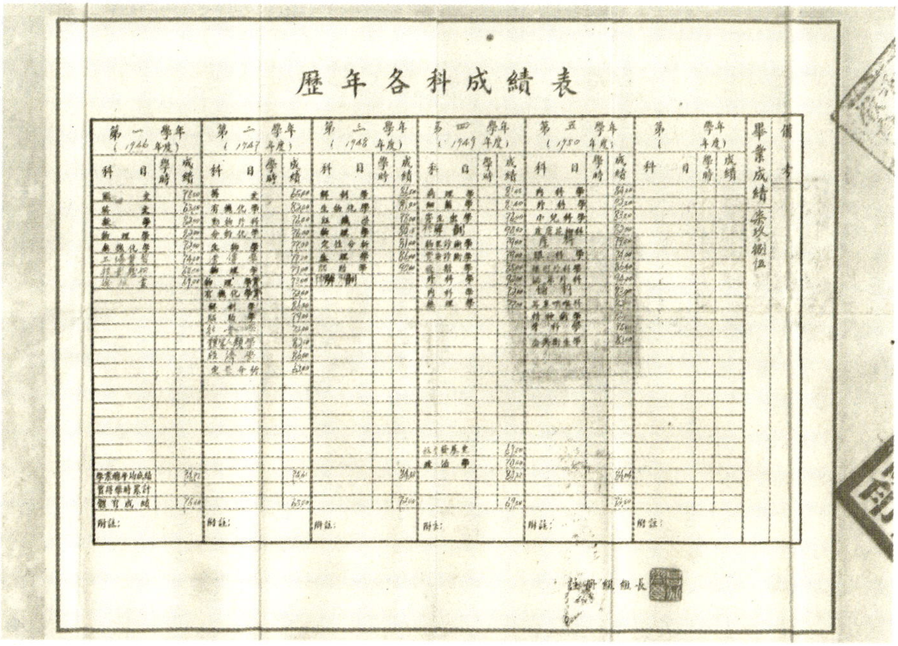
歷年各科成績表

第一學年（1946年度） 第二學年（1947年度） 第三學年（1948年度） 第四學年（1949年度） 第五學年（1950年度） 第　學年（　年度） 畢業成績 備考

科目 學時 成績

图3-9　陈宜张浙江大学学习成绩单

州城站乘火车出发,只有他一个人在上海北站下车,其他同学在汽笛尖叫声中,继续乘车北上,陈宜张和同学之间均有依依惜别,恋恋不舍之情。

为保持联络,陈宜张发起全班同学写"连环信"的活动,这种连环信,是从陈宜张开始写,写自己的近况,寄给温州医学院的两位同学,温州同学接信后也把近况写好装入信封中寄给杭州的同学,依次按在不同城市的同学地址寄送,在最后转到陈宜张处时,他抽出原信,再写新的近况寄出,其他同学均照此办理。全班15人就用此别出心裁的方式,传递各人的近况。后来,为避免有人说这是"搞小集团",所以停止了联系。再后来,改革开放,大家胆子大了。在1993年,恢复"连环"活动,但只有13位参加了。因为"文革"中被迫害致死一人和病故一人。

被迫害含冤而死的同班同学郁望耀,是一位忠厚,诚恳的好同学,大家都叫他老郁。在浙大读书时,陈宜张住西斋二楼,老郁住西斋矮平房,每天上下课进出都要经过矮平房门口。老郁在宁波中学的一位老同学在浙大读物理系,而那位老同学的父亲和陈宜张的父亲又是同学,由于这层关系,三人经常见面聊天。老郁读书用功、勤奋,所作笔记工整清晰,陈宜张非常佩服,时常借去对照。1951年,老郁被统一分配去沈阳进修生理学,1953年调入上海第二医学院,后又被调到新建的位于零陵路的上海中医学院的生理科。当时,陈宜张在中科院生理研究所跟随张香桐学习神经系统电生理。生理所在上海岳阳路,陈宜张住江湾五角场,两处相距很远,每日往返不便。后中医学院领导同意在该院青年教师集体宿舍,替陈宜张安排了一张上下床的下铺。从在零陵路上的该院到岳阳路去上班就方便多了。老郁对陈宜张借宿给予热情的照顾,陈宜张向他学习电学基础知识,老郁把学习资料、学习笔记和自己办公室开门的钥匙交给老同学陈宜张,让他在自己办公室看书学习,老郁还请他到学院对面的他的家里吃饭,两人快乐地相处了半年多。

陈宜张在浙大读书时,右手大拇指患有灰指甲,十多年未治愈并蔓延到五个手指,手掌皮肤也很粗糙,不好意思和别人握手。在1963年的春夏之交,老郁替他买好了两大包中药,让他把手浸在醋泡中药和加了新鲜凤仙花的药液中,在大伏天连续浸泡一昼夜。浸泡12小时以后,皮肤开始胀裂疼痛,他坚持了 24 小时后,右手皮肤开始变软,长起新的指甲。一年后,灰指甲全部消失。老郁具体而有实效的关怀,陈宜张永记难忘。

老天不公,这位学习和人格都令人称道的郁望耀,却被文革运动逼死。他的骨灰安葬在杭州南山公墓。1999 年 3 月 11 日,陈宜张写了《追思老郁——老同学郁望耀》一文为祭。

2001 年 9 月 8 日,杭州和来自大连、上海三地的同班老同学陈宜张、冯镇沅、徐英含、王纯香、严征辉、柯士钫和徐仁宝,携一篮鲜花往南山公墓凭吊老郁。陈宜张赋诗《祭郁望耀》志哀。诗曰:

> 犹似西斋噩梦回,南山惊见郁马碑。
>
> 回首黑暗天无道,故人扼腕废徘徊。

诗中西斋指当年在浙大同住地。郁马是宁波籍同学对老郁的昵称。

求是园中走出来的校友,感情都很深厚,陈宜张和分配在上海的医学院同学经常交流,和其他学系分配在上海的校友,交往也很愉快,如生物系的郑竺英,药学系的池志强和金国章。2007 年浙大校庆 110 周年,陈宜张、金国章(药学系 4 届)、池志强(药学系首届)、洪孟民(药学系 6 届,已故)四位院士和另外五位同学,联合署名在《浙江大学报》上发表《追念孙宗彭教授及其办学理念》一文,记述了孙老师为创办浙大理学院药学系和创建医学院所作出的贡献,记载了孙老师爱生如子和海人不倦的风貌,医、药同窗们对孙老师深切的缅怀和感恩之情跃然纸上。

陈宜张和浙大 1947 届学长、中科院有机化学所的戴立信院士,在科研上多有合作交流,对戴立信院士的同班同学、分配在二军医大工作的著名放射生物学家郑秀龙学长十分崇敬。2004 年,陈宜张夫妇为郑秀龙教授祝寿词写道:

敬贺郑秀龙学长 80 华诞

您的睿智,对科学的执着追求以及乐观人生,都是我们学习的榜样。

欣逢杖朝喜期,敬贺您健康长寿;

学弟　徐仁宝

陈宜张

甲申六月,上海①

---

① 《郑秀龙教授八十华诞论文选编》,上海:第二军医大学出版社,2004年,第21页。

第四章
扎根第二军医大学

热爱第二母校　潜心教学和实验

1951年,陈宜张在浙江大学医学院完成5年的课程学业,等待去医院临床实习。此时,国家考虑为了满足医学院校高级师资的急需,决定由中央卫生部从有条件的各大学医学院中抽调即将进入临床实习的学生分配到专业相关的医学院校,进行一年半的高级师资培训,培养和储备高级医学师资,称为"高级师资培训班"或"高级师资进修班"。陈宜张所在的浙大医学院1946级15名学生全部被抽调,根据自己选择的专业,分配到合适的院校。陈宜张一向喜欢有推理思维和研究空间广泛的专业,偏爱生理学科,所以他选择了生理学专业,分配到上海第二军医大学生理科。其他同学分配到南京、北京和东北等地的医学院等院校进修,当实习教师,后来都从事了医学教育或者科研。这批高师进修生,成为新中国培养的第一代医学院校的骨干教师。

图 4-1　上海军医大学(第二军医大学前身)校门,校名由陈毅题写

　　第二军医大学原名上海军医大学,位于上海市东北角的江湾镇,是在原国民党国防医学院旧址上建立的。1949 年 9 月创办时,称为华东军区人民医学院,1950 年 10 月改名为上海军医大学。1951 年 7 月间,中央军委正式命名为中国人民解放军第二军医大学,隶属解放军总后勤部。在上海地区被简称为二军大,以区别于上海第二医科大学的简称"二医大"。不过,比较准确一致的简称,以二军医大为好。该校曾在 1969 年至 1975 年调防西安,后又迁回上海。分配到二军医大的进修生一共是 5 人:徐世序、曹毅、黄宏轩、王汝楷和陈宜张,分别来自上海、同济、湘雅、齐鲁和浙大 5 所医学院校。高师进修生学习内容,有点近似现在研究生的第一阶段,着重提高教学能力和做实验的操作水平,不专门上课,有时听一些专题学术报告。陈宜张在生理科进修,科主任朱鹤年教授和卢振东教授为他们讲一些专题,指定他阅读大部头的生理学参考书,如 Fulton 教授在 1946 年主编的《豪厄尔的生理学教科书》(*Howell's Textbook of Physiology*);加拿大 Best & Taylor 教授主编的《医学实践的生理学基础》。进修的主要内容是做实验,凡要指导学生做的,自己都要先做;学生不做作为示范的也要做。教授们告诉他们,将来当老师要结合课程内容作示范,而生理学实验难做,自己不熟练,实验做不出来,学生就看不到,达不到教学的效果,教师就下不了

台。所以，他们在每周的五个半天，完全钻在实验室内，把教研室所能做的实验都做了。

陈宜张回忆，当年做得比较特殊而深刻的生理实验有 3 个：

一是卢教授指导的人体血量测定实验。1948 年，美国学者 Gregerson 来中国办测定血量的学习班，卢教授是帮他带实验的助手，办班的地址，就是原来的国防医学院。美国人回国后，把这套测定仪器留给当时的国防医学院，一直保存到现在。做血量测定时，要做

图 4-2　实验遛狗

静脉穿刺，注射一种 T 1824 的染料，然后测定 T 1824 被稀释的程度，血量越大，稀释度就越高，进修生通过测定自己的血量，掌握了实验的技术。

二是卢教授指导的狗心肺制备实验。20 世纪初，英国生理学家 Starling 用此实验分析离体心肌的收缩功能。实验时将狗的心脏和肺切下，让心脏在离体状态下跳动。因为心脏跳动要来自肺部的含氧血液，所以要切肺做心肺制备。此外，在体外循环的血液要保持温度，用一条狗本身的血液灌注，往往是不够的，要杀另一条狗取血。所以，做成一次实验，至少要杀两条狗，如果遇到心脏取出后不跳了，就要再杀一条狗。

三是朱鹤年教授指导的立体定位仪的脑刺激实验。早在 20 世纪 30 年代，朱鹤年就利用立体定位仪对猫中脑腹侧被盖区进行定位刺激，发现引起怒叫，包括恐叫、伸爪、瞳孔放大、立毛和血压升高，是完整的全身交感神经系统兴奋的表现。主要特征是"叫"，张牙舞爪的情态，是情绪发作的表现。之后，朱教授也曾将"怒叫"中枢研究与疼痛研究联系起来，他对情绪研究的兴趣，可能与指导他获得博士学位的美国导师 Papez 关于情绪回路的论文有关，著名的神经学家 Papez 1937 年发表一篇经典论文认为，情绪回路主要由海马出发到乳头体（下丘脑），乳头体向丘脑投射，丘脑又回到海马而组成环路。

　　进修期间,在为老干部学员课外辅导时,陈宜张也从学员的革命经历中受到教育和启示。例如,出席 1950 年全国战斗英雄代表大会的刘景尧,在解放战争中抢救受伤的指战员的生命有丰富的经验和不怕牺牲的革命精神。女军医李兰丁,1941 年参加新四军,从抗日战争到解放战争,一直在炮火中救治伤员,被称为"中国的南丁格尔"。陈宜张被比他年长的英模学员,尊称为老师,很受鼓励和鞭策,更加坚定了做好教学工作的信心。在一年半的进修期间,他认真地、虚心谨慎地上好每一次实验和每一节辅导课。1953 年 3 月,陈宜张进修结业,根据他本人热爱这所学校的志愿,决定留校,任二军医大生理教研室助教。

　　从此,陈宜张在这所军医高等学府工作和生活了至今的 64 年。他在教学和科研领域的成长、成功与二军医大的发展和壮大紧密地联系在一起,他视二军医大为自己亲爱的第二母校;和对浙大母校一样,怀有深厚的感情。

　　陈宜张热爱第二军医大学这个集体,有具体的理由。

　　第二军医大学浓厚的军事政治氛围,医学各科专家学者学术水平之深厚,生理学教授和同事之间的友善、和谐、合作,大家守望相助、配合默契,都让陈宜张时时感到温馨和舒畅。

　　陈宜张进入生理学教研室之前,对这个团队的人员和工作情况有所了解。在他离开浙大向王季午老师告别时,老师关照他要先踏实地学好生理,不急于选专业;虚心地向生理系朱鹤年主任学习;朱教授专长神经科学,脾气大,要善于和他相处。原来,王老师在贵阳医学院工作时,朱教授在贵阳的湘雅医学院任教,同城同行,相互了解。

　　朱教授获美国康内尔大学博士学位,注重在实验中亲自动手。他到实验室,第一件事情就是把桌子擦干净。他告诉陈宜张,在芝加哥大学读硕士时,导师是著名的组织学家、俄罗斯人 Maximov 教授,导师说,桌子不干净,你在显微镜下看到的切片上有点点时,是灰尘呢还是组织结构的变化?结果就很难确定。所以,实验室一定要整洁。

　　朱教授十分重视创新发现,坚持忠于事实,忠于自己的发现。他在美国做硕士论文时,著名比较神经学家 C. J. Herrick 指导他做袋鼠下丘脑研究,袋鼠是最低等的哺乳动物,研究袋鼠脑,可以分析动物进化成为哺乳动物过程的变迁;所用技术是普通的苏木素(Hematoxylim，H)-伊红(Eosin，E)染色法,朱鹤年看到下丘脑神经元有分泌颗粒,把这一现象,写入他的1931年的硕士论文中。他的导师 Herrick 很谨慎,认为神经功能是传导,怎么会有分泌功能,所以提出异议。朱鹤年将实验片子给他看,坚持自己的意见,用科学事实,说服了导师。这是国际上在哺乳动物中观察到神经分泌现象的首例。这一重要发现的论文,完全可以在 Herrick 创办的《比较神经学杂志》(*Journal of Comparative Neurology*)上发表,以扩大其学术影响,但是朱教授为报答当时资助他出国学习的中央研究院,所以此文发表在《中央研究院集刊》上。有人替他惋惜,说他吃亏了。但知恩图报和重情重义的朱教授表示:错亦无悔。神经分泌现象的发现,是朱鹤年对神经科学的重要贡献之一,前述的关于猫中脑怒叫中枢的发现,是他的重要贡献之二。一个学者,能在神经科学领域有一项重大发现,就已经非常了得,而朱鹤年有两项,这是很了不起的事情。陈宜张钦佩地说,这是中国神经科学的骄傲。

朱教授在公共场合,西装革履,领带素雅而整洁,非常注意仪表和语言清晰地表达。他每次上课,总是提前到办公室,上课前再次检查自己的备课教案,考虑是否有含糊或表达得不清楚的地方。他为人坦诚,说话直率,他懂的知识,都乐于教人。

在生理教研室,卢振东指导陈宜张做记录淋巴液、胰液分泌量等难度较高的生理实验,真诚地帮助和指导他的工作。有一次,陈宜张给学员讲心动周期中的压力变化,把一个压力点讲错了。前来听课的卢教授在下课后对他指出,陈宜张很感动,及时地向学员们更正。

卢教授对生理仪器的原理结构和研制使用,都有很高的水平,生理实验室的各种仪器,都是他指导运用的。国产动物脑立体定向仪的研制与投产,是卢教授的重要贡献,这

图4-3 20世纪60年代的陈宜张

是他根据和参考朱鹤年从美国带回来的样机设计的,又与实验室和工厂合作,终于投入生产,满足了全国高校和科研单位的要求。

20 世纪 60 年代初,卢振东推荐陈宜张到回国不久的张香桐教授处进修中枢神经电生理 9 个月;20 世纪 80 年代,卢教授任中国生理学会副理事长时,提名陈宜张为副秘书长,让他能接触学术界的科学前辈。陈宜张在张香桐的教导下跨入"神经科学"的大门;迈进中国生理学会,能在冯德培、王志均等老一辈生理学家指导下发挥科学才能,全靠卢教授的推荐提携。

1957 年,鼓励知识分子向党提意见,帮助共产党整风。朱鹤年直爽地提出自己的意见,最后被划为"右派",撤销了生理教研室主任的职务,由卢教授担任。"文化大革命"期间,没有主任,由造反派负责行政工作。文革后,朱教授和卢教授都恢复主任职务,后仍由朱教授主持。1981年,朱鹤年推荐陈宜张继任室主任。朱教授说:"我不能选那些 yesman(唯唯诺诺的人)"。

二军医大也是名师荟萃之高等学府,如内科学、热带病学的应元岳,骨科屠开元,耳鼻喉科李宝实,眼科林文彬,妇产科李瑞林,生物化学的侯祥川和生理学的朱鹤年等教授,都是各学科杰出的专家,为陈宜张提供了学习的榜样。

把二军医大视为第二母校,是因为陈宜张在这所大学里感受到与浙大母校同样浓郁的学术氛围。这里的临床学科,烧伤外科,心外科和肝外科均具有学术实力。1958 年抢救大面积烧伤病员,做得很不错;心外科的蔡用之教授做心脏瓣膜手术,开辟了人工瓣膜的新领域;肝外科吴孟超带领一个小组,从肝解剖、代谢等基础研究做起,提出了创造性的肝外科学特点。骨科方面的断肢再植基础研究,在屠开元、卢振东和倪国坛诸位老师推动下,做出了许多成功的实验。

陈宜张想参军入党是心中埋藏已久的愿望。

陈宜张进入二军医大的第一感觉是校内政治气氛浓厚,政治学习多、共产党员多,在浙大医学院学生中没有党员,而这里训练部有党支部,生理学教研室有党小组。学校的规章制度很严格,学校里都是军人,排队、集合、敬礼,很讲规矩。他不是军人,可以不参加军内活动,但是他很想当军人,成为共产党员的意愿更为强烈。

　　陈宜张政治上的进步是在浙大时代,学生运动洗礼和信仰启蒙的延伸。他在教学中和老干部学员交往、交谈和交流中,受到教育。他亲眼看到解放初期共产党的清廉,生活上是供给制,工作调动完全服从分配,打起背包就走;他在浙大参加于子三运动;解放初期参加打击银元贩子的活动;到嘉兴为解放军战士防治血吸虫病等都受到锻炼;他的老同学邵淇泉在三年级时参干,到绍兴剿匪,他非常佩服。他又想到新中国成立前,国民党政治上的腐败,经济上的崩溃,想起楼仁泰老师清贫的生活和有机化学老师一节课20根油条收入的困境。新旧社会的对比使他下定决心要报答国家。他没有其他名利的想法,决心申请入党,不论共产主义在哪里,在何时实现,他都要为之奋斗终生。此时,陈宜张自幼孕育的爱国情怀升华到自觉革命的境界。陈宜张的入党志愿酝酿已久而坚定不移,他在各方面的表现也符合要求,所以批准入党是水到渠成的事情。陈宜张在二军医大进修期间,他的未来工作去向要结业后确定,所以参军、入党的要求,二军医大当时不好考虑。现在正式分配留校,1953年他被批准参军入党,生活待遇改为供给制,由月薪75元改为月津贴25元。

　　在二军医大,分配进校的大学毕业生参军,基础部的陈宜张和药学系一位毕业生,他们两人是最早的一批。

　　担任助教后,教研室给他安排一定的工作量,如一周带几次实验,批改多少作业,陈宜张都踏踏实实地完成得很好。当时,带实验比较难的是做示教,例如做狗延髓刺激实验时,假使对加压中枢和减压中枢刺激不得法,会引起血压升高或者血压下降而造成死亡,或者,原想引起减压,如果刺激位置不当,刺下去反而加压。要刺得很准,就要求平时的基本功扎实。如果做不出结果,不单是在学生面前出洋相,更重要的是没有完成教学任务,学生还有意见。此外,示教时的外科手术要熟练和干净利落,每个手法和动作要交代得清晰明白无误。最难做的实验是淋巴流动,要把淋巴胸导管结扎引流。因为淋巴管很细很薄,结扎得不好,把它堵住了,淋巴就不流动,以后做各种使淋巴增多的实验就会失败。正是因为有相当的难度,所以一定要反复操作,才能熟练。

图 4 - 4　冯德培考察二军医大生理学教研室(左起:卢振东,陈宜张,
朱鹤年,冯德培,生理学教研室,1981 年)

当时有些干部学员受文化基础的限制,听了教授在上百人课堂上讲的大课后,理解尚有难度,所以陈宜张和年轻助教们,除带实验外,时常给学员上小班课,有时一对一地具体辅导,务必让学员掌握基本概念和教学要点。助教们也因此提高了讲课水平。

从连续不断的政治运动到"文革"的十年动荡,陈宜张自然有很多想法。他自 1951 年 9 月 1 日到二军医大后,政治运动接踵而至。他报到时,看到镇压反革命运动结束的庆功会宣传报道,很受鼓舞,在浙大时是没有的。1952年初,开展"三反、五反运动",结束不久,他留校当助教,1953 年春入党。1955 年,开展"肃清反革命运动",作为工作组成员,他参与对两位数理老师进行一种从逻辑出发的追问,结果一位老师跳楼,他一直感到内疚。1957 年到山东潍坊学俄文回校后,他被抽调到训练部协理员办公室工作,因而避开了生理学教研室反"右派"运动对朱鹤年教授的批判揭发。1958 年开展"大跃进"、大炼钢铁运动,有的部门从苏州硕放买来小高炉,把学校图书馆楼梯铁栏杆锯下来,拉到院子里的小高炉中炼钢,为超英(国)赶美(国),完成年产 1 070 万吨钢而奋斗,至于破坏了图书馆的建筑结构,那谁都不管。1959年春,陈宜张下放宝山县白洋生产队劳动;不久又开展反"右倾"机会主义运动,这是针对国防部长彭德怀的,所以在军队内包括军医大学里,运动进行得比较剧烈。紧接着,又组织学习"九评"文章开展反对苏联修正主义的斗争。1964年至1965年,四清运动来了,先是教研室几个党员去浦东川沙农村搞四清,后来全校搞四清,搞社会主义教育运动,学校上课不正常。当时曾试行集中一段时间上生理课,而实际上是停课的状态,人心不安,人心涣散。就这样挨到1966年5月,"文化大革命"开始了,二军医大的教学和科研全部处于停顿状态。陈宜张逐渐认识到,这不是在干革命,也不知道自己做了些什么,但他确实无误地看到了自己的好同学郁望耀是被逼死的。

1969年,二军大"调防"去西安,规定公家的东西不能带,移交给将要调来上海的第七军医大学。去西安时,教职员工和家属男女分开乘闷罐车,睡在铺稻草的车板上。带队队长吹哨子后,停车下来活动一下或在铁路站头吃饭,不停车时,就啃干粮。到了1975年又从西安调回上海,还是乘闷罐车,但照顾年纪大的可坐卧铺车厢。

"文革"初期,陈宜张牢记入党誓言,为共产主义而奋斗。他紧跟伟大领袖战略部署,积极投入造反运动。为表现自己没有私心,在1969年妻子徐仁宝下放宁夏贺兰山劳动,别人都去探亲,他一次也没有——专心地参加教改调查干革命,他想努力跟上形势。当然,后来觉得对徐仁宝有些歉疚。

在"文革"中,批判"知识越多越反动"和"读书无用论"的时候,陈宜张思想上有些彷徨,看到社会的混乱和他所尊敬的专家学者被批斗成"反动学术权威",成了"臭老九"而百思不解。他曾消极地和儿子两人,把家中收藏的喜爱的书籍当废纸,以每斤8分钱卖掉,并发誓永不买书。

陈宜张没有别的太多的兴趣和爱好,大部分业余时间都用于读书。在浙大同学中,在家人眼里,在同事们的感觉中,他就是一个痴迷读书的"书呆子"。现在,读书成瘾的"书君子",竟然把他最爱的书籍,忍心视为废纸,这对他的"书情"是何等残忍的伤害,也反映了当时知识分子对国家命运前途悲观失望的心态。

在"调防"西安期间,他翻出舍不得卖掉的Davison的普通生理学等专业书籍阅读。1970年春节,那时还在打扫厕所的朱鹤年教授到他家,发现他还在读书,感到惊讶。在"文革"逆境中,他读点业务书,对于恢复正常教学秩序后,招收研究生和编写神经系统电生理学讲义等工作,都有帮助。

陈宜张讲课的兴趣和冲动,是在讲课实践中逐渐产生的。

1963 年,陈宜张升为讲师,开始上大课。他满腔热情,力图改进教学方法。在给 1962 级讲课时,利用晚餐后时间,他特地给学员讲学习方法,讲科学的学习态度。他为改变学生中死背书的倾向,在一次小测验考试时,经与参加教学的老师商定,出了一道没有标准答案的考题:

如果主动脉瓣闭锁不全,那么心动周期里面的压力曲线会怎么变化。

面对考题,学生们面面相觑,不知何以为答,因而议论纷纷,写出来的答案自然五花八门。这一道题,激发了大家的思考,训练了从多方面解题的能力,但是也给教师评分带来困难。陈宜张和老师们在阅卷时,凡是和老师做的答案相近的评为及格,相差较多的不及格。后来在课堂分析试卷时,一位名叫包聚良的学员对陈宜张当面提出质疑,说"我看答案应该是这样,而不是你说的那样",搞得陈宜张一脸尴尬,但他心里为学生独立思考并勇于表达异议而高兴。当然题目既然出来,应该有明确的答案。为彻底搞清楚这一问题,陈宜张到图书馆查阅大量期刊和文献资料,终于找到 Wiggers 等在 1940 年代做过这个实验,实验人为地造成主动脉瓣闭锁不全,测量心动周期压力曲线的变化,其结果与教师们所做的答案非常接近。该论文发表在《应用生理学杂志》(*Journal of Applied Physiology*)上。

陈宜张上课,力求每次讲课都有一些新知识传递给学生,他通过教学实践分析认为,教学是一种主动的行为,这种主动的行为首先体现在讲课者必须有一种兴趣和冲动。讲课类似一种亢奋地冲上去的行动,绝不能被动地敷衍。他热爱教育,热爱学生,对科学研究和备课、上课都有深刻的爱好,舍得花大力气,不断充实自己的知识,他领悟到给学生一杯水,自己就要有一桶水的哲理,所以备课精益求精。他对教学工作的主要体会有两点:

一是兢兢业业地备课。他从朱鹤年和卢振东两位教授上课时提前到校,对教材中的疑问,不论巨细,均要大家讨论明确、互相切磋这种一丝不苟的治学态度中,不断充实自己的经验,久而久之,陈宜张也形成自己的教学理念,除热情教学、精益求精外,他坚持教学要传授有价值的新知识,只有自己掌握学科前沿,才能对学生传播科技的超前的知识。他根据学生的实际知识水平、兴趣和可能存在的疑点,决定需要补充的内容。陈宜张广涉科技书刊,每日必读,所以见闻广博,知识面宽,加之他有很强的记忆能力,讲课时能深入浅出和引人入趣。当时,限于教学条件,教室里没有扩音设备和幻灯片,无多媒体辅助教学。在150—200人的教室内,陈宜张站着连续讲二三节课,连挂图也比较少,学生们都能集中精力,认真听课和记笔记。听课的学员,早晨6时起床列队出操,洗漱和打扫卫生,排队吃早餐,8点正式上课。上课时,有的人会打瞌睡。陈宜张上第一节到第三节,只要是他的课,学生的兴趣就会调动起来,他讲课内容新颖,语言幽默生动,使学员的精神振作,听课效果很好。陈宜张在讲神经动作电位时,结合理论知识,他从青蛙的故事讲述了一段令学生难忘的深受启迪的科学趣史。那是1791年,意大利生理学家洛·伽伐尼偶然发现与金属片接触的青蛙腿,遇到电火花时,发生肌肉收缩现象。随后,伽伐尼做了一系列带金属的蛙腿收缩实验,在他发表的《电流在肌肉运动中的作用》论文中,是人类历史上第一次系统地提出和论述了动物电流在神经和肌肉活动中的作用,使人们对神经活动原理的探索转移到电上,而不是以往在17世纪和18世纪之交时,人们接受的假说和错解。当时的物理电学权威伏打,对伽伐尼的发现表示强烈的质疑,不能认为神经和肌肉内部具有内源性的电。为此,伽伐尼又做了著名的"没有金属的肌肉收缩实验",伏打也在做基本实验,双方各自用实验来支撑自己的假说,最终促进了两人的伟大发现。伽伐尼的研究奠定了电生理学的基础,最终导致了现代电生理学的诞生,使生命科学脱离了过去所谓"动物精灵"的桎梏;而伏打发明了电池,即电堆,开辟了以后关于电学、电话技术、电磁学以及物理学研究的广阔道路。

伽伐尼的一个偶然发现,引出了伏打电池的发明和电生理学的建立,为世界科学史写下了一段佳话,而两位心胸宽广的科学家的互相竞争而又互相尊重地追求科学的精神,两人的科学情谊更为后人所敬重。

陈宜张从这个科学故事开始,结合教学内容由讲神经动作电位,讲到主要分布在神经元、动物骨骼肌、心肌等细胞膜上的钠离子、钾离子等离子通道的克隆和功能,讲到最新研究成果显示的 X 线衍射成像的三维蛋白分子结构;所讲内容贯通一气,环环紧扣而滔滔不绝,讲课者兴致盎然,听者全神贯注,使学生既掌握了专业知识,又学到做一个科学工作者应具备的求真务实,敢于追求科学真相的品质,而深深地陶醉在获得科学知识的享受之中。

对教学工作体会之二,是虚心向别人学习,善于接受别人的指点和批评,充实自己的知识,提高教学水平。

我国著名的生理学家、神经生物学家冯德培,在 1989 年夏参加赫尔辛基第 31 届国际生理学大会时,和在会议上做"激素对脑的作用"口头报告的陈宜张相遇。会后,冯先生托先期回国的陈宜张把一本美国最新出版的英文教科书《细胞的分子生物学》带回上海。冯先生回国后,他及时把书送去。大约在一个月后,他向冯老借此书学习时,看到冯先生已在书中作了眉批,用彩色笔划了许多重点标示,他十分感动。在细微间见精神,冯老当年已 82 岁,仍孜孜不倦地学习新的知识,使时年 62 岁的陈宜张受到鞭策和激励。他把全书复印一份,装订成册,包上牛皮纸封面,放在图书馆供需用者借阅,他自己先读为快。陈宜张有感于此说:"也许正是由于这次受到的激励,使自己在尔后的十多年中,能不懈努力,勉强跟上新知识的发展,能读懂杂志上的一些新论文。"

在第 31 届国际生理学大会期间,陈宜张第一次读到冯德培为英文版《神经科学年鉴》(Annual Review of Neuroscience)所写刊头专文《回顾与前瞻》,文章写道:"近来,我的一些国内外的朋友都殷切希望写下一生中的片光零羽。追忆起成长岁月,固然使人感到温馨,但环境压力,总迫使我先去做那些更紧迫的事情⋯⋯"此文是冯先生对自己科学生涯的简要回顾,是他在什么样的环境和背景中,成长为一名神经生物学家的自叙。冯先生在此文单行本扉页上写了:"敬赠陈宜张　冯德培"。2004 年 3 月,《中国神经科学杂志》常务主编陈宜张,为纪念冯先生逝世 9 周年,特将冯先生的刊头专文译成中文,在杂志上发表,陈宜张在发表此文的"后论"中写道:

　　冯先生在本文中所详细介绍的,他的一生科学生涯,突出地表现了他的敏锐和创造性思维，表现了他对祖国的拳拳热爱之衷，表现了这位老人在他杖朝之年，仍念念不忘发展中国的神经科学事业，这都是值得我们这些后人永远怀念和学习的。

陈宜张的字里行间，洋溢着他对老科学家的尊敬和虚心受教的真诚。

陈宜张的夫人徐仁宝是他浙大同班同学，二军医大病理学家。他们二人并肩攻关、相互学习的故事，在二军医大传为佳话。陈宜张表示，"是仁宝把我领入受体的领域，经她的帮助，才渐渐地入门，我原先对受体是不熟悉的。"徐仁宝教授坦言："我们夫妇一直互相学习，他很用功，几十年如一日，说他是'孜孜不倦'当不为过。"陈宜张对新颖的学科前沿新科技非常敏感，对国际科学发展非常关注，他说做教学、搞科研如逆水行舟，不进则退，因此他最爱学习。就他们夫妇而言，他搞生理，她做病理，病理要有生理的基础，所以她向他学习的多一点；他后来做糖皮质激素的快速作用，是受她启发，向她学习受体。

1990年夏天，他听说现在可以做变性手术，男女互变。他以前从未听闻，觉得自己是生理学家，竟然连变性手术都不知道，他自然不相信。他向做变性手术的二军医大长征医院了解，得到证实，使他深感自己知识的局限，要好好地向各种人学习。他说："年龄大了，在新知识的掌握方面，必然落后于年轻的同志，许多新的知识，只是从书本上读懂，没有亲自做实验，因此懂得并不完全，并不深刻，显然落后于年轻人。有时看到一些具体操作实验步骤会茫然不知。所以，应有自知之明，多向年轻人请教。"

此外，陈宜张尽量启发学生独立思考，鼓励学生对自己的讲课提问，像包聚良同学对试题答案当面指质就得到陈宜张的肯定。他以生理学中的科学原理，比喻师生之间应该教学相长的关系。他说，神经支配靶器官如肌肉和唾液腺，看起来似乎神经起主导作用，其实它还有相反的一面；靶细胞对神经有营养作用，颌下腺分泌神经营养因子（NGF）能支持交感神经元的生长，没有NGF，神经元就会萎缩。其实师生之间的关系，与此相似，教师教育学生，传授新的知识和做人、做学问的道理，而相应地学生的质疑、提问乃至批评指错，都鼓励和督促教师不断地提高自己的水平。

他把生理学中相辅相成的辩证关系与教学相长的联系，表达得恰如其分，恰到好处。他向学生宣布，欢迎大家随时来办公室讨论问题；每次讲课结束前都要留几分钟让学生提问，他来作答。2011年陈宜张84岁时，主动申请担任临床8年制2009级班《医学神经生物学》主讲教员，承担了80％的授课工作。

陈宜张执教40多年，受到学生的一致肯定，是名副其实的一代名师。

1994年，二军医大教育管理部门做了一次规模较大的追踪调查，对1978年恢复高考后二军医大招收的连续五届军医和海医本科毕业生共1 908人发出问卷，回收到1 300多份。在答卷中，学生记忆最为深刻的基础部老师是陈宜张，占96.2％，是全校教师得到肯定评价最集中的一位。

陈宜张在编写讲义中，学到许多书本上没有讲过的道理。

1951年陈宜张刚进二军医大时，朱鹤年教授正在编写生理学讲义，初稿征求了长春一军医大李洛英、南京五军医大蔡翘二位教授的意见，陈宜张做了校对和编写结尾工作。

1959年，他参加《正常人体学》的编写，这是1958年开始大跃进思想支配下的产物。当时所谓三结合，是党委领导下教员和学员合作编讲义。那时的党委是学员队党委，实际上是学生领导教员编讲义。当时认为学员能提出实际问题，有些干部学员对医学有些接触，有些业务知识，但对较全面的科学知识的掌握是不够的，教研室归学员队领导，显然是不合教学规矩的。

"大跃进"时，有人建议把生理、生化、解剖和组织胚胎四门课并起来，编成《正常人体学》讲义，并以卫勤系学生为主体，成立了专门的党支部领导编写工作。生理陈宜张，生化李建新，解剖张东铭和组织胚胎冯越四位教师参加，书稿在1959年印出。1964年，上海医科大学也想编这本书，所以请陈宜张去介绍编写的经验。

《正常人体学》的编写，客观地反映"大跃进"年代至"文化大革命"前，那个历史阶段教育界对于教学改革的一种心态和看法，并在实践中做了探索。在1970年初，短学制的教学中，也编过类似讲义。

从国际范围看，曾主编全国医科院校通用教材《生理学》的生理学家张镜如,曾在二军医大介绍过加拿大 McMaster 大学的"教学一条龙"的做法,例如从心脏解剖、功能到心脏临床疾病等,做连贯系统的教学;2009 年,在青岛举行全国神经生物学教学研讨会议上,听说浙大医学院也正在进行按生理系统模式组织教学的试验,这也是国外有的医科院校正在实施的教学模式。这种模式是否符合教学规律,尚无定论,正在试验之中。但在中国上海的二军医大,在 1958 年"大跃进"的时候,确实做过编写《正常人体学》的工作。

在 20 世纪 60 年代,陈宜张花了很多时间和精力,把上课以外的时间全用于编写讲义上。编讲义,领导很重视,二军医大的政治委员肖进前都来参加编写的讨论。编委会先搞了一个编写规范:①先讲清题目;②写出摘要,可放前面,可放在文中;③系统地展开。按这一规范,似乎比较系统,增强了可读性,但也可能会影响章节内容文字的流畅。

图 4-5　与学生交流(1985 年 1 月 6 日)

在讨论中,有人不欢迎在讲义中编写科学的历史。而陈宜张认为,讲一些科学发明的历史,会增强趣味性能提高讲义的质量。

此外,上海的二军医大生理教研室与重庆的七军医大,西安的四军医大联合编写过生理学讲义。1978 年,高校恢复招生,对高校教材提出新的要求。所以,在 1979 年又由原来的三校合作编写讲义。这两次合作,在地方医学院校中,也产生了良好的反应,不少院校采用他们编的讲义做教材。

编写讲义有学问。通过编写写作训练,陈宜张亲自经历编好一本可读的科学书籍的全过程,每写一本科技书籍,好似深入地探索一次知识的海洋,得到理论上的提高和专业知识的提炼。他领悟到,学术有成就的科学家,应该是驾驭学术著作写作的能手。

科研论文处女作

1953 年春,陈宜张在二军医大进修结业后,留校先后任助教、讲师、副教授和教授。在文革以前,主要工作是教学,文革后,教学与科研兼而有之。在之前,1953 年到 1961 年,根据部队需要,做了一些可算是早期科研的事。

1952 年夏,全国范围内开展学习巴甫洛夫学说运动,这是向苏联一边倒的一种表示,陈宜张也多次到校外做这方面的报告。二军医大生理教研室建立了条件反射实验室,他在卢振东指导下参与反射实验,负责训练狗、遛狗、做实验。卢教授提出用条件反射方法研究大脑皮层兴奋的扩散,他认为,狗的上、下肢皮肤不同距离的各点,在大脑皮层有相应投射点,此即皮肤分析器。当某一点皮层的皮肤分析器兴奋或抑制时,与皮肤不同距离的相应的皮层点,也会兴奋或抑制,在刺激被扩散至所波及的皮肤时,引起的条件反射量,能够相应地增加或减少。简单地说就是条件反射引起的大脑皮层的兴奋可以在皮层扩散。因此,卢教授设计在皮肤某一点,以离子透入法使用利多卡因或奴佛卡因等给予局部麻醉,则相应的皮层代表区,应转入不活动,而可能影响正常的兴奋扩散,其结果,可用狗唾液分泌条件反射量检测出来。陈宜张按卢教授的设计,经多次试验未果,他竟然以用于狗的方法,在自己皮肤上试验,通直流电以离子透入法给自己注入利多卡因,结果皮肤没有麻感。陈宜张查阅大量文献资料,在巴甫洛夫实验室各种结果的论文分类摘要中,发现曾有报道关于条件刺激与非条件刺激二者合并作用时间的长短,对条件反射量有影响。苏联学者把条件反射量,作为皮层活动程度的标志,把非条件反射量,作为皮层下中枢活动的指标。于是,陈宜张提出:可以研究条件刺激与非条件刺激二者合并作用时间的长短,对非条件反射量的影响,卢教授表示赞同,并经朱鹤年主任同意,陈宜张把皮层兴奋

(抑制)扩散课题,改为自己提出的皮层下对皮层影响的课题,最后取得一定结果。据此他写的《条件刺激与非条件刺激合并作用时间长短对非条件反射量的影响》论文,发表于《生理学报》上。尽管课题由自己确定,实验也是亲自做的,但这毕竟是沿袭卢教授的设计扩展的,所以他的这篇论文处女作文章署名仍坚持将卢振东列第一作者,陈宜张、蒋栋良居后。

这次条件反射研究,在今天看来影响有限,基本上是文献指引而成,但对从选题、实验、结果分析到论文撰发整个过程得到训练的陈宜张来说,是第一次亲历了科研工作的始终,是科研生涯的首秀而感到欣慰。他感到:将模糊概念澄清,决定进行与否和在已具条件下如何完成,这就是独立思考和自信。

心功能、冲击波、烧伤输液

1954年,陈宜张跟随卢振东教授到江苏一些野战部队师团单位,做战士生理指标测验,评价他们的体力情况。其中的一项指标就是心脏功能,测心率,在临床上的检查叫踏步试验,是一项标准实验,用来检测战士的心跳次数,根据结果作出分析。此次调查研究结果,发表在军事医学杂志上。

1958年开始,二炮部队和二军医大商定,进行冲击波研究。冲击波是原子弹爆炸时的三大致命因素之一,也是炮弹主要杀伤因素,做冲击波是出于部队需要。要研究冲击波,首先必须学会气压强的测定。为此,承担研究任务的陈宜张,到北京等地学习测量压强技术。然后应用到自己的研究中,实际测量大口径炮弹发射时,炮弹弹道周围的压强和弹道目标底下的动物的生理变化。这次冲击波伤研究,决定由军医科学院蔡翘教授领衔负责。他是中国生理学奠基人之一,1955年入选中科院第一届学部委员(院士),二军医大陈宜张作为参与方之一。蔡教授领着他在南京部队,用坦克发射炮弹,观察从上海带去的狗和其他小动物在压强过后,狗的条件反射有什么影响,狗的心电图有什么变化。蔡院士亲自动手,从设计实验到观察测量和做实验记录,分析陈宜张所做的狗的心电图,每个步骤都认真细致,一丝不苟。他待人亲切和蔼,丝毫没有院士或领导的架子,陈宜张和参与的同行,对他都很敬佩。

陈宜张独立主持的第一个有回味价值的科研项目,是烧伤输液实验。1958年5月,上海瑞金医院收治灼伤面积89.3%的钢铁工人邱财康,成功救治。1959年初,二军医大长海医院收治灼伤面积几乎100%的病员徐金根,抢救很成功,但未能度过休克和细菌感染两道难关。在救治烧伤病员时,临床输液一向根据美国烧伤科学权威的Evans公式,计算补液的输液量,而实践发现,据此计算的输液量太大,往往发生严重的肺水肿,导致死亡或并发症。医生明知不当,而又不能违反权威的规则,又无其他依据可循。二军医大为此成立了烧伤研究团队,由临床研究组牵头,设立配合临床的基础研究组,由青年助教陈宜张主持。他决定把科研重点放在评价输液的动物实验上,研究输液的合理液量。实验是对烧伤的狗进行输液,在抢救狗的生命过程中,获得有用的数据。

在确定实验方案时,陈宜张助教和几个专家教授发生了争议。在预实验中,研究组提出轻、中、重度烧伤三种程度的烧伤模型,对轻度、中度烧伤的狗,一般不输液也不至于死,重度烧伤的一般在2—4小时内死亡。大家讨论的重点集中在是采用烧伤重好还是烧伤轻好。当时摸索的经验是狗烧伤面积超过30%时,如果不抢救都会死,做了三只狗都死了。因此30%的烧伤面积,可视为重度烧伤,所以陈宜张坚持用重度烧伤实验,因它具有致死性,唯有如此试验,才能比较不同输液配比方案,对延长狗的生命的影响,从而选定存活期最长的配方。在讨论时,有的教授主张用中度、轻度烧伤的狗做实验,反对用重度烧伤的专家甚至议论说:"狗都被烧死了,还能做什么实验!"陈宜张十分自信自己的判断,他固执己见,按他的方案进行。实验结果证明,用重度烧伤模型是科学合理的,重度烧伤的狗经过输液,均能存活,其存活期的长短,也反映出不同输液方案的不同效果。陈宜张主持的实验结果,对重度烧伤动物如何输液,输液是晶体液还是胶体液等重要问题,做了深入的科学分析。对20世纪50年代流行的输液Evans公式,提出了评价和重要的修改意见。

陈宜张仔细研究和探讨了 Evans 公式之所以于临床应用不太合适,其原因之一可能是该公式确定时的试验所用的"标准"烫伤法与二军医大研究组所采用的方法不同。二军医大实验组所采用的方法与临床病员病况比较接近,更接近于现实生活中人体烧伤的状态。此外,前者用 T - 1824 法测定烧伤后的血量,而陈宜张等除用 T - 1824 法外,还用了 P32 法,测定次数也较前者多,因而数据更为全面。实验证明,烧伤后只用 T - 1824 法测定血量是不可靠的,因为此时毛细血管通透性增加,附着于血浆蛋白上的 T - 1824 很快离开血管,所测得血量值往往偏大。而采用 P32 标记红细胞的方法,则更为精确。

陈宜张的研究组,经过仔细分析得出结论:重度烧伤后输液,在短期(12小时)内,以输入右旋糖酐液为好;优点是血压维持得较好,血量及尿量可维持在较高水平,血球比容可以很快恢复。但要注意,输右旋糖酐后有较明显的血浆蛋白浓度降低。此外,12 小时以后不宜突然将胶体液改为晶体液,防止血量的突然下降。

烧伤输液试验的成果,选入上海市 1960 年优秀科技论文,受到科学界的重视。回想初定实验方案时力排众议,陈宜张感到一位真正的科学工作者,应该具备服理不服威的素质。

如何防止烧伤后植皮的排异反应,中科院实验生物研究所研究员陈瑞铭教授想用超声波对皮片进行预处理,延长它移植后的存活期,陈教授带领陈宜张做实验记录,两人都注重观察皮片的眼视变化。陈宜张看到陈教授仔细凝神的状态,和蔡翘教授做冲击波实验结果测量时的神情酷似。他联想到:科学分工有不同,门类有差异,但科研学者的科学追求和认真不苟的风范,奇妙地相似。能经常和专家们合作科研和做实验,使陈宜张见多识广,能够在科学知识上触类旁通和举一反三,同时学到了科研时的慎思明辨,学到了如何设计一个好的实验并到达成功的彼岸。

第五章
脑研究

恩师张香桐

陈宜张在浙大读书时，对生物化学、生物进化和神经系统有兴趣，对复杂的脑功能也很好奇。到二军医大后，向朱鹤年教授学习。在朱教授讲课

图5-1　陈宜张(左1)与张香桐(左3)、吴建屏(右1)(中科院脑研究所论文答辩会,1985年4月29日)

和实验中,经常接触神经解剖学、下丘脑的生理学;1953年做的条件反射实验,也是脑的研究的范畴。他耳闻目睹的都对他从事脑研究产生影响,而影响最大和最为深远的,是在张香桐先生实验室进修时所受到的教诲。

1962年,二军医大为提高年轻教师教学和科研能力,决定选派陈宜张去中科院上海生理研究所和另二人去有机化学所和生化研究所进修。陈宜张能进生理所张香桐实验室学习,是很难得的机遇,这是二军医大对他的培养和卢振东教授推荐的结果。

张香桐(1907—2007),1933年毕业于北京大学心理系,获美国耶鲁大学医学院哲学博士学位。他首先提出大脑皮层运动区,是代表肌肉的观点;根据视觉皮层诱发电位分析,他提出视觉通路中的三色传导学说;他发现的"光强化"现象,被世界生物学界命名为"张氏效应";他首次发现树突电位,被国际公认为树突生理功能研究的先驱者之一。1956年,时任美国洛克菲勒医学研究所副研究员的张香桐,冲破重重阻挠,回归祖国,在中科院生理研究所,建立了中枢神经系统生理实验室,这是新中国第一个脑研究实验机构。1957年他入选中科院学部委员(院士)。1962年,张香桐主持建立的神经组织培养实验室,能够成功培养人类大脑皮层的单个神经元。

张香桐实验室是我国培养神经科学高级科研人才的基地。国内的中、青年学者和当时"社会主义阵营"的东欧各国专家,都派人到他的实验室来学习和进修。

早在1938年抗日战争初期,张香桐逃难至贵阳时,曾在贵阳近邻的安顺陆军军医学校任教,卢振东时任该校生理学系助教。所以他们是同事和朋友。卢教授推荐陈宜张去进修,张香桐很欢迎。此外,陈宜张和张香桐在以前曾有过通信。经过是这样的:陈宜张十分崇拜张香桐,在20世纪50年代初期,他阅读《神经生理学杂志》(*J. Neurophysioloy*),十分喜欢张教授的论文。得悉张香桐由美国返回祖国,在上海生理所工作,所以他在1957年致函张先生,说明想利用二军医大教研室的一台Edswan脑电图仪,做一些有关视、听感觉相互影响的动物实验。他原以为张教授是大科学家,工作很忙,对自己提出的可能是比较幼稚的设想,不大可能回复。不料几天后,张香桐热情来信,鼓励他"不妨一试"。他很受鼓舞。张香桐也对这位好学、勤奋和睿智的年轻人留下记忆。

陈宜张到上海岳阳路的生理所学习,因距离住所江湾五角场太远,所以二军医大和在零陵路上的上海中医学院协商,让他在该院助教集体宿舍,周一至周五住宿。这样安排后,他在周一清晨,骑自行车到科学院,周六做完当日的实验后,骑车回家。

1957 年,陈宜张曾到山东潍坊学习俄文,准备到苏联留学,后来中苏关系恶化,此事告吹。他曾为失去这次深造的机会而感到遗憾。想不到,5 年后竟然有了向中国生理学界泰斗张香桐学习的更好的机会,他当然十分感动而倍加珍惜这次进修的机遇。

陈宜张跟着张香桐,每周做两次试验。做实验前,张香桐安排以后于1991 年入选中科院院士的吴建屏带陈宜张一起做动物准备,指导他做电生理实验的技术操作。张香桐一般在下午 1 时左右开始实验,做视觉反应电生理研究时,要把实验室的灯关掉观察结果。关灯后,室内漆黑,只听到电生理仪器运转的声音,张先生注视着示波器荧光屏视觉诱发电位,看动物脑对光刺激的反应。当他对某一个反应有兴趣时,会停下来,开灯做一下记录;然后再关灯,拍摄一些照片。这种观察实验方法,让陈宜张得到具体而严格的训练。他观察到张先生做事有板有眼,拧一个螺母,写一个字,都扎扎实实,非常准确。他注意到,张先生的实验记录都是用铅笔书写,从不用钢笔记录,以便于修改。如果经较长时间的搜索而实验没有结果,张先生开灯后,也做详细记录。像张先生这样认真地重视实验记录,陈宜张还未看到过。从此以后,他每天实验完毕回准备室或宿舍时,都把当天实验经过和体会,完善而仔细地记录在案。

张先生做实验一般要到晚上 10 时,有时会更晚一些。实验结束后,陈宜张清理实验现场,洗净仪器和实验台,再用酒精擦过;手术器械还要用热水浸过,器械上的余热会把水分蒸发而不易生锈。之后,大家聚精会神地聆听张先生对当天实验的评说,有成功的经验小结,也有失败原因的探讨。张先生经常告诫大家说:"实验失败不可怕,知道失败的原因,下次可以改进;最可怕的是不知道问题出在哪里!"

1963 年春节前,为了研究猴子大脑皮层切除后对行为及电生理影响,张香桐亲自做示范手术。将猴子麻醉后,张先生从容而熟练地做脑部手术,学生们屏住呼吸,观看他缝合皮肤的切口,十分工整,荷包缝合精巧,如同一排绘制整齐的图案,使陈宜张惊服和崇敬。

"文革"期间,造反派批判张香桐,只会讲理论,不会做实验。要他做几件实际的事给大家看。他们有意刁难,要年已花甲的张先生抓猴子。关在大铁笼内的猴子,十分机灵,在笼子里上下跳动,不是技术娴熟的专门人员不仅抓不到,而且还会被抓伤、咬伤。这些造反派准备看"反动学术权威"的"洋相"。此时,只见张先生卷起上衣双袖,双掌一拍,用一个网把猴子罩住,猴子浑身发抖,一点都不敢动,像很听话似的,乖乖地在他手中就范。张香桐这一绝招,令造反派们服贴了。原来,20世纪40—50年代期间,张香桐在美国攻读博士学位期间和他担任耶鲁大学医学院讲师、助教授及副研究员工作中,经过长期的动物实验的训练,已熟知包括顽猴在内的各种用作实验的动物的习性和制服的方法。

张香桐对陈宜张在实验中的要求非常严格,每一个细节都不轻易放过,他为陈宜张选读好书,并指导阅读最新科技资料。两人谈心时,陈宜张也会从张先生的品格中受到激励。陈宜张在张先生处学习7个月,最深刻的体会就是:做事必须认真踏实,一是一、二是二地做学问。在学识渊博的张先生身边,陈宜张得到有目的地学以致用的专业知识的传承;科研与实验紧密结合的训练,张先生在治学严谨和科研经验方面的言传身教以及事必躬亲的操作示范,丰富和提炼了陈宜张在大学六年的学习知识,使他胜似读了六年书。

在张香桐实验室进修结束后,陈宜张积极筹备二军医大的电生理实验室,他将实验室施工图纸、设置布局,电屏蔽室面积,直至电屏蔽用铜丝网布规格、网眼粗细,都详尽地向张先生请教。

张先生考虑缜密周到,甚至连电源的总功率都讲得很详细,要陈宜张留有用电增加一倍的充裕量,以防止意外的超负荷而可能影响工作,要他考虑防震设备的安排和附近马路上汽车开过时对实验室震动的干扰以及地线敷设方案等,真可谓无微不至,用心良多。

实验室建立后,陈宜张将电生理记录的照相,及时送给张先生看,他表示满意。陈宜张的首次实验,是大脑皮层的直接电反应,实验方法是将一对刺激电极摆放在暴露的动物大脑皮层表面,然后在刺激电极附近约0.5厘米之内,安放记录电极,记录在电刺激时,引起的电反应。因为刺激电极跟记录电极间的距离太近,这个电反应的记录要求比较严格,在操作时必须把电极位置调整好,保证显示的反应比较准确,做到没有或很少有交流电干扰的伪迹。

在离开生理所时,张香桐希望陈宜张回去做科研时,一定要结合本单位的实际和任务,这样科研才有生命力和发展前途。他指出,科研与本单位工作相结合,是非常重要的原则。

在张香桐老师处学习时,带教老师吴建屏教他如何正确打开蛙的头颅骨,将脑暴露。原来,颅骨打开后还有软骨层和几层脑膜,然后才能看到蛙脑,令陈宜张大开眼界。因为,在二军医大带教学生实验,做Sechenov抑制,将盐粒洒到蛙中脑上,看蛙的反射抑制,那时没有想到要剥离那么多层脑膜。由于吴建屏的带教,陈宜张较快地掌握了中枢神经系统电生理实验技术,提高了与理论结合的水平。

吴建屏曾经告诉陈宜张,张香桐先生做科研有一个"清净领域",这就是他在做的课题,你就不要做。如果两人的课题相同或相近,他做出的结果,是你影响他,还是他的独立成果,会搞得不清不净的。所以,科学家做课题,都希望"你离我远一点"。

树突电位,是张香桐成名作之一。1952年,他为皮层树突反应命名,同年他在美国冷泉港学术讨论会上,发表了《大脑皮层神经元特别注意其顶树突》的报告。他指出,大脑是由无数个相互联系的神经细胞,即神经元所组成,它们有各种形态各异的分支突起,其中的一根突起的叫轴突,负责神经信号的传递,把信号传给下一个神经元,而其他的多个突起统称为树突,负责接受和收集信号并把它传导给细胞体。1952年,美国冷泉港第17次定量生物学讨论会,主题是"神经元"。后来成为诺贝尔奖得主的Hodgkin、Huxley和Eccles都参加会议,前两位学者发表了乌贼巨轴突动作电位(AP)离子机制的系列论文;Eccles则在1952年和以前,记录了脊髓运动神经元的突触电位(EPSP兴奋性突触后电位;和IPSP抑制性突出后电位);神经超微结构的电镜研究已在进行。未来诺主们的成就，在会上引人注目，而会上的另一个亮点，就是张香桐有关大脑皮层神经元树突功能的工作。大脑皮层神经元的顶树突和基树突上，分布着大量具有纤细柄的树突棘，树突棘与其他神经元的轴突末梢形成突触，是大脑皮层神经元接受外来神经信号的重要部位。

张香桐的树突研究，在国际上有深远影响，1992 年，国际神经网络学会授予张香桐终身成就奖。在与陈宜张讨论科研课题时，张香桐建议他课题中有关皮层发育可以用树突电位作为检测指标，令陈宜张感动和欣喜，因为张先生没有在意"清净领域"，愿意把他的成就用于陈宜张的科研之中。

大脑皮层发育与树突电位

陈宜张研究课题是"辐射对大脑皮层发育的影响"。辐射就是放射线照射，原子弹爆炸后，就会释放出大量的这种射线。所以，这个课题和军事、部队关系紧密。在临床上的辐射影响，已为世人所共知；在二战中，日本的广岛和长崎在原子弹爆炸后，引起很多胎儿发育不良或畸形发育，其中也包括大脑发育受到影响，而检测皮层发育受到影响的指标，他们就采用了树突电位。

陈宜张考虑科研题目之初，曾想做树突方面的研究，考虑到张香桐是做树突的，有干扰"清净领域"之嫌。但经过几次交谈，张先生同意他做与树突有关的研究。

陈宜张曾回顾张香桐先生的科研经历，知道他在 20 世纪 40 年代也曾改行，在美国做过航空方面的工作；他还知道著名的神经科学家 Sherrimgton和 Hodgkin 也曾在第一次和第二次世界大战期间，做过与战争有关的工作，所以选题大可不必过分追求符合自己的兴趣。现在确定的课题不仅符合自己的心愿，张先生还慷慨地同意用他的"看家本领"——树突电位作为测试指标，这使陈宜张大喜过望。

陈宜张和技术员朱文德开始做树突电位,他们用 β 射线,照射待产的母兔,然后在小兔出生后,分别记录出生一天、两天和三天的幼兔大脑皮层的树突电位,再和未经照射的幼兔大脑皮层做比较,判别辐射线对树突发育的影响。实验所拍的照片,送给张香桐老师审阅,按张先生的指点再继续实验。

在实验过程中,朱文德发现正常阈值大小电刺激幼兔大脑皮层可引起一个树突电位,但树突电位阈值却经常不稳定。开始,他以为是系统不稳定的缘故,经陈宜张研究,他们首先确认了树突电位阈值的变化是一个可重复的、真实存在的生物学现象,而不是实验系统不稳定的原因,造成这一现象的内在原因需要研究。陈宜张仔细观察和分析发现,在一个强的电刺激幼兔大脑皮层之后,隔一定的时间再去刺激皮层时,引发树突电位所需的刺激阈值强度大大地降低,如果仍用原来的阈值进行刺激,则树突电位反应可以增大十几倍,而且这一现象可以维持几十分钟。为此,陈宜张提出了"单个皮层电刺激,可以长时间增强幼兔皮层树突电位"的观点,即树突电位的易化现象。这和后来在 1973 年,外国学者 Bliss 等在麻醉状态下的家兔海马区发现的长时程增强(Long trom potentiation, LTP)现象十分相似,不同之处是陈宜张运用的单个刺激,而后者是由一连串刺激引起的。

树突电位长时间增强现象是一个比较重要的发现。由于这个实验流程全部建立完善时,已经是 1965 年底"文化大革命"的"山雨欲来风满楼"之时,所以这一工作总结性论文《电刺激幼兔大脑皮层所致的易化效应》,拖了十多年,才有可能在"文革"结束后,在《生理学报》上以中文发表,客观上大大限制了论文可能发挥的重要学术影响,特别是在国际学术界的知名度。

前述 Bliss 关于海马区长时程增强的现象,经科学家证实,是突触可塑性的重要表象形式,也是学习记忆的关键神经生物学基础,现在已经作为一个关于学习记忆的基础理论,被写进教科书多年。而陈宜张他们发现的皮层树突电位长时间增强现象的生物学意义,一直在探索之中。他们会自然地联想,这种现象只出现在幼兔身上而成年家兔没有,这是否与学习记忆有关,是否可用于人在年幼时,记忆力最强的一种解释。

"文化大革命"以后,陈宜张的科研已转入另外的方面,但皮层树突电位的研究,却在他的研究生科研中得到延续。2001年他招收的博士生徐晓辉,对树突很感兴趣,做树突特异蛋白运输调控研究,偏重分子生物学。2012年,《生理学报》约请陈宜张发表了纪念张香桐诞辰105周年的文章《张香桐冷泉港讨论会"树突"论文发表60周年》,以表达对恩师张香桐的缅怀和半个多世纪来与树突研究的情缘。

皮层发育与树突电位,是陈宜张科研工作中第一次独立的、经过深思熟虑而选定的课题。他深切地感到有一个"好的科研设想",对科研进展和成败有决定性的意义。冯德培先生曾对他偶然地谈起说,"有人做了一辈子科研,其实他还不懂得什么是科研。"初听时,他没有在意,但以后感到回味无穷,知道冯老是提醒他在科研时,一定要非常审慎,要有好的科研设想。

与陈宜张同届的浙大生物系老同学沈锷,他在中科院生理所工作。他天天在做实验,却对陈宜张说"现在想不出什么好的题目",这也就是说,题目没有想好,天天在做可能会有一些结果,但不可能有重要的进展。

图 5 - 2   陈宜张与张香桐(实验室外,1994 年 11 月)

张香桐老师于2007年11月4日在上海逝世,终年100岁。陈宜张回忆自1962年到张老师处进修后的45年中,经常向张老师请教问安。他回忆在一次谈话时张香桐曾说,"纵观世界科学史,可以发现有两种不同类型的科学家。一种是才华横溢,兴趣广泛,在很多方面都能得心应手,作出重大贡献。而另一种,则是把毕生精力倾注在某一专门学科,始终不渝,即使由于特殊原因,不得不暂离其宗,但一有可能,便立即恢复主攻方向。"陈宜张认为,恩师张香桐正是后一种类型的科学家,他把毕生的精力,倾注在神经生理学上,始终不变而一以贯之。

如果用张香桐院士表述之科学家类型来评说陈宜张,以他在科研方面的得心应手和他的假说风靡国际生理学界的贡献,似乎更类于前一种科学家,或确切地说两类科学家的风格,他兼而有之。

下丘脑镇痛、应激

在"文化大革命"期间,针刺麻醉与镇痛是特定的政治任务,是当时一些生理学工作者唯一可做的研究课题。

针刺麻醉简称针麻,是用针灸刺激穴位进行麻醉止痛,不用麻醉药物进行外科手术的治疗方法。上海市曾在 1958 年为患者的双手合谷穴——即以一手拇指指骨关节横纹,放在另一手拇指、食指之间的指璞缘上,拇指尖下的地方各扎一针,顺利地摘除病变的扁桃体,这是世界上第一例针刺麻醉手术。经新闻媒体报道,在各地特别是陕西、湖北等省推广应用,手术种类扩展到临床各科达 90 余种。1965 年 12 月,国家科委内部报道了关于《针刺经络穴位麻醉应用于胸腔(肺)手术的临床研究成果报告》,报告中介绍了上海第一结核病医院和上海市针灸研究所,用手针针麻,临床实施肺切除手术 186 例,成功率 95.5%。1966 年 2 月,国家科委和卫生部在上海召开针刺麻醉工作座谈会,制订了《针刺穴位麻醉研究工作 1966—1968 二年规划纲要草案》。不久,"文化大革命"开始,所有科研工作停顿,唯有针刺麻醉可以继续进行研究。1969 年,二军医大正迁往西安"调防",因为陈宜张当时是年轻的讲师,不属"反动学术权威",所以学校训练部成立了有陈宜张参加的针麻研究组。陈宜张选了一个课题:在猫的"承山"穴部位给予压力刺激,观察在哪些节段的脊髓背根传入纤维上,可以诱发传入冲动放电。

在做猫背根传入放电实验时,陈宜张看到动物房内有只待处理的老猴子,就把它拿来做压力刺激。结果,发现传入分布的范围,非常广阔,不是局限在一个节段上面,而是上下分布有 6—7 个节段,与教科书上的局限节段传入说法有明显差异。陈宜张为这一"发现"欣喜,认为这正是穴位传入比较弥散的神经机制,而且中医经络的本质也可能就在于此。但他将猴子脊髓拍照,找文献查对后得知:英国学者 Sherrington 早在 19 世纪 90 年代,用反射作为指标,(而不是用电生理动作电位作为指标)早已指出这一点。一般教科书上有关人的皮节、肌节的分布,是参考 Sherrington 的实验所得,也参考临床检查结果,教科书上的黑白相间、呈斑马线状的皮节图,只是一种大为简化了的模式图,仅仅代表该区皮肤最主要的传入节段,并不排斥在其上方、下方节段中也有该区皮肤的传入。所以陈宜张是对已知现象的重复观察,而非新的发现。陈宜张从中得到的启示是,做每一个实验,必须掌握与实验有关的最初原始文献,以便正确判断实验中发生现象的真伪,不然会贻笑大方。

为探知针刺镇痛是否可能发生在外周神经,针刺是否引起外周神经的传导阻滞,陈宜张和他的同事做了另一个实验:在猫的坐骨神经记录它的动作电位和各种成分,A 波代表 A 类纤维,C 波代表 C 类纤维的活动。由于针刺有酸胀、麻的感觉,而不是疼痛的感觉,所以应该都是 A 类纤维的活动,而 C 类纤维是代表疼痛纤维的传入。他观察到,以不同强度的刺激来刺激 A 类纤维,不会对 C 波产生影响;如将刺激强度加大到足以兴奋 C 波,再用这个强度做强直刺激时,C 波则会受影响。所说强度达到 C 波能够兴奋的状态,实际上就是以痛治痛。他的实验结论是,电针不可能引起痛冲动传导的阻滞,针刺镇痛的效应,在外周神经是得不到解释的,其机制应该到中枢去找。

1972 年 10 月至 11 月,在上海召开为期一月的全国针刺麻醉学习班,陈宜张做了研究报告。在组委会专门召开的讨论会上,主持人邀请陈宜张发表对针刺镇痛研究的体会。陈宜张认为针麻研究要补两头,一头是外周机制,即外周神经和穴位的研究,另一头是高级中枢皮层的作用,尤其是大脑边缘系统的作用。他的论述,得到多数与会者的认同,引起热烈的讨论。西安市卫生局邀请他在陕西省卫生系统大会上做针麻的主题发言。

二军医大的针麻研究组,由陈宜张牵头,根据"补两头"的方案,结合教研室实际情况，决定继续做外周神经，但主要精力放在高级中枢这一头。因为大家对下丘脑的解剖方面比较熟悉，所以他提出围绕下丘脑与镇痛的关系这一方向进行研究，他自己则具体负责电生理方面的工作。他和同事邢宝仁做下丘脑脑电记录，做躯体神经传入冲动引起的下丘脑的诱发电位。当时实验室有一台示波器，又借来一台老式德制的肌电图机，用以诱发电位较快地做出结果，表明躯体传入冲动可以到达下丘脑。

陈宜张有一次在示波器上看到和在监听器上听到有大起大落的波，像大海的波涛声，它以大约几秒钟一次的慢节律重复出现，在脑电记录上就是上、下大幅度摆动，打笔。他以为针麻的奥秘就在于此，后来又想到，它很可能是脑组织受电极损伤后的一种电变化，但对此并未深究下去。1975年二军医大迁回上海后，陈宜张因为在西安那段时间未获得多少有意义的成果，尽管他脑海中"涛声依旧"，但没有精力去研究。回沪后，陈宜张很快建立了微电极细胞外记录全套技术体系。

陈宜张曾在1976年上海医学会举行的针麻报告会上讲了边缘系统与镇痛。下丘脑是构成边缘系统的一部分，陈宜张停止做下丘脑脑电，开始做下丘脑对痛放电调制的实验。他在考虑记录何处的痛放电，因为选做脊髓背角的人很多，他考虑下丘脑离开脊髓太远，影响不明显。后来，他选定了Nauta所著的《边缘—中脑回路神经解剖学》中所界定的边缘中脑区，即在中脑上丘水平，围绕中央灰质附近的那一块找痛敏单位，看下丘脑对它的影响。

他们的工作取得结果，发现电刺激下丘脑前部—视前区可以使中脑的躯体反应单位，包括痛反应电位的放电受到调制。用这种方法来论证痛反应的改变，在当时是首创的。当1985年陈宜张参加香港神经科学第七届年会时，他的报告纯粹是讲述下丘脑与镇痛的关系，而非原来的针刺麻醉镇痛问题。

对中脑反应电位放电记录的同时，陈宜张开始探索躯体传入冲动对下丘脑电位放电的影响，证明下丘脑有痛刺激反应电位的存在。还做了下丘脑特定区域神经元自发周期性放电和中脑神经元对芬太尼反应等研究。在实验室添置了TQ—19叠加仪后，陈宜张和来校学习的进修人员也做了大鼠下丘脑直接向中脑投射的叠加电生理实验。

图 5-3　研究生袁文俊毕业论文答辩会（左 2 袁文俊、左 3 卢振东、左 4 陈宜张、右 5 朱鹤年，1981 年 10 月 15 日）

图 5-4　研究生翁瑛霞毕业论文答辩会（左 1 翁瑛霞、左 4 陈宜张、右 4 朱鹤年、右 3 吴建屏，1982 年 10 月）

1978 年，陈宜张招收第一个硕士研究生袁文俊，他的课题是"猫下丘脑向中脑投射的电生理叠加诱发电位的研究"。第二批研究生中的翁瑛霞，她的课题是"下丘脑向脊髓投射的电生理叠加诱发电位的研究"。陈宜张和他的科研合作者们及学生们发展了逆向鉴定技术；在单位放电技术水平上，又做了室旁核与中脑中央灰质和丘脑束旁核的联系等处于国内领先水平的工作。其中，"中脑躯体感觉单位对下丘脑室旁核逆向刺激的反应"课题，由1986 年入学的研究生李林完成得十分精彩。他们对外周神经进行电刺激造成疼痛模型，这个刺激会引起中脑某一个神经单位的放电活动，可被电生理仪器记录，在记录这个中脑单位反应之前，先再给下丘脑不同的核群尤其是室旁核加以电刺激，从而激活相应核团的神经元，再观察中脑神经单位对外周疼痛刺激的电反应，是否受到下丘脑核群活动的影响，即观察原来的反应有没有大小变化，从这个独特的角度，来阐明下丘脑可以调制疼痛反应。这一工作把脑内逆向刺激技术与外周躯体刺激技术结合起来，证明同一中脑神经元(中央灰质)既可被躯体刺激所顺向激活，又可被下丘脑所逆向激活，也就是说，躯体感觉信息传入到下丘脑，中脑的中央灰质至少是其驿站之一。这个工作与后来知道的德国学者 Carstens 做类似工作的时间相近，意义类似。陈宜张和李林的工作，形成了多篇研究论文，其中的《大鼠导水管周围灰质躯体反应单位直接投射至下丘脑室旁核》和《刺激大鼠下丘脑室旁核激活的中脑中央灰质神经元对躯体传入的反应》，分别发表在《科学通报》和《生理学报》上。

1979 年张香桐在上海组织了一个国际脑研究讨论会，将国内最新的研究成果向外展示，并邀请了包括著名的比较生物学家 Woolesy 教授和许多张先生在美国的朋友参加会议。陈宜张将下丘脑的研究工作，做了一个展板展览。这次讨论会上的学者交流摘要，在 1981 年美国生理学会会刊《生理学家》(*The Physiologist*)杂志上发表以后，美国洛克菲勒大学的 Pfaff 教授，直接写信向陈宜张索取单行本，当时他正在研究下丘脑以及视前区与小鼠性活动的关系，他们以后一直保持着联系。

在"文革"后期和"文革"后的几年中，陈宜张的科研工作主要是采用电生理研究方法，围绕下丘脑与镇痛的关系展开，取得成果的汇总已发表在数十篇学术论文之中。陈宜张在三个方面做出了具体贡献。

一是根据国外几年前开展脑刺激镇痛结果，1972年他明确地提出下丘脑可能参与镇痛有关的工作的假设；二是应用电生理学方法，证明下丘脑兴奋可以调制中脑痛反应单位的活动；三是下丘脑与中脑、下丘脑与脊髓的神经连接，外周躯体传入引起的下丘脑、中脑躯体感觉反应单位等各方面所取得的实验结果。

陈宜张认为，这些工作是他科研生涯的历史记录，但创新性不强。

陈宜张在从下丘脑与镇痛转到下丘脑与应激反应时，做了周到而全面的考虑。陈宜张经常想到张香桐恩师关于考虑任何科研工作，一定要与本单位工作、特点相结合的告诫。作为军事医学工作者，要想到军人在训练中，应激是很重要的特点，战斗当中的应激更是常识。所谓应激，是机体在各种内外环境不良因素及社会、心理因素刺激时，在没有发生特异的病理性损害前，所产生的全身性、非特异性的应答与适应，是一种生物反应模式，又称应激反应。当刺激事件打破了有机体的平衡和负荷能力，或者超过了个体的能力所及，就会体现为压力甚至疾病状态。应激是部队在战斗中经常发生的现象，也一直是极为重要的军事医学课题。1984年至1985年间，陈宜张在研究下丘脑时，他知道应激反应的发生，下丘脑室旁核是非常重要的部位。他审视研究条件和课题方向时，在做下丘脑室旁核与应激和做下丘脑与镇痛二者选择中，他选择了前者。

引导他做应激的另一个因素，是他的夫人徐仁宝教授的工作对他的影响和帮助。做应激反应，有两个硬指标，一是肾上腺髓质分泌的肾上腺素，另一个是肾上腺皮质分泌的糖皮质激素。做应激机制研究，测定血液中糖皮质激素，正是徐仁宝得心应手、科研情浓的课题；陈宜张得到如此难逢的机遇和优势条件，自然会"妇唱夫随"。他对应激和镇痛二者选择时，心中也有"小九九"的算盘：从方法学比较，做镇痛研究，是用测定痛阈作为指标，在发表论文时的图表中，比较两次痛阈的值，看起来似乎差别很明显，但如果真正看看动物甩头或甩尾的实际表现，这种指标的差别好像也不是十分明确；而做应激研究，以测定皮质酮，儿茶酚胺作为指标，定量程度与明确性，会比测痛阈要好得多。

应激涉及以糖皮质激素水平的改变等一系列复杂神经内分泌反应,下丘脑是神经内分泌中枢,是调控应激的重点,陈宜张尽管在镇痛研究中积累了关于下丘脑的理论知识和实验经验,但对于转换到应激研究,绝不敢等闲视之。他以一贯的谨慎和认真,踏实地做了理论功课,阅读了大量资料,并且独立编写了《下丘脑与神经内分泌整合》和《下丘脑生理学》两本专著(因出版单位体制改革,缺乏经费未能出版)。

对于测定皮质酮,徐仁宝有绝对把握,陈宜张确定了测定大鼠血液中糖皮质激素浓度和实施躯体性应激的实验方案和具体的安排。

当时,国际上的下丘脑与应激研究处于旺盛、发展时期、匈牙利科学家Makara用特制的下丘脑刀,把下丘脑与其他脑区完全隔离,使被隔离的下丘脑只接受血液的体液性影响。具体的操作是,将注射器针头刺进脑中拟定的脑部位后,对预先放置在针头里的钢丝芯施加压力,让针芯像弓一样鼓出来,鼓到脑组织里,然后将针头沿长轴旋转360度,在脑内鼓出来的弓,就在脑内旋转,把这一个脑区与周围彻底隔断了联系。

在确定以糖皮质激素为指标后,为分析下丘脑室旁核在躯体性应激中的作用,二军医大王春安副教授改进了Makara刀,使之适用于破坏下丘脑室旁核。陈宜张对课题组分工,分别学习血浆皮质酮测定方法和了解下丘脑室旁核在损伤性应激中的作用。之所以要探索损伤性应激是否也通过室旁核,这是结合部队实际的需要。Makara等学者曾用特制下丘脑刀得到乙醚引起的应激反应通过室旁核的结论。

在做外伤性应激中,他们人为地将大鼠股骨折断形成应激,观察折断前后糖皮质激素的变化,再看室旁核损坏后对应激的影响。陈宜张将这一个非常明确而满意的研究,参加1985年香港神经科学会第七届年会交流,他带去3个课题的研究结果,在大会上做了题为"多种下丘脑损伤对大鼠大腿骨折后血浆皮质酮水平的影响"的报告。

令陈宜张感到意外的是他的报告引来不少人的异议,说他们不麻醉就折断动物骨头,过于残忍,不合伦理学要求。当时,国际上做得较多的应激模型是用麻醉剂乙醚诱导的。陈宜张为了模拟战场上实际受伤的应激情况,避免因麻醉剂本身发生的应激干扰在实验设计时就采取了直接骨损伤方法。由于涉及动物保护意识，这一研究结果未能在国际学术杂志发表。但是他们的研究成果是客观和实在的。他们研究的结论是：

（1）室旁核是损伤性应激发生所必需的；

（2）从损伤性冲动的性质分析，躯体神经中的 A 及 C 类纤维起主要作用；

（3）这种损伤性冲动兴奋在中枢的通路，可能是经中央灰质到达室旁核；

（4）下丘脑以上的高级中枢，如海马等，也与损伤性应激的发生有关。

陈宜张对这些结果有自己的评价，他认为损伤性应激研究仅有较小程度的创新，多数是把已知的一些资料，如 A、C 神经纤维的激活与损伤冲动的关系等综合起来。PVN 内既有 CRH 神经元，当然损伤性应激引起皮质激素也不得不通过它，这是很明显的必然的结果，所以还谈不上在思路上真正的创新。

自 1990 年起，陈宜张一直向总后卫生部建议，将心理应激列入军事科研计划。理由是流血的外伤所引起应激虽然在战争时期依然存在，但大规模战争目前不会发生。而紧张的备战及军训生活的心理应激对人的心理是很大的压力。即使在非军人中，现代化社会的快节奏工作和生活，也具有很强的心理应激效应。他的意见，被上级接受，在制定的"八五"规划的预防医学项目中，增加了心理应激的神经生物学研究课题。这个项目，由陈宜张承担。1993 年他招收的硕士研究生严进，研究课题就是："心理应激时大鼠行为及脑内氨基酸水平的变化。"当初预定的长期目标，是找出兴奋性与抑制性氨基酸递质之间的不平衡与心理应激反应的关系，认为这可能是心理应激的脑机制，然后用药物预防或恢复这一平衡，可以防止或治疗应激性的精神症状。严进建立了较好的心理应激动物模型，发现心理应激对脑内谷氨酸含量，有脑区特异的规律性变化，有所欠缺的是没有做微透析，分析细胞外间隙中氨基酸的真正变化。1995 年严进考取神经生物学博士生，心理应激研究也就停了下来。

在严进入校之前，1987 年入学的博士生丁佳逸，也曾做过捆绑束缚应激对大鼠细胞因子影响的研究。

由于科研重心的转移,陈宜张的应激研究没有延续下去。但是,他认为这是一个非常值得重视的课题。2012 年第 422 次香山科学讨论会,邀请国内发起做应激科研的先行者陈宜张院士,共同主持这次会议,会议的主题是"应激与应激医学、生物学基础与疾病控制"。他在会上强调从医学角度看,应激问题主要是关注心理应激的机制,以及它和疾病的关系。

陈宜张讲述他的看法时,说应激的两项课题都是他积极发起的,但限于人力条件不得不中途停止。科研要成功,要有好的思路,思路要从实际中来;科研要成功,贵在坚持,而坚持下去又有主观和客观两方面,没有合适人选,不能坚持;人力、物力条件相距过远,也无法实现。他讲述的两种不能坚持下去的情况,所在多见,任何科研领域,概莫能外。

整体脑功能研究

脑科学或曰神经科学研究的基本目的,是揭开人类意识和神智生物学的机制。脑研究的手段,从哲学或方法论角度来说,大体上可分为整体论(Holism)和还原论(Reductionism)两种方法。

整体论是"自上而下",主张一个系统如宇宙、人体等为一个有机整体,不能割裂或分开理解。整体论是研究大脑最恰当的方法,因为人脑本身就是一个完美的整体,是人体的"小宇宙",其复杂性不言而喻。整体论在脑研究上从功能入手,来理解神经系统,着重系统的活动,如何调节或反映在行为上。早在 19 世纪中叶,整体论以选择性损毁特定脑区的方法,来分析人类行为的变化,发现人类大脑不同皮层区域执行不同的功能,即大脑皮层在功能上有分区,损毁特定的脑区,会导致相应的认知障碍。现在教科书中的人脑功能区图谱,就是基于这些理论而绘制的。

运用整体论研究脑的代表人物、加拿大神经外科学家 Penfield 为患者做开颅手术时,在患者清醒状态下,用电刺激其大脑皮层,记录患者口头报告感受,获得了对大脑皮层功能定位方面极具价值的认识。他积累了 1 000 多位癫痫患者的相关数据,他的研究成果集中体现在大脑皮层初级感觉区和初级运动区两个方面的"小人图"上,至今仍在神经生理教科书上应用。作为毕生关注和从事脑研究的学者,陈宜张对加拿大科学家的成就甚为赞赏和重视,曾组织年轻学者狄海波和虞晓菁一起整理和编写了《人类大脑高级功能临床实验性研究》专著,由上海教育出版社于 2010 年出版。

整体论方法有其局限性,它得出的结论往往是大略的,显得粗糙,难以满足科学家们追根求源的愿望,难以更为深入和精确地解释大脑的工作机制。随着现代自然科学特别是物理学基本粒子理论的发展,还原论逐渐占据上风,为各界推崇。

还原论是"自下而上",主张将研究对象不断分解剖析,力图恢复其最原始的状态,化复杂为简单,认为现实生活中每一种现象,都可以看成是更低级、更基本的现象的集合体或组成物,因而可以用低级运动形成的规律,解释高级运动形成的规律,即任何复杂的系统,均可以通过将其化解为各部分之组合的方法,加以理解和描述,它实际上是主张把高级运动形式,还原为低级运动形式的一种哲学观点。

随着"基本粒子"的发现,还原论在现代物理学的发展中产生了巨大的影响,人们甚至可以把整个世界的存在,归于基本粒子及其相互的作用。为此,复杂的世界经过"还原",被清晰地分割为可以重组的简单部分,世界的知识,也被分解为种种不同、分类庞杂的学科与部门。生物学家开始相信分子水平的研究,将揭开生命复杂性的全部奥秘,随着 20 世纪 50 年代对遗传物质 DNA 结构的发现和解析,整个生命科学进入了还原论主导下的以分子生物学为牵引的新时代。

脑科学研究在这样的大背景下,也大大发展,科学家们通过单个分子、细胞或回路等神经系统基本元素的特性,去考察和理解神经系统的工作原理,深入揭示出神经电活动、神经信号传导、传递的分子机制,获得一系列重大发现,从而形成和奠定了现代分子神经生物学基本理论。然而,理解了神经细胞内部分子间或者神经细胞间的相互作用,还是难以解释我们的行为、意识和神智这些脑科学的基本问题,促使科学家们开始重新认识到进行整体研究的必要性和重要性。

到了 20 世纪末,功能性磁共振成像技术 fMRI（functional magnetic resonance imaging）和正电子发射扫描成像 PET（Positorn Emission Tomography）等影像学新技术问世和在科研中的应用,为脑功能的整体研究,提供了强大的技术手段和工具的支撑,有力地推动了这一领域的科学发展,使脑科学研究进入整体与还原并进的时代。

陈宜张纵观整体论和还原论各有所长而又各有不足的客观形态,又洞察到整体和还原二者必然相辅相成为科研服务的趋势,他抓住脑功能的整体研究,高瞻远瞩而又脚踏实地指导着自己研究工作的进展。

跨世纪的中国脑科学讨论会

早在 1989 年,美国第 101 届国会通过决议,将 1990 年至 1999 年定名为"脑的十年",开创了在美国国会上通过一项关于自然科学研究决议的先例,说明美国对脑科学的全民意识。其实这也反映了当代神经科学的发展,是当代许多神经科学家们的共识。在国际脑研究方兴未艾的背景下,作为中国脑研究工作者,包括陈宜张在内的科学家们,一定会有所表示和动作。

图 5-5　陈宜张与唐孝威（中科院院士会议期间,北京京西宾馆, 1996 年 6 月 7 日）

时任中科院高能物理研究所研究员、1980 年入选中科院学部委员(院士)的唐孝威,在 20 世纪 80 年代,受贝时璋的启发,对脑科学发生兴趣,他希望找一个真正搞神经科学的人合作,所以找到陈宜张这位浙大培养的神经科学专家。

　　经过唐孝威的积极筹备,包括他本人专程到上海考察了一些单位脑研究情况和邀请了国家科技领导部门、知识专家学者等,于 1997 年 5 月 19 日至 22 日在北京香山举行了第 73 次香山科学讨论会。唐孝威和陈宜张两位院士共同主持这次名为"跨世纪的中国脑科学"的盛会。唐院士提出了脑科学研究的三个方面的重点:①了解脑;②保护脑;③创造脑,即人工智能。这三个方面的科学内涵覆盖范围很广。

图 5-6　参加第 73 次香山科学讨论会(1997 年 5 月 19 日)

　　陈宜张在题为"中国脑科学发展应采取的战略"的报告中说:

　　在 21 世纪来临之际,人类对脑的探索进入了关键时期。首先,科学发展到今天,各门基础科学相继取得了重大进展,特别是生命科学在 20 世纪末的强劲发展,使得脑这个自然界最复杂的系统自然而然地成为科学家重点注意的对象,而科学技术的巨大进步则为揭示脑的奥妙创造了有利的条件。其次,由于人口老龄化的加速和神经、精神疾病发病率的提高,如何有效地预防、诊断和治疗脑的各种疾病成了社会迫切需要解决的问题。其三,脑研究的成果将成为下一轮新技术革命的源泉和动力,揭示脑的工作原理有可能对新一代的计算机带来革命性影响。最后,研究并深入认识人脑的功能对于认识人类自身,弄清人类社会的发展,弄清精神与物质的关系,都有十分重要的意义。

美国于1989年率先推出了全国性的脑科学计划,并把本世纪最后十年命名为"脑的十年"。这一举动立即得到国际脑研究组织(IBRO)和许多国家的相应学术组织的响应,使"脑的十年"成为世界性的行动。两年后,欧洲出台了"欧洲脑十年"计划。1996年,日本也制定了为期二十年的"脑科学时代"计划。这些计划都受到了各国政府的高度重视,如美国的"脑的十年"计划就是由国会通过立法,布什总统签署发布的。布什还通过电视讲话呼吁政府机构、研究团体和全国人民以各种形式支持脑的研究。各国脑科学计划所投入的经费也是惊人的,以日本的"脑科学时代"为例,计划每年投资1 000亿日元,预计总投资将达到2万亿日元,是该国'超级钢材料开发计划'的十倍。

20—21世纪之交是脑研究有可能出现重大突破并取得丰硕成果的重要时期。作为一个在国际上有重大影响的国家,我国应该抓住机遇,不失时机地积极参与这场科学史上重大的大会战。我国开展与加强脑科学研究,既有迫切需要,也有可能。因为开发智力是强国之本;人口老龄化与老年痴呆、独生子女的脑发育、吸毒与戒毒以及大量精神神经疾病的防治等问题,都需要脑科学来做出回答与预见;要想在新一代计算机及其他智能机器的设计上赶超世界先进水平,脑研究也会提供无限的宝贵材料。我国的神经科学研究既有传统与基础,也有一定的国际地位;经过努力,在不少脑科学领域我们有可能提出独创见解。

因此,我们应当不失时机地抓住这一机遇,结合我国的特点与实际需要,去解决那些迫切需要,而我们也有能力甚至是优势去解决的问题。通过这些问题的研究与解决可以进一步培养出更多的专业人才,提高我们的水平与能力。[1]

———————————

① 孙武军:《陈宜张传》,宁波:宁波出版社,2008年5月,第164页。

陈宜张在会上提出中国脑科学需要考虑的几个问题：

（1）在细胞和分子水平上研究脑功能，特别是脑的基本过程，有重点地开展结构分子神经生物学的研究；

（2）脑科学研究的另一个重要特点是多学科、多层次的研究，应当抓住最近发展起来的、应用正电子发射断层扫描 PET、功能性磁共振成像术 fMRI 等物理方法，研究人脑功能的这一突出进展；

（3）以基础研究推动与指导脑疾病及脑损伤等问题的解决；

（4）发育神经生物学在迅速发展，我们在这方面的研究应该补缺；

（5）脑功能的理论模型及基于脑功能的计算机及其他机器的设计；

（6）我国脑科学的发展，一定要结合与发扬我国已有的基础，结合我国地域、语言特点以及医药学经验（特别是中药疗效经验）；

（7）找准科学问题，努力探索锲而不舍。

为适应国际脑科学迅速发展，向中国科学家提出的科学要求，陈宜张呼吁组织一支包括来自神经科学、医学、心理学、物理学、计算机科学和其他相关领域的专家队伍，利用各种最先进的技术手段（如脑功能成像技术），突破已有的研究模式，集中力量，从分子、细胞、神经回路到整体脑功能等一系列水平上展开深入的、开创性的研究。

这次会议，为国家科技部设立"基础前沿研究（973项目）"，提供了重要的"模版"资料。与会的科技部部长朱丽兰向大会要一个怎样推动中国基础科学研究的书面材料，她将在国务院科技领导小组会议提出基础前沿研究问题。唐孝威和陈宜张立即写了一份简短的《脑基础研究讨论》简报。后来，基础前沿研究973项目，正式设立。

第73次香山会议之后，许多专家联合提出大力加强我国脑科学研究的建议，后来提出一个名为"脑功能和脑重大疾病的基础研究"，向科技部提出立项。此时，西安四军医大鞠躬教授，单独上报了一个脑研究的项目，科技部希望二项合并。经协商，确定由杨雄里、吴建屏、陈宜张、韩济生和鞠躬五院士为建议人，以原课题名称上报建议书。项目的首席科学家不能超过65岁，只有杨雄里院士合乎规定的条件。

历经两年多时间的三次答辩，科技部认为这个项目是重要的，批准了立项,陈宜张负责项目中的一个分题:"神经元的细胞内信号转导"。各小组分别开展了研究工作。

2003年在兰州召开项目总结会议,项目研究按时结束,发表了不少论文,特别是锻炼了基础和临床的脑科学研究队伍。

跨世纪脑科学香山科学讨论会的组织和召开,归功于唐孝威院士的精心计划和安排,陈宜张也尽了很大的努力;研究课题的立项包括三次答辩以及进展过程的组织实施,他也付出了很多精力,作出了贡献。

在第73次香山会议之前,陈宜张已做了几十年的神经系统研究,但对整体性脑功能研究,只有模糊的认识。香山会议后,提醒他必须注意和重视此事。但他在上海的具体工作环境中,要想接触整体性脑功能研究工作,并非易事。

1999年,陈宜张兼任新浙大医学院首任院长,具备了一些研究工作的客观条件。浙大医学院几家附属医院的影像科,实力都很强,便于向他们学习;做功能性磁共振(fMRI)也很方便。他聘请了北京心理研究所年轻的研究员翁旭初任兼职教授,单独带教和陈宜张合带研究生,研究工作是用fMRI做的。后来,陈宜张尝试自带研究生,用fMRI做课题。

图5-7　与楼敏(左1)、狄海波(左2)、视一虹(右1)、虞晓菁(右2)
等年轻人在一起(杭州,2007年3月22日)

陈宜张在浙大招收的2002年入学的博士生狄海波主动提出做脑植物状态病人唤醒的fMRI及行为测试,陈宜张支持他的积极性,并指导他的工作。

狄海波提出利用亲人呼唤患者名字的声音,刺激植物状态和最小意识状态患者,用 fMRI 检测患者皮层区,尤其是听觉皮层的反应,发现有 2 例对该刺激有明显反应的患者,在 3 个月后出现临床好转,变成最小意识状态。根据结果分析,这种检测方法,可能是一种有效的区分手段,用来区分:行为表现为植物人状态但具有恢复为最小意识状态的潜能患者和另一类真正植物人状态的患者;这是以往无法做到的。这种区分,对患者本人及其家属都有切身利益的关系。2007 年 3 月,狄海波的研究工作在国际著名刊物《神经病学》杂志发表,被评为"亮点"(high lighted)论文,同时还刊登国外不同实验室 2 篇对该工作的好评文章。同年 9 月,《自然、综合、神经病学》刊发一位国外学者的赞许专评。迄今,该论文已被国外引用 185 次,在国际上有相当好的影响。

陈宜张还指导博士后崔恒武对智障患者、被称为"天才指挥家"舟舟的脑,开展了"有音乐指挥才能的唐氏综合症患者的脑结构和神经心理测查个案研究"和"音乐家与非音乐家的磁共振脑功能成像研究"。

对其他专家教授指导的研究生,有学术问题的请教或询问,陈宜张总是知无不答而有求皆应。在兼任浙大医学院院长时,邵逸夫医学影像科主任章士正指导的研究生虞晓菁,在做"双上肢截肢病人脚趾运动时大脑皮层运动区的激活特点研究",章主任希望陈院长在命题和论文撰写方面给予指导,陈宜张欣然应助。并具体地了解了研究对象双上肢截除,但具有超常的脚部运动功能,能用脚趾抓笔画出精细美丽的图画,通过 fMRI 检测,患者脚趾运动时,不但正常负责脚趾部运动的大脑皮层被激活,而且负责手部运动的区域也被明显地激活,这一成果为脑功能的可塑性提供了有力的证明。她的论文发表前,陈宜张建议把病人用脚趾画图的照片放入论文中。论文发表后,影响较大,美国一位专家要写一部临床的神经科学教科书,来信希望同意引用她的照片。

关于脑的整体性研究,陈宜张在 2014 年所著《突触》中曾述及,即使你了解了突触,但要解释脑是怎样工作的,这中间还有很长的路要走。从细胞生物学、分子生物学的深度出发,要转到整体性研究,有很多层次的问题要解决;脑功能研究的更高要求,是把分子、细胞生物学的研究,跟整体研究结合起来。怎样结合是个大问题,而真正意义的神智问题的脑研究,肯定是更复杂的问题。

陈宜张在第73次香山会议上的报告结尾时,曾说了一段用以自勉和与会专家共勉的话。他说:

> 我国已故神经生理学家冯德培教授,在评估中国以往生理学发展时,曾提及从1940—1980年代,中国几乎没有一个生理学家可以连续在一个领域工作十年。他认为,在这样多变的情况下,要出像样的成果,是十分困难的。我们应该吸取这个教训。

> 评价一个科学家或实验室的成绩时,要多从他或实验室工作的科学意义去评价,鼓励他不断更新方法与手段,但始终朝着一个有意义的问题进军,长期坚持,锲而不舍,这样才有可能出创造性的成果。见异思迁,或仅仅重视新技术而忘掉或不重视科学问题,是不可能出好的成果的。①

---

① 孙武军:《陈宜张传》,宁波:宁波出版社,2008年5月,第167页。

第六章
糖皮质激素非基因组机制

非基因组机制的提出和进展

1984年,陈宜张在研究下丘脑与应激时,想从测定血液中的糖皮质激素浓度入手,将它视为像测痛行为一样的一个指标,以取代针刺镇痛。于是,他就接触到糖皮质激素(GC,glucocorticoicls,下均用缩写),及GC受体,开始了和夫人徐仁宝长达十多年的请教与讨论,产生了陈宜张科学生涯中的主要贡献;他全身心地投入的GC非基因组机制的科学工作,取得了影响国际学术界的科研成果。

非基因组机制的提出,来源于GC的快速作用,这种快速作用,早已被人发现,但是无数的专家学者对此视而不见,无人深究。

动物激素是由内分泌腺体和具有内分泌功能的一些组织,所产生的一种微量但生理效应很强的有机化合物,它经内分泌腺体进入血液,转运至其所作用的部位,发挥生理生化和协调抗体内各部分之间相互关系的作用。激素分两大类:一类是含氮物质,如蛋白质、氨基酸衍生物、胺类等;另一类是甾体激素(steroids),又称类固醇激素,因系胆固醇衍生而成。

甾体激素是化学结构都包含碳原子的 5 种激素的统称。这 5 种激素分别是：由肾上腺皮质制造的糖皮质激素（GC）和盐皮质激素（MC）；卵巢制造的雌激素（E）和孕激素（P），或称孕酮；睾丸制造的雄激素，或称睾酮。甾体激素具有很高的亲脂性，易于透过生物膜而进入所有的细胞和器官，包括中枢神经系统。除了能调节机体生长、发育、生殖和代谢，还对中枢神经系统（CNS）功能调节，起重要的作用，它影响新陈代谢的各种复杂变化，对生命非常重要。

甾体激素发生作用比较缓慢。例如，新生婴儿性别的区分不明显，要经过几年的性激素的分泌，才逐渐显出男、女的特征；用激素作为药物，要长期服用，方见疗效。病好了，人也胖了，这是长期用药而影响代谢的副作用。激素作用的缓慢，是因为身体合成新的物质，需要细胞内基因组（即细胞核）的作用。这种通过基因组的作用慢，而且影响细胞的新陈代谢，在传统理论研究中，称为基因组机制。长期以来，这一种理解，成为固有的定论。

然而，在科学世界里，与科学原理或学术定论相悖的现象，多有发生，甾体激素基因组机制也受到挑战。陈宜张在审视国外学术资料时，发现 1967 年 Science 杂志一篇 Ruf 和 Steiner 的报道，他们用微电泳方法给予甾体激素，经过 100—200 毫秒的潜伏期，神经元放电频率发生变化。当时，他正得到徐仁宝在 GC 理论方面的指导，对激素能够如此迅速地引起放电变化，产生疑问。陈宜张想，甾体激素的作用是要通过基因组的，其反应不可能如此迅速。另外，Dallman 教授发现，GC 对促肾上腺皮质激素释放因子（CRH）的分泌，有一个潜伏期短于 5 分钟的快速反馈抑制。

陈宜张认为，上述快速反应，只能用其作用可能不通过基因组，而是通过细胞膜上的受体来解释；他把这种快速作用，称为 GC 非基因组作用（机制），把这个推定（putativte）受体，称为：GC 膜受体。

其实，GC 快速作用现象，在国际学术界早有人看到。在 1940 年代，应激研究开创者之一的加拿大 Selye 教授，在给大鼠腹腔注射大量孕激素后，大鼠立刻呈现麻醉状态。孕激素为何会起麻醉作用，作用为何如此之快，谁都没有追问下去。之所以无人深究，盖因甾体激素对新陈代谢的影响，占据了研究的主流地位，而且发展很快，使基因组机制学说一直处于上风。因此，包括 GC 在内的所有甾体激素对神经元放电的快速现象，在科学界被"视而不见"，而无人想去寻找它的真相。陈宜张是一个对科学现象，一旦被他发现便要打破砂锅问到底的人，他感兴趣的科学问题，绝不轻易放过，做到知其然必知其所以然，即使"今夜无眠"，也要追根到底。

按照当时流行的甾体激素基因组学说，GC 需要穿过细胞膜进入细胞核中与其经典的核受体 GR 相结合，从而诱发基因的表达，即 DNA 转录生成信使 RNA，再翻译出蛋白质，执行相应功能的过程，这一复杂过程，在时间上不可能在 200 毫秒内完成，同样也无法在 5 分钟内完成。所以，陈宜张关于 GC 还存在别的可能的作用机制之推想便顺理成章和思之有据。在他思绪万千，浮想联翩的时候，研究 GC 核受体多年的徐仁宝打开了他的思路，把他引向研究膜受体机制的方向。陈宜张怀有幸福和感激的心情说：

> 这就是我向徐仁宝教授学习糖皮质激素受体知识的收获。如果不懂经典受体作用机理，也许就会把这个现象当作一般性材料看看，就放过去了。从电生理学角度讲，在实验中，一个微电泳、一个离子流动，刺激一下神经元，放电就变了，也很正常，看不出什么大问题。

图 6-1　陈宜张夫妇在昆明（1984 年）

1984 年开始，陈宜张把科研重心转入为之痴迷的 GC 作用机制，他想用电生理方法来研究 GC 的快速作用。在他之前，有一个学者名叫 Szago 的，他做过孕激素快速作用，后来没有见到有什么结果。

糖皮质激素引起神经元超极化

为揭示甾体激素传统理论与神经电生理学实验结果之间的矛盾之谜，阐明甾体激素快速作用机制，陈宜张和 1983 年入学的研究生华少莹做了 GC 快速作用实验。

根据电生理学基本原理，神经元放电频率发生变化，应该是基于神经元细胞膜膜电位的变化。如向去极化方向变化，将导致放电频率的变快；如向超极化方向变化则反之。所以，需要做神经元的细胞内记录，确定它的膜电位，观察一定浓度的 GC 对神经元膜电位的影响。

图 6-2　研究生华少莹毕业论文答辩（1986 年 9 月 20 日）

陈宜张在张香桐先生处进修时，只做过细胞外记录，没有做过细胞内记录，所以，他邀请安徽医学院马如纯教授来传授做交感神经节神经元细胞内记录的经验。陈宜张又介绍华少莹专程到马教授处学习。实验结果表明，将 GC 放入培养脑组织的溶液内，进行灌注，可以引起神经元的超极化，即极化状态增加。这与细胞放电的减慢其实是一回事，只不过是变了一个细胞内记录而已。超电化的细胞，放电当然变慢；如果去极化了，放电又会变快，这是意料之中的事。

陈宜张和华少莹又反复讨论,以豚鼠腹腔神经节的神经元为标本,用自己合成的牛血清白蛋白(BSA)共价结合的GC(GC-BSA)做试验。经检测,合成的GC-BSA纯度达到可用的理想标准。华少莹和陈宜张分析,将GC结合BSA之后,GC将不再能自由地穿过细胞膜而进入细胞内;那么,它引起的效应只能是作用于外面细胞膜的结果,这是一个确凿地证明其作用不是通过经典细胞核内的受体而实现的很有说服力的方法。他们的实验表明,GC可以引起腹腔交感神经元的超极化,而此超极化反应又有4方面的特征:反应的出现,呈现一定程度的剂量与效应的相关性;其反应可被特异的GC核受体阻断剂RU38486所阻断;反应可由GC-BSA引起;反应发生时,伴随有膜阻抗(impedance)的降低,即电导的增加。

在实验结果中,陈宜张认为最重要的有两点:一是所引起的超极化反应,可以被甾体激素核受体阻断剂RU38486所阻断,阻断剂是美国公司提供的,此实验说明,这个膜上的作用具有特异性。二是当GC与BSA结合后,这个新的激素化合物是不能透过细胞膜的,但具有超极化效应。这就说明,激素的作用部位是在细胞膜的外侧面。因为这种结合是共价键结合,短期内不会解离,除非通过内吞,否则它是不会透过细胞膜的,这是专家们可以接受的;BSA耦合的甾体激素作用部位应该在细胞膜的外侧面,这是比较有说服力的事实。这两点也是以后被文献引用最多的亮点。

因为GC快速作用被认为是一个特异性反应,因此,具有一定特异性的GC膜受体的论点应运而生。又因为这个作用是快速的,其潜伏期在毫秒到秒之间,因此这种作用不可能是经过基因组的,而是属于非基因组(non-genomic)的。

在实验中,研究生华少莹做得很艰苦。实验用的双蒸水要到上海西区一家水厂去买,华少莹就利用老师去科学院开会时,搭顺便车去水厂,把25公斤的水从厂里拎出来,真难为这位女学生了。在实验时,灌流神经节的生理盐水需要用氧气饱和,但没有小电动机,他们师生二人就将小板凳四脚朝上,用两块踏板夹住篮球球胆,在球胆气孔处装橡皮管,胆内预先充灌氧气后,在球胆上面加上砝码调节压力,控制冒出来的气泡大小,达到供氧的目的。虽然后来买了电动机,但是这种土法上马表示了一种自力更生的精神。陈宜张十分欣赏华少莹的勤奋,用 BSA 结合 GC 做实验,是她提出来的,立刻得到陈宜张的支持,BSA 的合成和纯度测验也是她专程到瑞金医院去做的。对华少莹等多位研究生对科研工作的支持,特别是他(她)们提出许多切实可行的建议,让陈宜张一直心存感激。

糖皮质激素膜受体

　　1987 年,第二届国际脑研究组织大会在匈牙利的布达佩斯召开。陈宜张和华少莹师生对快速实验的结果充满信心,他们很想和国际同行分享这一科学发现,接受专家学者的检验和指点,所以陈宜张代表他们两人,带着完整的实验资料和论文与会。当时,他们在神经科学界没有什么声望,论文也不一定受人欢迎,只在会场设立了一个展板。不少外国专家在展板前一经而过,耸耸肩膀。他们是不太相信,也有些人是看不懂,所以反应不十分强烈。对这种冷落的情况,他早在意料之中。他从长期科研实践中,深知一

图 6-3　陈宜张参加第二届国际脑研究组织大会(匈牙利布达佩斯会议中心,1987 年 8 月 15 日)

个新的科学发现、科学发明都是对旧有理论、学说的挑战、补充和修正，习惯于固守成规的人要接受新事物，需要一个认识、理解和适应的过程，所以在行动上往往是滞后的。他认为，能在国际专业的大会场内，设展示众，就是取得更大进展的前奏。同年，华少莹在香港第九届神经科学年会上，做了快速作用的报告；在上海生理所和法国学者举行了小型的交流会，做了口头发言；在北京召开的第一届全军神经生物学学术会议上，陈宜张做了演讲。

从 1967 年到 1983 年，Ruf 二人的两篇报道与 GC 快速作用之谜，依然在科学界众目睽睽之下，逍遥弥漫。陈宜张和他的研究生们通过实验，瞄准短潜伏期的研究关键，抓住了 GC 快速作用的三个特征：快速的、非基因组的、可能是作用于细胞的质膜而不是细胞核。他由此及彼地提出了全新而有科学依据的观点，即 GC 还有一个作用得快的、不需要通过细胞核的基因组，而可能是通过存在于神经元细胞膜的受体的功能，他郑重地提出了"糖皮质激素膜受体假说"，完整的提法是："糖皮质激素作用于神经元的快速、非基因组机制或膜受体假说"。

在各次会议的报告中，陈宜张明确地提出 GC 作用的快速、非基因组机制和神经元细胞上可能存在 GC 膜受体的机制。当时，这些问题尚未引起更多的专家的注意，对此持怀疑态度的，也大有人在。

陈宜张把同行们在学术上的各种表态，均视为对自己科研工作的鞭策和提醒，而更加周密谨慎。他知道，每一件新的科学成果或创新，要别人接受和承认，需要一个过程和时间。他有足够的耐心，抓紧完善和充实自己的工作。

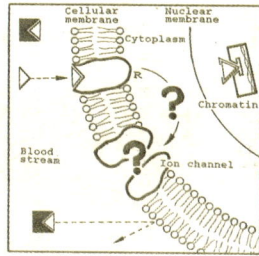

Fig. The MEMBRANE EFFECT of glucocorticoid on nerve cell.

图6-4　1987年陈宜张提出的甾体激素非基因组机制示意图

他考虑到的问题，主要有 4 个：

一是 GC 引起神经元超极化，那么一定有跨膜的离子流动，引起超极化的离子机制是什么？

二是神经元膜上，有没有与 GC 结合的位点，或者说，GC 的膜受体(GCMR)；受体能不能克隆。这些结合位点、克隆都属于寻找膜受体的问题。

三是除了引起神经元膜的电位变化而外，神经元的其他功能如分泌功能、再摄取（reuptake）功能，是不是也受 GC 快速作用的影响？

四是 GC 快速的、非基因组作用，其临床意义何在？

GC 可以引起交感神经节神经元极化的实验成功后，陈宜张想得最多的是寻找 GCMR。

陈宜张是电生理学家，又受到受体理论的启发，他想在神经元质膜上论证 GCMR 是否存在，如果 GCMR 确实存在，那么从生理学角度看，甾体激素将可能是一类新的调质（modulator）；从内分泌学角度看，将是对传统的基因组机制的重要补充。

1987 年陈宜张和他招收的第一批博士生中的郭佐，确定研究纯化神经元细胞膜的制备，检测膜制备的 GC 结合力，得到证实，但亲和力比较低。郭佐的实验很细致，首先要将膜制备做好，要达到没有任何胞液的污染，因为任何一点点污染，都会给出假象，被认为 GC 结合力实际上不是细胞膜的，而是胞液的。他们在实验技术方面做了改进，所谓"具有一定特异性的 GC 结合力"，是说 GC 与细胞膜的结合特征不完全相同于它和胞液（传统 GC 受

图 6-5　研究生郭佐毕业论文答辩（左徐仁宝、中郭佐、右陈宜张，1991 年 2 月 5 日）

体)的结合。这也说明,它同传统 GC 受体有交叉反应,可以用抗传统 GC 受体的抗体来识别 GCMR。

陈宜张和硕士生李平,用肝细胞膜制备做实验,结果在非神经元细胞膜上,也发现有 GC 的结合位点。

陈宜张指导博士生傅红,设想用传统 GC 受体的抗体,在细胞膜上寻找它的抗原,也就是寻找膜上有没有可以辨认 GC 的结合位点,即膜受体。傅红到西安四军医大,在鞠躬教授指导下,用胶体金电镜方法做实验,显示神经元膜上的 GC 结合位点,结果表明有“受体”,但数量很少。

在 GC 膜受体方面,他们在受体提纯以后接着做克隆受体的工作。当时在他们拥有的研究材料中发现 GCMR 的结构特征与 GC 核受体有相似之处,因为 RU38486 可以阻断膜的快速电反应;另外根据自己的实验资料,他们假定膜上面的 GC 受体是一个 G 蛋白偶联受体,所以在海马的 cDNA 文库中,作为一个对象来寻找;一是判断其与 GC 核受体结构的关系,二是判断其与 G 蛋白偶联受体结构的关系。

傅红想做受体克隆,在复旦大学遗传研究所谢毅教授指导下,采用分子生物学方法,克隆 GC 膜受体,试验刚开头,她因要参加博士毕业答辩而不得不终止。博士生邱俭接着做了一年左右,没有做成。需要说明的是,时至今日,国际上尚未见有克隆 GCMR 成功的报道。

对神经元分泌的再摄取和快速作用

陈宜张在严谨地阐明 GCMR 本身特性和研究 GC 非基因组作用重要意义的同时,已经认识到 GC 能快速影响神经元的膜电位,也就是神经元的兴奋性。他认为,快速非基因组作用还会给神经元的其他功能带来什么影响的问题需要研究。

一、GC 对神经元分泌递质或调质的影响

美国的一个实验室曾报道,孕激素能快速影响神经元释放多巴胺。陈宜张设想,GC 在神经内分泌反馈调节中有快速作用,它应该可以调节促肾上腺皮质激素释放因子(CRF)或精氨酸加压素(AVP)的释放。

1990 年,陈宜张和博士生刘秀,选用下丘脑脑片释放 AVP 作为指标,把它看作近似分泌功能,来检验 GC 对神经元"分泌"(实质是释放)的快速作用。当时,二军医大已成立的神经生物学教研室有很好的抗 AVP 血清,可用放射免疫法测定 AVP 的微量含量。他们用 AVP 作为指标的实验,发现有快速抑制作用,该作用不能被 cycloheximide 所阻断,GC 接上 BSA 后,仍有抑制作用。实验结果表明有可能运用非电生理学方法研究 GC 快速、非基因组作用。这个实验的很大弱点是下丘脑脑片是用刀片切过的标本,它的神经元受到损伤,因此 AVP 可能是分泌的,也可能是从损伤的断面漏出来的,没有肯定的说服力。当然,如能在完整的培养细胞上做实验,就无可挑剔了。

二、关于培养细胞的分泌实验

1992 年,陈宜张和博士生宋玲设计做 GC 对原代培养肾上腺髓质嗜铬细胞的分泌的影响,既测定去甲肾上腺素(儿茶酚胺)的分泌,也测定细胞内的钙离子浓度变化。此外,既然是分泌,它要通过细胞内钙离子浓度的变化才能进行调节。肾上腺嗜铬细胞跟神经元同源,它的结果可以代表神经元的结果。所以这个实验是为了研究 GC 对神经元分泌的快速影响。宋玲为测定儿茶酚胺(肾上腺素、去甲肾上腺素)浓度和测定细胞内钙离子浓度,她分别到中科院上海药物所、南京大学化学系重点实验室进行检测实验,做了原代培养细胞接受乙酰胆碱刺激、细胞外液高钾条件下的儿茶酚胺分泌,以及 GC 对它的作用,得到了明确的结果:GC 可以快速地抑制由于高钾引起的原代培养肾上腺嗜铬细胞的分泌。而且和细胞内 Ca^{2+} 有关,与 cAMP, cGMP 的关系不大,可见 GC 抑制作用也表现在它对神经分泌方面;实验还测定了细胞内钙浓度变化,同样发现 GC 的抑制作用。以上事实说明,GC 的快速作用也表现与它对神经分泌方面。宋玲为陈宜张的实验室开创了用培养细胞做 GC 快速作用的生物化学和细胞生物学研究的新方法。

图 6-6　与研究生宋玲讨论实验中的问题(二军医大生理学教研室,1995 年 6 月 12 日)

三、关于对神经元再摄取功能的快速影响

陈宜张和 1993 入学的研究生诸秉根,利用放射性氚标记方法,系统地探索了 GC 对神经元细胞膜(实际上是突触体上的细胞膜)摄取谷氨酸的影响。他们认为,摄取功能也是神经元的基本功能之一,GC 应该对它也有作用。实验结果,发现 GC 对培养的神经元肿瘤细胞系及神经胶质细胞系对谷氨酸的摄取有快速促进作用,而且当 G-蛋白磷酸化被阻断后,它的促进作用受到影响。这说明,GC 对于神经元的摄取功能,同样具有快速、非基因组的作用。另一位 1993 年入学的博士生毕钢也发现,GC 对于神经元再摄取甘氨酸有快速促进作用,而且具有甾体特异性,最低有效浓度可达 GC 生理浓度 10^{-8} M 以下。

再摄取功能的实验结果,从丹麦哥本哈根大学教授 N. A. Thorn 的实验得到有效验证。因为这位教授在一项实验中发现,与下丘脑已断离的垂体后叶神经末梢有摄取抗坏血酸的功能,而这一摄取可被 GC 所抑制;神经末梢既然已与胞体脱离,其基因组机制,当然无从发挥作用。这一现象在欧洲一次学术会上交流时,因无法解释而被人质疑。而陈宜张的实验,正好为他们从膜受体方面作出解释提供了依据。

四、关于快速作用的细胞内信号转导

1994 年入学的博士生娄淑杰和邱俭,在陈宜张指导下,分别进行相关的实验。娄淑杰在宋玲培养细胞的基础上,用 PC12 细胞,着重研究 GC 对于细胞内钙抑制的机制。实验发现,反应中有磷酸激酶的参与。她的工作比以前有所前进之处,是应用细胞内钙离子浓度变化作为反映细胞分泌功能的指标,更多地接触到细胞内信号转导机制。

邱俭的信号转导实验,是在中科院细胞所裴钢院士实验室做的,他们的工作表明,蛋白激酶 C(PKC)参与这一过程。(注:GC 对 PC12 细胞株儿茶酚胺的快速抑制作用具有 PKC 通路的依赖性,而这一作用在有的细胞却是通过 PKA 的。)他们还直接从检测 PKC 活性加以证实。此外,他们也接触到它的下游 MAPK 的变化,进一步实验发现 GC 通过 PKC 途径影响 MAPK 的活性。

1994 年入学的博士生韩建忠,用离体灌流的神经元细胞系及胶质细胞系的细胞,发现 GC 对细胞内钙升高的抑制机制,按照细胞的不同,可以激活不同的磷酸激酶,多数的细胞是通过 PKC 的,也有通过蛋白激酶 A(PKA)的。这一现象,陈宜张在 1999 年的《分子细胞生物学研究交流》(MCBRC)杂志上作为特约论文做了综述。

此后,陈宜张和研究生们,对丝裂原激活蛋白激酶(MAPK)进行研究,发现三种主要的 MAPKs 即 ERE,JNK 和 P38,在多种不同的细胞模型包括 PC12 细胞系,原代培养的海马神经元等细胞中都能被 GC 快速激活。

2000 年,在休斯敦举行的中美医学论坛上,陈宜张应邀做了大会报告,提出非基因组作用以及有可能引发一个新基因组作用的论点,他的报告又应邀发表在《生理科学新闻》(NIPS)上。

图 6-7　参加中美医学论坛(左 1 韩济生,右 1 陈竺,右 3 陈宜张,休斯敦 2000 年 12 月)

快速作用的临床意义

因为 GC 在临床中的应用广泛,陈宜张感到有责任阐明 GC 的非基因组的临床生物学效应,让尽可能多的专家和临床工作者了解。

20 世纪 90 年代中期,陈宜张一位同事由瑞典带回一张治疗小儿哮喘药品的说明书,药名普米克(pulmicort)。他仔细阅读后,知道这是一种 GC 激素药物,是一种喷雾剂。这种含 GC 的喷雾气溶胶,喷入气管、支气管时,可快速缓解哮喘病人的支气管痉挛,所以,在小儿科经常应用。这很有可能就是 GC 快速非基因组作用在临床上的验证,他感觉 GC 很可能对于支气管平滑肌会有快速扩张作用。

1999 年陈宜张兼任浙江大学医学院院长,获悉该院的药理教研室测量呼吸道平滑肌设备是全国最好的,他指导他的 1997 年毕业的博士生、已留校任教的娄淑杰,和浙大医学院药理教研室合作,研究普米克和地塞米松(GC)等,对于豚鼠的支气管平滑肌的快速作用。实验的结果是普米克有效果,能快速地对支气管平滑肌起到舒张作用,但地塞米松作用不明显。

曾参与试验的二军医大的蒋春雷教授回上海后,在他自己所在的二军医大海医系应激研究组开展了不少关于 GC 快速作用于非神经细胞的工作。例如,他们发现 GC 可以快速抑制中性粒细胞的脱颗粒;抑制肥大细胞、巨噬细胞的活动;抑制免疫炎症反应等等。GC 的快速作用,还可以介导允许作用(permissive action),迅速增强去甲肾上腺素引起的血管平滑肌收缩的作用,可以降低肝细胞糖元的含量,可以迅速提高对应激的耐受力等等。蒋春雷教授认为,GC 是最常用的免疫抑制剂,用于抗炎、抗休克,但是将 GC 用于

图 6-8　陈宜张与蒋春雷(右,2015 年)

图 6-9　研究生肖林毕业论文答辩(2007 年 5 月 28 日)

临床肯定有很多副作用,特别是长期使用,病人往往全身会受影响。在抗击非典时,GC 治疗效果不错,但确实有很多后遗症,像股骨头坏死。这种有优势又有这么大的副作用的病例是一个矛盾。目前认为,GC 副作用,基本上都是通过基因组出现的。将基因组阻断,通过非基因组机制时,副作用就没有了。

　　陈宜张指导 2002 年入学的博士生肖林,经过 5 年的深入研究,完成了《糖皮质激素受体缺失的神经元与糖皮质激素非基因组作用参与调节兴奋毒性损伤》的博士学位论文。他们以原代培养的胚胎海马神经元为实验对象,发现了体外无血清条件下,培养胚胎海马神经元 GC 受体表达缺失的现象,而这种不表达经典 GR 的神经元,正好可作为一种研究 GC 在神经系统中非基因组作用的理想细胞模型。他们利用这种原代培养的神经元,进一步建立了谷氨酸诱导的神经元兴奋性损伤的实验模型,以此观察 GC 是否能通过快速非基因组作用,调节神经元在谷氨酸刺激下的存活。实验得出结论,GC 快速作用可以提高成熟神经元,对谷氨酸毒性的易感性;其机制是通过快速抑制 NR2A 亚型 NMDA 受体介导的 ERK 激活。同时,显著地提高神经元在谷氨酸刺激下细胞内钙离子水平上升的幅度以及阳性反应性细胞的数量。这些研究表明,GC 可以调节神经元对损伤的易感性。陈宜张确信,随着 GC 快速、非基因组机制膜受体假说的建立和研究的不断深入,GC 快速作用在实践中将会发现更多的应用实例。

对膜受体的非通常激活

　　由于对非基因组机制和对神经元去极化、超极化的电生理学的了解,在提出 GC 快速作用后,陈宜张和他的研究生们,看到了 GC 有使神经元细胞膜超极化的效果;对分泌、再摄取也有影响;知道这个作用是通过 G 蛋白偶联受体的,作用发生在膜上,细胞膜上很可能有跟 GC 相结合的受体,GC 快速非基因组机制作用是确实存在的,问题是为什么受体克隆不出来。

陈宜张认为,快速作用是通过 G 蛋白偶联的膜受体,从实验结果看到,GC 所引起的各种不同快速效应,如对膜电位的、对分泌的、对再摄取的,各自的有效浓度不一样。例如,引起神经元膜超极化的浓度是 10^{-7} 摩尔浓度,而引起细胞内蛋白激酶 C(PKC)活性变化的浓度是 10^{-11} 摩尔浓度,难道这两个受体是同一个东西吗?

陈宜张提出,甾体激素的快速作用是一种非常规性的激活,GC 对膜上 GC 受体,即与 GC 结合的那个蛋白的激活,可能是一种"非通常性激活(non-conventional activation),"结合点可能不是一种专一的特异蛋白,而是异源性的;虽然有结合特点,可以与 GC 结合,但结合亲和力可以不一样,只要该蛋白在构型上能够与 GC 结合就行了。他认为,细胞膜上的某些所谓"杂蛋白",只要它可以和 GC 结合,即可以称为"受体",而只要在"受体"附近有 G 蛋白存在,它就可以激活 G 蛋白,引起细胞内后续反应。

学术交流和学术影响

世界科学史上,科学家向传统的、无法解释与之相悖的科学现象的学说提出挑战并取得成功的情节和过程,往往有惊人地相似和有趣。

物理学界被奉为金科玉律的宇称守恒定律,无法说明基本粒子相互作用中的不守恒现象;物理学家们在科研中涉及此矛盾时,便避开不谈,绕道而过,成为 1956 年以前物理学界的怪状。1956 年,时年 30 岁的李政道和杨振宁提出"李—杨"假说,在理论上指出,宇称守恒定律在基本粒子弱相互作用中是不适用的。这一假说为吴健雄用实验所证实。他们为人类在探索微观世界的道路上,打开了一扇新的大门,李、杨二人获得 1957 年度诺贝尔物理学奖。

在生理学界,甾体激素的基因机制学说,在 20 世纪 80 年代以前,一直是居于统治地位的主流观点,尽管它无法说明甾体激素的快速作用的科学现象,但追问其源的科学家寥若晨星。1989 年,时年 62 岁的陈宜张提出糖皮质激素作用于神经元的非基因组机制和膜受体的假说,并用确凿无懈的科学实验证明,从而修正和补充了甾体激素作用的传统观点,为生命科学研究开辟了顺畅的绿色通道。

勇于挑战创新的科学家知道,在他挑战传统学说,提出崭新假说和论断的时候,他的新观点,必然受到科学界的关注、质疑,传统观点的粉丝们甚至会提出反挑战,这就是科研发展的正常现象,双方都应该欢迎和采取百家争鸣的方式调整分歧或求同存异。因此,高明的科学家善于运用最权威和最有影响力的方式宣布自己的科研工作。陈宜张对 1987 年 8 月 15 日在匈牙利布达佩斯召开的第二届国际脑研究组织大会设立糖皮质激素对神经元的快速、非基因组作用科研展板时,有些观众将信将疑的神情记忆犹新,尽管对人们科学认识滞后于科学行为表示理解,但站在展板旁的陈宜张内心不可能是很愉快的。为此,他要尽量缩短科学界对他的假说的认识过程。

陈宜张认为,衡量一项新的科学发现,首先当然要看科学发现的事实是否准确无误和确有新意。对此,科学界有已成为共识的评判标准,一是你的科学发现有没有科学文献严肃地引用,二是有没有科学团体、科学家邀请你去做科学发现的学术报告。显然前者表示学术影响,后者开展学术交流,这两者是相辅相成和互为影响的。为扩大知晓度,陈宜张在 1989 年《内分泌学》(*Endocriology*) 杂志 124 卷上发表题为 Membrane-receptor Mediated Electrophy Siological Effects of Glucocorticoid on Mammalian Neurons 的论文。

科学无国界,科学成果直接或间接为人类造福。所以科学新发现或科学新论断一旦产生,便会在其所在的国际科学领域,不胫而走和广为流传。陈宜张的 GC 快速作用机制工作与华少莹快速作用实验和一些细胞电生理实验的实绩,立即引起国际内分泌学术界的注目,他们知道中国的上海二军医大,有人在做这一领域的研究和实验,知道国际上做 GC 甾体激素快速作用实验的,陈宜张是第一人。因此,陈宜张选择国际著名的这份内分泌学界的刊物,发表他的关于 GC 非基因组机制研究的原始论著,这是国际上第一篇用实验方法证明 GC 快速作用是在细胞膜外侧发生的论文,对世人清楚明白地了解 GC 非基因组机制有着举足轻重的影响。择刊发表论文,以期达到最大的专业期刊效果,是一种技巧,一项艺术和睿智。

　　陈宜张发表的论文,经过严格的检验。1987年布达佩斯大会之后,陈宜张他们觉得科研材料比较成熟,于1988年初开始著文投稿,向同行介绍他们的工作。《科学》(Science)杂志认为如此创新之成果如在专业期刊发表更为妥帖;《内分泌学》(Endocrinology)杂志收到论文后,希望他们补充说明实验的清晰过程,说明他们用做实验的牛血清蛋白(BSA)偶联的GC内,有没有杂质,有没有游离的GC;如果有游离的GC,将会弥散入细胞内,那么这个作用是否在膜上,就会难下结论,也可能是游离的GC引起的。

　　陈宜张欣赏杂志编者的严谨和衷肯。陈宜张实验室将合成样品再做透析,用放射免疫方法,没有测到透析液中有游离的GC,这一百分之百的准确结果,征服了编辑和读者,也让陈宜张师生得了启迪,对佐证科学论文的科学实验结果,必须无懈可击,无可挑剔,经得起时空的检验。

　　陈宜张论文问世,表示这份在国际学术界有广泛影响的期刊对非基因组机制学术观点的肯定而引起国内外同行和国际主流杂志包括权威文献专著的关注。1989年当年,国际期刊引用陈文5篇至6篇。荷兰著名内分泌学家De. kloet教授评价陈宜张的工作是"甾体激素对中枢神经系统的重大贡献"。加拿大著名内分泌学家Brown,在1994年编著的《神经内分泌学导论》一书中,经陈宜张本人同意,引用了他的论文结论的全文和一张说明图。美国Conm教授邀请陈宜张撰写GC快速作用特稿,收入他主编的系列专著《神经科学的方法》(Methods in Neuroscience),这套方法学的读物,是仿效生物化学领域内一套非常高层次的系列丛书《酶学的方法》(Methods in Enzymology)的编辑方针,将重要的科学新成果收集入书。陈宜张、郭佐和傅红师生的专文,发表在该专著的第11卷上,加拿大和美国一流专家对陈宜张他们工作的青睐和赞许,客观上评价了他们研究成果在学术上的分量。

　　国际著名内分泌学家威廉姆斯生前主编的内分泌学大教科书是国际内分泌学最具权威性的经典著作,以其极高的学术含金量和始终引领学科学术潮流而获得崇高的声誉,被该大教科引用的学术论文或学说、假说,即被视为内分泌学界对它的肯定。威氏逝世后,为纪念他的杰出贡献,将大教科书易名为《威廉姆斯内分泌学》(*Williams Textbook of Endocrinology*)由 Wilson 和 Foster 主编。该书每 6 年出一集新版,在陈宜张于 1989 年发表 GC 快速机制论文时,该书的第七版已先于 1986 年出版。1992 年该书第八版和 1998 年的第九版,都引用了陈宜张的研究成果。权威文献接受了 GC 非基因组作用机制,发出明确的提示:"甾体激素除了基因组作用以外,还有非基因组的作用"。

威氏内分泌学具有强大的号召力,陈宜张的学术成果被一再引用,在国际内分泌学界引起积极的反应,自 1989 年起以每年 10 篇左右的引用率被引用十多年之久,迄今逾百多篇次。

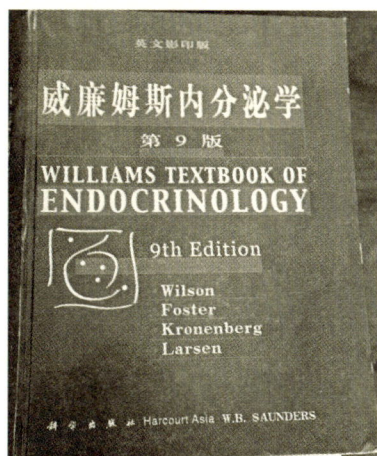

图 6-10 《威廉姆斯内分泌学》书影(第 9 版,英文影印版)

通过各种信息渠道,西方热情、认真的学者们对陈宜张研究工作由了解、认知和逐步熟悉到探求深知,他们谈其文,观其像,更想亲耳听其声、瞻其容,亲睹这位东方生命科学家的科学风采。所以自 1989 年开始,陈宜张的国际学术交流活动就繁忙起来,国际学术组织、世界知名医科大学和国际著名科学家,邀请陈宜张参加学术会议和学术交流的信函,接连不断,纷至沓来;为答谢国际学术会议和专家学者的盛情,陈宜张不顾已逾花甲之年,经受旅途劳累,应邀参加各种学术交流,借以介绍东方民族和科学家在科研事业上的勤奋和赶超科学前沿的科学智慧,用准确无误的理论与实践高度结合的科研工作,昭示国际同行。

1989 年 7 月,应丹麦哥本哈根大学生理学系系主任 Thorn 教授邀请,陈宜张参加由他负责组织的"国际神经垂体学术讨论会",陈宜张应邀在会上作 GC 快速、非基因组作用的报告,获得好评。Thorn 是一位反法西斯老战士,在学术界声誉卓著,他曾访问过二军医大。

1989 年,第 31 届国际生理学大会在芬兰赫尔辛基召开。陈宜张在哥本

图 6-11　参加国际神经垂体学术会议（丹麦哥本哈根大学，1989 年 7 月 2 日）

哈根神经垂体学术会议后应邀向 31 届生理学会议送去论文摘要被录取，所以在赫尔辛基大会的"激素对脑的作用"专题讨论会上，他作了 GC 快速、非基因组作用的 5 分钟的报告，时间不长，但陈宜张用流利的英语把科研工作的精华描述得简练而明晰，取得很好效果。德国生理学家 WoRfgang Clauss 主动与陈讨论非基因组机制，因为 Clauss 是做盐皮质激素的，自然对陈宜张的研究很有兴趣。与会期间，陈宜张和美国学者 Kapkala 进行学术交流，美方邀请他于 1991 年访问美国马里兰大学，接受了陈宜张推荐的博士生赴美进修。

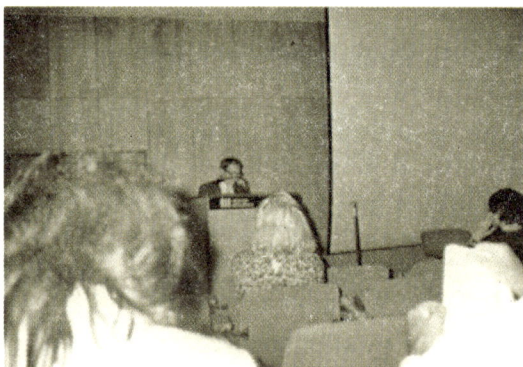

图 6-12　参加第 31 届国际生理学大会（芬兰赫尔辛基，1989 年 7 月 13 日）

会议期间,陈宜张应邀出席赫尔辛基市长招待会时,冯德培先生为他引见了许多国际上著名的科学家,其中有日本生理学界老前辈江桥(Ebashi),他是肌肉收缩调节蛋白的发现者;有美国生理学家 Knobil,他曾发现下丘脑某些神经元能够显示与动物性周期相关的活动。友好的 Knobil 教授,后在1991 年陈宜张访问休斯敦的德州医学中心时,得悉陈宜张时任中国生理学会副理事长时,他主动要求美国生理学会向陈宜张赠阅 15 年的《生理科学新闻》(*News in Physiological Science*, NIPS)杂志,以表示美国同行与中国科学家的友谊。这份杂志,是美国生理学会颇有影响力的会刊。

1994 年 7 月,第三届国际神经科学内分泌大会在布达佩斯举行,陈宜张应邀在专题讨论会上,就 GC 快速、非基因组作用,作了比较全面的阐述,当他结束演讲,看到人们赞许的目光,不禁思潮起伏有些激动。他想到,就在 7 年前的同一城市布达佩斯第二届国际脑研究组织大会会场,他设立展板遭受冷遇的情景,与此次会场上的热烈场面形成显然的冷热对比! 7 年时间,2 500 多个日日夜夜,由于非基因组机制工作长足的进展和实验的不断完善,由于国际学术舆论的推崇,科学家们随着时间的推移,接受了中国科学家的科学假说。通俗地说,科研成就也是"公道自在人心",是金子总会发光,允许别人接受科学新事物有一个独立思考的过程。

匈牙利在神经内分泌方面,有很强的学术基础和固有的学术传统;匈牙利的下丘脑神经科学家 Halasz、神经肽研究专家 Palkovits,还有老一辈的科学家 Szentgothal 等,他们在世界都享有盛名,陈宜张向他们都作了交流研讨。

图 6-13　参加第三届国际神经内分泌大会(匈牙利布达佩斯,1994 年 7 月 6 日)

布达佩斯会议后,陈宜张赶往美国达拉斯,参加美国内分泌学术大会,展示了他们的研究工作。同年,他还在国内参加了三次国际性学术会议,这三次会议分别是:由中科院上海生理研究所杨雄里组织的亚洲、太平洋生理学大会,陈宜张和日本 Yagi 教授主持神经内分泌学讨论会;由北京协和医院史轶蘩组织的亚洲内分泌学大会和西安四军医大鞠躬组织的神经内分泌新事实(novel facts)专题讨论会。在三次会议上,陈宜张都做了专题报告。

图 6-14 亚太生理学会神经内分泌学术讨论会各国代表访问二军医大(前排右 1 陈宜张,右 2Yagi 教授,生理学教研室,1994 年 11 月 8 日)

1997 年 6 月 29 日,第 33 届国际生理学大会在俄罗斯圣彼得堡举行,按早在 1994 年的约定安排,陈宜张院士应邀负责题为"甾体激素的非基因组机制"的专题讨论会,这是大会上所有专题讨论会中,唯一由中国科学家和美国的 Moss 教授共同主持的会议,由于少见的中国主持人的身份和有中、美、德、法四国专家精彩的报告,所以这一专题讨论会在大会的节目中颇为精彩。中国陈宜张关于糖皮质激素,美国 Moss 关于雌激素,德国 Wehling 关于盐皮质激素和法国学者关于孕激素这四方面的研究报告,给与会者有评价和比较的机会。这些报告在现象方面的资料不少,而真正深入的机制方面的研究不多。各国专家对陈宜张提出的 GC 对细胞内信号通路的影响,觉得颇有新意而产生兴趣。

图 6－15　主持第 33 届国际生理学大会专题讨论会（俄罗斯圣彼得
堡，1997 年 6 月 29 日）

陈宜张主持讨论会时，看到美国洛克菲勒大学神经行为实验室主任
Pfaff（美国科学院院士）来听报告。想到 1987 年在布达佩斯第二届国际脑
研究组织大会上，陈宜张曾听过 Pfaff 的报告。那时，陈宜张只能在会场上
设展板，没有做口头报告的资格，颇感"人微言轻"。如今，十年后再次会面，
这位知名学者赶来听陈宜张主持的报告，说明"科学发展是硬道理"，科学成
就奠定了科学家在国际科学界的学术地位。

图 6－16　第 33 届国际生理学大会专题会四位报告人合影（左起:陈宜张、美
国 Moss、法国专家、德国 Wehling，俄罗斯圣彼得堡，1997 年 7 月 4 日）

圣彼得堡会议后，陈宜张访问了法国巴黎和德国 Giesen 的学术机构和两国学者广泛交流 GC 非基因作用机制，使中国人的科研成果为国际共享。

2000 年 12 月陈宜张在美国休斯敦举行的中美医学论坛上作学术报告。2003 年 10 月，日本东京大学 Kawato 教授访问上海交通大学期间，参观了陈宜张的实验室。在交谈时，日本教授说，一般新的学术学说都是西方学者提出来的为多，为什么这个机制你能提出来？他的话语中充满了信任和认可，陈宜张含笑答道：神经生理学家往往注意神经元放电反应，而对膜受体机制不够注意。2007 年夏，美国路易斯安娜大学 Tasker 教授，专程来上海和陈宜张交流，他们各自作了报告；2013 年 6 月，再度来上海时，持鲜花看望患腰椎病的陈宜张，科学家之间的科学友谊是很美好的。

图 6 - 17　美国 Tasker 教授来陈宜张家中访问（2013 年 6 月 13 日）

作为中国医学高校的教授，陈宜张十分重视与国际医科大学专家学者们的交流和合作，因为学术机构、科研院所的科学家，几乎全部有高校任教（专职或兼职）的经历，高校的科学实验室设备、设施、仪器的先进程度，往往是衡量科研水平的硬件指标，所以，陈宜张有选择地结合科研工作访问西方和东洋的著名医科大学，为赶超国际先进科技增添感性知识。

1991 年 4 月，美国洛克菲勒大学神经内分泌研究室主任 McEwen 教授（McEwen 以后被选为美国科学院院士），在研究了陈宜张的工作之后，慕名直接函邀陈宜张访美,希望在该校能作进一步的交流。4月下旬,陈宜张在洛克菲勒大学做了学术报告后,和听众座谈讨论,回答了有关GC与膜制备的结合活性,超极化的机制等方面的提问。美国学者对中国科学家友好而好奇,在参加各实验组时,美国的实验人员看到陈宜张东方民族的脸型,得知不是日本人而是中国人时,有点诧异而后表示尊敬。

陈宜张在洛克菲勒大学研究室和美国、日本和美籍华人初次交流时,明显地感到有些人的傲气,而在第二天陈宜张发表《糖皮质激素的快速、非基因组作用机制》的演讲时,这些学者都赶来听讲并不断举手提问,他们表示相信,中国的陈宜张抓住了神经内分泌学中重要的基本理论问题。按惯例,在演讲结束后,主人McEwen教授邀请陈宜张共进晚餐,出席作陪的Spencer博士在席间请教中国科学家是怎样想到GC的快速、非基因组作用的,显示出对这一命题浓厚的兴趣。

访问洛克菲勒大学时,住在该校宾馆的陈宜张,午夜时向窗外望去,看到大学各个楼窗华灯通明,说明各种实验还在进行,他深有感触:不能认为只有中国人是勤劳的,美国人也同样。此次美国之行,陈宜张还应Fidone教授和Kapcala教授之邀,分别访问了他们所在的犹他大学和马里兰大学,都作了学术报告。

1995年,陈宜张应日本四所医科大学教授之邀,于11月29日至12月8日访问日本四校,分别是Kuba教授的佐贺医科大学山下(Yamashita)教授的预防产业医科大学,森木(Morimoto)教授的京都府医科大学和八木(Yagi)教授的自治医科大学。四位学者是陈宜张分别在布达佩斯、哥本哈根相识或转介绍的新、老国际同行,他访问了各校的实验室,参加了讨论会和做了学术报告。

第七章
推动中国生理学和神经科学的发展

至 20 世纪 80 年代中期，陈宜张从自己学术成长和科学理论与实践相结合深度进展的过程中，亲身体验到生理和神经专业学会，对组织学术交流，拓展学术思维，展示科研成果和培养科研人才等诸方面，有着不可替代的作用。学会主办的学术期刊、杂志，则是及时报道和发扬百家争鸣，倡导学术自由讨论氛围的论坛和园地，作为热爱生理和神经科学并誓志为之奋斗终生的学者，自 1986 年起，他参与组织和发展学会、学报的实际工作，视学会和学报的成长和繁荣为己任，倾注了几十年的心血。

活跃生理学会活动

中国生理学会成立于 1926 年。1985 年，二军医大卢振东当选为学会副理事长，他可提名一位非理事的人来当副秘书长。鉴于共事 30 多年中对陈宜张在学识水平，科研能力、学术思想特别是真诚正直做人方面的熟知，卢振东像当年把陈宜张介绍给回国不久的张香桐先生学习中枢神经电生理，对他重要提携那样，提名他为副秘书长，让他接触学术界的领导人，为学会做些工作。1986 年,生理学会成立 60 周年,有关庆祝活动分大区进行,新任副秘书长陈宜张都积极参与。中南区在广州的集会热烈而隆重,华东区在上海也搞得不错。陈宜张又到北京医大配合王志均先生主编的《中国近代生理学 60 年》一书定稿,亲眼看到王先生认真而踏实的工作而心存敬佩,1992 年王先生又主编了《中国近代生理学史》。

图 7-1 中国生理学会常务理事会扩大会议(前排左 3 王志均,右 3 卢振东,后排右 1 沈锷,右 3 陈宜张,太原山西医学院,1985 年 12 月 14 日)

1989 年,中国生理学会代表大会在上海召开,73 岁的卢振东在换届中辞退,62 岁的陈宜张被选为常务理事和副理事长,这是对他在副秘书长任期内实干兴会、卓有成效的肯定。在 1986 年参加学会工作伊始,他便积极提议,在学会学术活动中,开展专业性的学术学会活动,他提出组织神经内分泌学方面的学术讨论。对他提出的活动内容,常务理事中曾有不同的看法。当时,陈宜张还不是学会理事,但出于对学会的关心,他向常务理事们详细地讲述我国神经内分泌研究的历史与现状,认为这一领域是中国学术界发展水平较高,有一定学术影响的学科。他列举实例:朱鹤年早年便发现哺乳类动物的神经内分泌现象;时在青岛工作的吕运明早在 1930 年代在协和医学院进修时,跟随林可胜做生理学研究时发现,刺激迷走神经向脑这一端可以引起垂体后叶激素释放,这正是神经内分泌反射。当时,还确定其神经递质是乙酰胆碱。因此在老一辈生理学家中,神经内分泌是有一定基础的。他又从当前科研动向,进一步阐述自己的提议,他介绍了西安学者以形态学方法发现脑下垂体前叶细胞有神经末梢分布;苏州医学院进行的下丘脑弓状核是否参加镇痛作用的研究;沈阳医大所做垂体前叶和内分泌方面的研究;天津最近由美国回来的专家所做血管紧张素方面的工作等,让常务理事们了解了他的建议很切合实际,确认了开展神经内分泌学作为专题学术活动的重要性。陈宜张花费很大精力组织安排的神经内分泌学术讨论会,在 6 年中开展过 3 次。1988 年在上海召开首次会议时,请来了吕运明、朱鹤年等许多老一辈科学家;1990 年在西安召开第二次会议,考虑到西安的王复周教授是做内分泌的;1992 年在苏州召开第三次会议,照顾到苏州的印其章教授是做弓状核和脑啡肽中枢作用研究的。各次会议,都尽可能地尊重会议所

图 7-2　中国第一届神经内分泌学术会议(第一排左 7 为陈宜张,上海,1987 年 10 月 28 日)

图 7-3　中国生理学会第 20 届代表大会暨学术会议(前排左 9 为陈宜张,庐山,1998 年 9 月)

在地专家的科研成就,陈宜张精心安排,用心良苦。在苏州会议上,他还邀请了美国洛克菲勒大学的 McEwen 教授来做报告,增强了会议的学术氛围。三次会议,提高了生理学会在会员和专家学者心目中的学术地位和影响,推动了神经内分泌学这个分支的发展。

陈宜张担任了两届学会的副理事长,在 1998 年于庐山召开的中国生理学会第 20 届代表大会时,他已 77 岁,辞退了副理事长一职。在十年任职期间,他不遗余力,充分发挥科学智慧,组织和召开了各种学术活动和学术会议,做了许多可圈可点的推动学科发展的实事,深受好评。

力挺《生理学报》

陈宜张的科学论文处女作《条件刺激与非条件刺激合并作用时间长短

对非条件反射量的影响》,是 1956 年在《生理学报》上发表的。至今,他和学报的联系,已有 58 年之久。

《生理学报》是中国生理学会主办的学术期刊,由中科院生理研究所主持。生理学报在陈宜张心目中有崇高的地位,当他的第一篇论文以卢振东、陈宜张和蒋栋良三人署名发表时,他深感欣慰和自豪。

1963 年至 1965 年,陈宜张在张香桐指导下做幼兔大脑皮层树突电位发育研究,他和同事们观察到电刺激所引起的幼兔树突电位阈值很容易变动。在强刺激后,阈值可长时间降低,据此,他撰写的《电刺激幼兔大脑皮层所致的易化效应》论文于 1979 年在学报上发表;1980 年又发表了陈宜张、王春安、毕洁署名的《电刺激家兔视前区-下丘脑前部对中脑躯体感觉单位的效应》论文;以后,他和邢宝仁、王春安、巫凌刚、华少莹等以及与研究生合作,在学报上发表了不少科研工作报告,包括许多来二军医大实验室进修的老师们的研究结果。

20 世纪 80 年代,《生理学报》主编刘育民希望陈宜张担任学报的编辑工作,他被聘为编委、常务编委,后来任副主编。90 年代,主编杨雄里将编委分为二组,张镜如负责循环、呼吸方面的审、定稿;陈宜张负责中枢和周边神经方面;主编负责感官及其他方面。三个小组用三个会场,分组审阅稿件后,由主编主持讨论有争议的稿件。编委们讨论相当认真,陈宜张深有所感的是学报向作者回信提出的重要改进的意见,实际上是编委会很多专家对这个科研工作如何做得更好的宝贵提示。陈宜张学习张香桐在审稿中严格把关的做法,仿效执行。20 世纪 40 年代到 50 年代张香桐帮助美国耶鲁大学 Fulton 教授做《神经生理学杂志》(*Journal of Neurophysiology*)的编辑部工作,任编委。Fulton 交待张先生,对接到的每篇论文都要到耶鲁大学图书馆核对,检查文章引用的文献是否正确,查看作者是否准确地引用了文献。如有重大差错,论文将视为不及格。陈宜张参照此规进行,对所审文稿,尽可能核对作者引用的文献原件。

在和《生理学报》50 多年交往中,他深切地感到这份刊物是培养中国生理学人才的摇篮。作者、读者和审稿人、编委通过刊物,切磋学术,联络友谊,在学术交流中得到提高,这都是很愉快的事。作为“摇篮”侧伴的“娭姆",陈宜张看到一篇篇高质量的学术论文,就像看到婴儿在他的视野里生长、发育,他的喜悦之情油然而生。

图7-4　全国神经科学讨论会(前排左1张香桐,右1冯德培,后排左起:杨雄里、鞠躬、陈宜张、吴建屏、韩济生,中科院生理研究所,1992年11月)

催生中国神经科学学会

在神经科学学会全国性学术组织成立之前,1985年成立了上海市神经科学学会,由吴建屏和陈宜张分别担任正、副理事长。1992年初,由吴建屏代表上海的学会,韩济生代表北京市神经科学学会,陈宜张代表中国生理学会神经生理学专业委员会,他们三人协商安排确定,在1992年下半年,由三家学会联合组织了全国性的神经科学讨论会,为筹建中国神经科学学会作了一次全面的学术检阅和舆论、组织准备。在上海召开的这次会议上,来自全国的搞神经生理、神经解剖、神经内分泌、神经化学的专家很多,邀请了洛克菲勒大学神经内分泌研究室主任(后任美国科学院院士)McEwen等几位外国专家做报告。1991年陈宜张访美时,曾去该校访问。此次请McEwen

可视为是一次回访。在这次会上,大家纷纷提出,希望成立中国神经科学学会,并提出请冯德培、张香桐领衔,陈宜张等做具体工作,向主管全国学会的中国科学技术协会写申请成立学会的报告,报告起草后,由冯德培教授和张香桐教授作了修改而措辞精练。对此,陈宜张于细微处看到了老一辈科学家治文严谨的风范。在中国科协审核申请报告时韩济生作了说明后,在1994年春批准成立。

图 7-5 中国神经科学学会成立筹备会(右起:韩济生、吴建屏、陈宜张、武汉医学院,1994 年 6 月 22 日)

经过 3 个月的实质性准备,于 1994 年夏天,借中国生理学会全国大会在武汉召开的顺便条件,在武汉召开了中国神经科学学会成立筹备会议,并在会上拟定了第一届理事会理事、理事长和副理事长的候选人名单。国际脑研究组织负责人、瑞典的 Ottosson 教授应邀出席,香港科技大学也来了四、五位代表。会议决定 1995 年在上海第二军医大学召开中国神经科学学会第一届会员大会暨学术会议,陈宜张担任大会组织会员会主席。这次会议到会的人数近千人,盛况空前,因为到会的人多,拍集体照有困难,所以分地区留影,分三次照相。香港神经科学家热情参加会议,还资助国外科学家的路费,把许多著名学者请来。

图 7-6 中国神经科学学会第一届代表大会暨学术会议(前排左 18 为陈宜张,上海,1995 年 10 月)

图 7-7 在中国神经科学学会成立大会主席台上(右起:韩济生、陈宜张、杨雄里,二军医大,1995 年 9 月)

中国神经科学学会理事会决定,全国大会每 2 年召开一次,每届理事会任期 4 年。近 20 年来,学会有很大的发展,开首届大会时,全国会员 500 人左右,现在已近 2 000 人。

2015 年 9 月 20 日中国神经科学学会第 11 次全国学术大会在浙江乌镇举行。在神经科学学会理事会的支持下,陈宜张主持召开了"脑研究展望"

讨论会,属于卫星会议之一。脑研究应当如何开展,是陈宜张近 5—10 年来关心的问题。这次讨论会,陈宜张作了主题发言,另有 8 位专家作了专题发言,到会听众十分踊跃,讨论热烈。

图 7-8　陈宜张在"脑研究展望"讨论会上(浙江乌镇,2015 年 9 月 20 日)

创办《中国神经科学杂志》

　　早在 1985 年上海神经科学学会成立时,陈宜张,吴建屏等就想创办一本神经科学杂志,将来逐步过渡为全国学会的会刊。1992 年,陈宜张去总后卫生部开会时,他向主管领导伸手要到十万余元办杂志。在上海,申请了临时的刊物号,花了很大力气,在 1994 年 6 月份出版了《神经科学》创刊号,当年共出版了 3 期。中国神经科学学会筹备期间,创办全国会刊的想法就甚为强烈。1995 年,中国神经科学学会诞生,想了 7 年心思创办会刊的愿望终于实现,中文刊名定名为《神经科学》,英文刊名定名为 *Chinese Journal of Neuroscience*(CJNS)的期刊在上海出版。刊物的编辑工作由陈宜张主持。

陈宜张担任杂志主编,连任到1998年。在办刊的5年中,资金比较困难,每期只印600—800份,赠送全国各有关学会和院、校。当时,因为没有编制人员,只有请人来临时帮忙;此外,文字工作没有人做,所以请了学校的老师来做校对。虽然有困难,但大家齐心协力,许多专家学者还捐资赞助,如二军医大的同行和山东医学科学院的柴象枢教授。高质量的论文来稿源源不断,韩济生、赵志奇、李朝义、胡国渊、寿天德等专家都为会刊撰写优秀稿件,给陈宜张和编辑人员很大的鼓励。因为这是一本内部交流的刊物,所以不影响作者在公开发行的杂志上发表论文。此事让陈宜张稍觉宽心,不然就对不住热心的作者了。

1998年,办刊的困境局面有了转机。当时,中科院生理所主办两份期刊,一本是中文版《生理学报》,一本是英文版《中国生理科学杂志》(*Chinese Journal of Physiological Sciences*, *CJPS*),这是两本平行出版的生理学期刊。因为《生理学报》稿源有限。稿子在中文版发表,英文版就出不了;而英文版的投稿更少,因为能写英文稿的人,都把稿子投向国外。

陈宜张办的刊物,上海出版部门不给刊号,生理所的英文版刊号又闲置少用。所以,陈宜张请生理所主管这份刊物的杨雄里院士帮忙,杨院士爽快地把刊号给了他们。陈宜张把CJPS更名CJNS,一申请便批准了。原来,这个刊号是中科院主管的,改刊名不是办新刊,不需要经过国家出版总署。

1998年,《中国神经科学杂志》成为正式出版刊物,主编为生理所杨雄里,脑研究所、神经科学学会吴建屏和陈宜张三人。杂志公开发行后,订户越来越多,寄费也便宜了。曾有一期,该刊订数超过了《生理学报》。陈宜张和工作人员们的辛苦,终于获得了回报。

陈宜张对亲手培育的这份读物,得到读者的信任和喜爱十分高兴。1999年3月,他赋诗《中国神经科学杂志订数逾千份》以志:

邮订忽逾千,五载费周旋。

还须努把力,精卫将海填。

在此诗的下面,陈宜张作了注解,他表示:中国神经科学杂志,经邮局的订户共 1 140 份,发行量已接近《生理学报》。回忆杂志创办于 1994 年冬,至今五历寒暑,经中科院生理所同意,将《中国生理科学杂志》刊号转移于《中国神经科学杂志》亦仅一年,有如此发展,喜不自胜。然精卫填海,来日仍须继续努力耳。

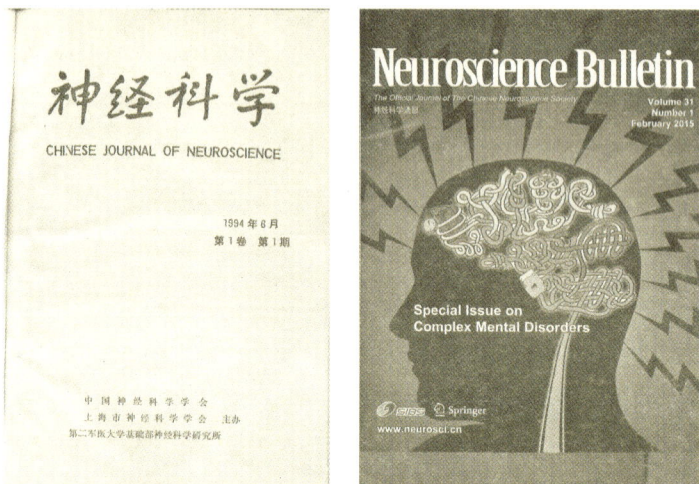

图 7-9 1994 年 6 月由陈宜张创刊的《神经科学》杂志,经过三任主编(陈宜张、路长林、段树民)的接力,到 2009 年成为 SCI 刊物的 Neuroscience Bulletin

随着改革开放的深入,《中国神经科学杂志》遇到了一些新的问题。杂志虽然拥有优秀的研究论文稿源,强大的编辑阵容和最新科学进展的报道,但因不是核心期刊,因此在涉及对某些单位及个人的评估时,缺乏权威性,使作者及单位均得不到应有的合理评价,特别是高校系统研究生的论文,在杂志上发表得不到承认。因此,自 21 世纪以来,每年年终总结会上讨论的,始终是如何成为核心期刊的问题。例如进入 IM(医学索引)以及成为 SCI(science citation index,科学引用索引)期刊,这也是陈宜张从创办杂志伊始,一直梦寐以求的愿望。2004 年以后,陈宜张不当主编了,由路长林、段树民先后继任,杂志刊名也改为《神经科学通报》,改用全英文刊发稿件。虽几经易手,然追求卓越之心不变,办成核心期刊之志不移。至 2009 年,经申请通过。《神经科学通报》(Buiietin of Neuroscience)成为 SCI 期刊。

回忆《神经科学》刚创刊时,每期仅 48 页,全年 4 期共 150 页左右,至 2002 年增为全年 364 页;2003 年改为双月刊,每期 68 页,全年共 408 页。1994 年的

3 期,论文以神经形态学及神经生理学为主;2003 年的《中国神经科学杂志》内容已涵盖了几乎当代神经科学的所有分支学科,真正成为中国神经科学工作者学术交流的园地,反映了中国神经科学工作兴旺发展的面貌。

传播科学　著书立说

2013 年 12 月 3 日。上海《新民晚报》发表了陈宜张《传播科学,反对迷信》一文,文中写道:

> 科学是人类对自然现象认识的总汇,科学理论汇集了全世界各民族的智慧,是各民族文化发展的积累和结晶。自然现象是我们共同的认识客体,全世界各民族对此客体的认识应该是相同的。由于各种文化的发展阶段和地域特点存在差异,所以不同民族对自然现象的认识,在不同时期,有时会有差异,但这种差异不应改变人民对自然现象认识的基本和普遍方面。正因为如此,国际上科学发展的普遍性经验,值得我们很好的汲取。

陈宜张在这段文字中讲述的是泛指的科学,对于专业科学如医学生理学,神经科学,其理亦然。传播科学发展经验是科学家义不容辞的责任。为此,陈宜张视著书立说为科学家传播科学之己任,在他教学和科研生涯中,写书占了相当多的时间。他认为他的很多书写得很成功,但也有不成功的。他的主要著作有:

翻译《临床神经生理学》。该书是英国学者 Marshall 在 1959 年出版的专著。陈宜张阅后,感觉内容实用、新颖,就有意翻译出来。当时他刚完成烧伤输液实验研究,主要任务是教学。他工作精力旺盛,有时间尽量利用,所以他把原版书带在书包内,有空就阅读和试译。他花费一年多的时间翻译完成,经朱鹤年审阅后出版。

《神经系统电生理学》原是 1979 年给研究生讲课的讲义,1981 年修改,1983 年由北京人民卫生出版社出版。1978 年,陈宜张和朱鹤年联合招收硕士生,为研究生开设《电生理学》课程。他边讲课、边看新材料包括冯德培、张香桐等的讲课内容,边写讲稿,逐步完成这本《神经系统电生理学》书稿。该书有下丘脑电生理、疼痛与镇痛电生理,又增加了树突等内容,该书请张香桐老师作序,沈锷、吴建屏和徐秉煊等都给予帮助指导。

该书问世后,颇受好评。例如,突触传递就写得非常仔细,突触囊泡释放,主要依赖于钙内流,不一定要有动作电位到来。此书中引用的许多原始实验的图,都有明确的出处,较多地引用了许多经典作家成功实验的结果,对研究生和他们的导师都有很大帮助。因附有实验图表,使读者容易理解电生理学的基

图 7 - 10　专著书影

础。有些年轻人说,是这本书把他们领入电生理学的大门。陈宜张回忆这本书的书稿排版后,是他自己到北京人民卫生出版社校对了一周。出书拿到稿费时,他把一部分稿费 200 元敬谢教保处的同志曾替他画过书中的插图。

《分子神经生物学》,1993 年人民军医出版社出版。陈宜张在 1991 年访问美国 3 所大学后,看到美国 Hall 写的分子神经生物学新书问世。当时,分子神经生物学是国际神经科学发展的方向和潮流,分子生物学的理论和技术,被大量应用于神经科学研究。于是,他组织教研室的讲师、副教授以该书为蓝本,根据自己的理解,共同编写了《分子神经生物学》一书,对于引导中国神经科学走向分子生物学方向发挥了一定的作用。

《发育神经生物学》,1995 年湖北科技出版社出版。陈宜张看到发育神经生物学是从实验神经胚胎学的基础上发展而来的,受到分子生物学理论和技术的很大影响。所以,他在 1992 年后,和神经生物学教研室老师,分工

编写了这本书。书中有相当多的内容讨论发育的分子机制,所以当时还是比较新颖的。该书没有编一个好的索引,是一个缺憾。

《神经科学的历史发展及思考》,2008年上海科技出版社出版。早在2000年前后,陈宜张积累了不少资料和看了许多参考书,写了一本综合性著作《神经科学的历史发展》。出版社的编辑建议书名加上"及思考"三字,表示有个人的看法和思考,陈宜张甚为欣赏照办。他认为要学习一门科学必须懂得它的历史发展,从历史角度,从自然科学发展和基础科学发展角度,从当今分子生物学、细胞生物学在今天比较旺盛和占优势的角度,来看待神经科学自古老而原始的认识,发展到今天和现代的理论。这本书的确表达了他对神经科学自古代到欧洲文艺复兴,到近、现代的发展过程的思考。

《脑研究的天才,从灵魂到分子》,2009年上海教育出版社出版。书名的意思是:灵魂是古代人对脑功能的看法;分子活动是现代人对脑功能看法的一种概括。陈宜张这本书的内容,本来是2008年出版的《神经科学历史发展及思考》一书的一部分,是讲述历史上著名神经科学家和他们对神经科学历史发展所起的作用,因为那本书篇幅已经很大,故这部分内容没有收入。后经上海教育出版社专家提示和陈宜张的已毕业的研究生、杭州师大狄海波的建议说,如能像司马迁写《史记》那样,有一些人物的列传内容,会更丰满。陈宜张从善如流,把搜集到的从古代到现代的神经科学家们对神经科学发展的贡献汇集起来,出版此书。

《人类大脑高级功能——临床的实验性研究》,2010年上海教育出版社出版。1997年前后,陈宜张已经认识到,对于人类脑功能的研究,离开了人类自己主观感受的报告,完全用动物实验材料,是不能解决问题的。他想起20世纪30—40年代用电刺激清醒病人的大脑皮层,让病人口头报告自己的感受,有不少临床研究材料,这主要是由加拿大神经外科专家Penfield开创的工作。他设想如能将Penfield著作中病人口头报告的那部分材料加以整理,应该对于理解人的神智功能是有帮助的。陈宜张的想法得到他的2002年入学,2007年5月毕业的博士生、杭州师大副教授狄海波和虞晓菁医生的支持,故由狄海波主编该书。主要内容是介绍电刺激人的大脑皮层时,病人口述的各种感觉及情绪方面的变化,也有部分运动反应的资料。陈宜张认为,这本书对于理解人脑的神智的功能,是非常有用的。

《突触》是一本 70 万字的巨著 2014 年由上海科技出版社出版。主要内容包括突触和突触传递理论及其与脑功能的关系;当前突触研究的重要发展方向及突触理论存在的困难如"突触到脑"等问题。书中以适当的篇幅展示突触研究中的一些当代热点问题,诸如突触传递中突触后向突触前的新逆向信使,内源性大麻样物质,突触后 NMDA 受体与 AMPA 受体研究的新进展,突触蛋白大分子的定量、定位研究,单分子研究等。

陈宜张写作此书,基于多年来对神经科学基本理论问题的思考,系统地回顾与分析了有关突触及其传递的各个方面,是站在当代科学发展前沿对突触研究领域进行综合评价的首部科学专著。本书还讨论了跨专业领域对突触定义看法上的不同,如细胞学界、免疫学界对突触的不同看法。

作者注重较为完整地介绍基本理论,以历史发展眼光陈述重要理论的来龙去脉,引用了直至 2013 年为止的各种国际前沿的专业文献。他特别提出,要从还原论的深度,从整体论的要求审视突触问题。几乎近一个世纪以来,还原论在突触界占上风,已经走得很深入,已经对突触分子机构有相当深刻的了解和很好的进展(见该书第 26 章)。应该知道,还原论深度无边无际,一个神经元上面,一个突触上面有那么多的大分子,其分布如何,各自浓度如何还知之不多。

陈宜张认为,如果要了解人为什么有神智(mind),就必须要重视"从突触到脑"的问题(见该书第 27 章),要解决这个问题,看来,"还原论与整体论的结合"是唯一途径。这是一个好的设想,但脑是一个多层次、结构极为复杂的器官,突触又是一个异源性极大的结构,从细胞、分子、突触的层面上升到整体、神智的客观水平,绝非易事。对此,陈宜张有充分的考虑。自然界存在的突触向科学家提出许多问题,它考验着专家学者的智慧,首先考验了陈宜张的智慧。

《脑的奥秘》,2002 年清华大学出版社、暨南大学出版社出版。

此外,陈宜张花费精力参编的有 6 本书。

(1) 人民卫生出版社出版先后由张镜如、姚泰主编的《人体生理学》是一本 1 000 多页的生理学教学参考书。陈宜张担任《神经生理》篇的分主编。

（2）北医大韩济生主编的大部头《神经科学》参考书，陈宜张担任第一版到第三版中《自主神经系统》和《神经内分泌》两章的编写和分主编。

（3）《大百科全书生理卷·神经系统》（简称《神经系统》）1984年大百科全书出版社出版。

（4）《彩图百科全书·人与智能》上海科技出版社出版。

（5）2000年代，沈阳医学院谢启文主编的《现代神经内分泌学》，约请陈宜张写了《激素对脑功能的影响》一章。

（6）2000年代，中科院生理研究所徐科主编《神经生物学》一书，用于科学院系统研究生作教材，约请陈宜张和他的1999年—2002年4月博士研究生王云霞写了一章。

由陈宜张撰写或主持准备出版的下列4本书，因"文革"之乱或因出版体制变动而未能出版问世，但他为此所付出的辛劳和良苦用心，应予一说。

（1）《人体生理学原理》译书。1964年—1965年间，二军医大朱鹤年教授与人民卫生出版社接洽，准备翻译出版英国生理学家Starlmg主编的1 500多页的大型参考书，决定让陈宜张承担一部分翻译工作。1965年四清运动开始，不久又爆发"文革"，朱教授在运动中日子不好过，出版社也鸦雀无声，此事不了了之。

（2）《下丘脑与神经内分泌整合》。1959年陈宜张进行的烧伤研究工作完成后，由于朱鹤年教授专长的影响，他对下丘脑发生浓厚兴趣，在烧伤研究时也联系到下丘脑，阅读了有关下丘脑的大量的资料，因而萌发了编写这一专著的念头，他花费了四年多的精力，写成《下丘脑与神经内分泌整合》的书稿。

1984—1985年间，张香桐先生想在中国出版一套《脑研究》丛书，张先生把陈宜张写的下丘脑一书纳入丛书中作为第一本书，丛书编委们也传阅通过。正在此时，拟出版图书的科学出版社正经历出版界的出版模式由计划经济向市场经济的变革，没有钱出不了书。出版社也难作无米之炊，说要看能否得到科学基金的资助，一直拖到1994年，编辑先生表示"心有余而力不足"，经费无着而作罢。

为此书而神牵情绕的陈宜张仍不死心，还想找机会圆出书之梦。他偶遇第三军医大学的刘祚周教授，刘又请该校的罗东明教授联系重庆出版社，书稿经张香桐评审也寄给了重庆。从 1989 年联系到 1991 年,终因经费不能落实而告吹。

(3)《下丘脑生理学》。这本书中关于内分泌调节讲的少,有关神经解剖、神经生理的内容更多一点。与出版社从 1983 年联系到 1988 年,因经费不足不能落实,未能出版。以上二本书的"流产书稿",共重 23 公斤。书写好了,不能出版,陈宜张觉得很对不起与他合作的八位同事和研究生。

(4)《脑研究丛书》。1984—1985 年间,陈宜张和张香桐谈及欧洲有脑研究杂志和与之配套的《脑研究进展》丛书,这是一套介绍脑研究进展的不定期出版物,均由专家撰写,张先生认为,中国脑研究也应该出一套拟定名为《脑研究丛书》的不定期读物,张先生当然有资格担任主编。1985—1986 年,在上海脑研究所召开了数次丛书编委筹备会,参加的人员有:张香桐、陈宜张、吴建屏、邹岗、沈锷、秦震、周绍慈等。陈宜张根据讨论意见拟写了一个脑研究丛书发起说明,商定了约稿对象,程序包括编委推荐,编委会初步讨论通过等,开列拟编写的丛书目录,发出了邀请信,联系科学出版社也得到同意。后因出版行业改革,发生经费困难,这套丛书的出版计划就无法实现了。

尽管没有出版,但是丛书编辑的构思仍然是美好的记录,可供后来有意为之者的参考。

第八章
耄耋之年探细胞

　　陈宜张用培养细胞从事糖皮质激素快速非基因组作用的受体和细胞内信号转导通路研究,自然接触到细胞生物学问题。他认为当前细胞生物学研究中,还原论思想占上风。脑研究不可避免地深入到以细胞生物学和分子生物学为基础的研究中去,这种深入很有必要,但还深入得不够,许多化学过程的描述还不精确,研究人员用细胞裂解物做实验,国际上也这样做,它的真实性如何,均待研究。

　　陈宜张思考细胞生物学中的学术问题,涉及到三个方面。①单分子研究;②影像新技术;③精确细胞生物学。对于第一、第三两个问题,他倾注的精力尤多。

　　细胞生物学中的单分子问题,国外比中国早几年提出。2001 年,陈宜张就提出单分子问题需要重视,大家都能接受,认知度也在提高,但实验的数据不够充分,理论的阐述也不够严密。陈宜张先是思考关于细胞内蛋白大分子定位、定量问题,目前还缺乏相应的足够的技术支撑来解决这个问题。在此基础上,2012 年 11 月,85 岁的陈宜张在北京中科院"科学与技术前沿论坛"提出了"精确细胞生物学"这一别开生面、立意新颖的论断,国内外尚无他见。

活细胞单分子研究

　　陈宜张提出单分子问题出于他善于科学幻想的习惯和他在科研时涉及此领域而产生的触类旁通的科学兴趣。他想,在细胞生物学教科书中有很多图,图上有某个分子跑入细胞核内,尽管图像是反映实验结果,但毕竟没有人真正看到过。如果有办法,让人们能像看苏伊士运河上的一条船开过去那样,让大家亲眼看到这个分子过去,那是多么美好的情景! 当时,强调的"实时视见(Visualizing)"就是这样设想的。为此,陈宜张想进一步了解专家们的见解。

　　得到中科院学部经费上的支持,陈宜张于 2001 年 5 月 31 日在上海二军医大基础部七楼召开了关于单分子实时视见小型科学讨论会,参加会议的

图 8-1　主持国内第一次单分子学术讨论会(前排左 5 陈宜张、左 6 吴孟超,后排左 3 唐孝威,二军医大,2001 年 5 月 31 日)

有二军医大吴孟超、中科院上海生化所洪国藩、上海神经科学研究所吴建屏、上海光机所徐至威、浙大唐孝威和杭州、合肥、南京及上海等地专家近30人。陈宜张在会上提出细胞内蛋白分子的实时视见问题,这是国内第一次单分子学术讨论会。而在国际上,1999年在法国已召开了一个比较正规的单分子讨论会,同年,美国 *Science* 杂志出了一个单分子讨论的专刊。尽管陈宜张等对这一课题的认知比国外迟了,但应该说还是敏感的。

陈宜张为单分子研究课题的立项努力地创造条件。

陈宜张兼任浙大医学院院长期间,2002年3月底,在浙大召开了第二次单分子实时视见小型科学讨论会,参加会议的专家约30人左右,此次会议重点是申请课题基金和具体讨论进行单分子研究的技术问题,讨论最热烈的是想发明、创制一个新的小分子探针,用来标记拟检测的单分子,大家非常热心地想办法、提意见。有机化学家、中科院上海有机化学研究所姚祝军,浙大化学系王彦广,神经生物学家、二军医大何成,细胞生物学家、浙大罗建红情绪十分高昂。

科技部在征集新的、好的课题,并在上海组织课题内容报告时,陈宜张去主讲了单分子研究的进展概况,反应不错,科技部同意他们参加973项目中的一个新品种"学科前沿交叉项目"的申请。为此,陈宜张领衔成立了6个小组:生物学3个组(二军医大何成、浙大罗建红、生化所洪国藩),化学2个组(浙大王彦广、有机所姚祝军)和物理1个组(光机所王桂英)积极进行课题申请。

2003年科技部973立项答辩,由陈宜张主讲,王桂英、王彦广准备回答各自专业方面的问题,答辩后通过立项,资助金额不多。

由于陈宜张参加杨雄里"脑功能"973项目没有做完,科技部提出陈宜张两个课题不能兼及,所以陈宜张把首席科学家让出来,请罗建红担任,陈宜张感到他很合适。这个课题包括6个科研组,他们经常进行学术交流。

单分子课题和专家们和各自原来的工作相结合,也做了一些好的工作和改进,其中在研究中要运用的荧光共振能量转移技术 FRET(fluorescence resonance energy transfer),原来在国内没有太多的开展,专家们平时也接触不多,通过973项目,浙大医学院罗建红实验室的年轻研究生邱爽把 FRET

技术建立起来,项目的好几个研究组运用 FRET 做了不少工作,这也是对单分子研究的推动。在陈宜张主持下,这个项目的六个科研组,轮流地编印国外近期相关研究参考资料,大家相互交流。这份内部读物共出版了 3 年,装订成一本很厚的《单分子研究》小册子;说明专家们对单分子的研究很认真。

单分子研究除了参与科技部的 973 项目之外,还申请了自然科学基金的重大项目。他们一共报了 7 个项目,组成一组课题。国家科学基金委员会将他们的 7 个项目,分开审理,结果否定了 6 个,只留下“免疫反应中免疫粘附分子 MAC-1 和它的配基 ICAM-1 之间的单分子相互作用力检测”一个。这个项目原由年轻讲师严鸣提出,以陈宜张名义申请;后因严鸣出国,由神经生物学家何成教授带领研究生杨华艳做出了结果,陈宜张参与指导,测出了 MAC-1 与配基结合后,将这一对分子拉开所需的力,发表了论文。

陈宜张时时力图为单分子研究做一些具有实效的工作,他发起组织了香山科学讨论会。2004 年,陈宜张策划召开了单分子研究香山科学会议。在申请到单分子课题之后,他考虑到这个课题在国内刚刚起步,应该在生命科学界引起专家们的注意,想组织一次香山科学会讨论,但他对国内有关实验室情况了解不多,所以他和比较熟悉这方面情况的生化所的林其谁先生合作,于 2004 年 4 月 11—13 日共同主持了第 224 次香山会议,讨论活细胞单分子问题和林先生建议增加的细胞内实时检测问题。这是一次中国学者单分子研究的高规格学术讨论会,与会的有杨福愉、梁栋材和由国外回来的相当多的专家,他们在会议上的发言整理后,由科学出版社出了一本《生命科学中的单分子行为及细胞内实时检测问题》的专集。

2009 年,香山科学讨论会组织了第二次单分子会议,这次是由中科院化学所方晓红,北大化学学院赵信生,美籍华人谢晓亮和庄晓辉负责组织的。美国专家、日本专家 Yamagida、德国专家 Hell 等都参加了这次会议。Hell 后来是 2014 年诺贝尔奖获得者。在会上,国内科学家赞扬陈宜张院士是中国第一次单分子香山科学会的发起人,在国内较早地提倡这个工作。会议请陈宜张结合中国具体情况发表谈话时,陈提出来从生命科学角度考虑,做单分子研究要选择最基本的生命活动来做,例如酶、受体等。

图8-2 在香山会议上作报告(北京香山饭店,2004年4月11日)

陈宜张为单分子研究两个项目立项,付出了很多的精力,但他自己感觉年事已高,自己的理化基础不够好,所以对项目研究,抓得不够有力,工作做得还不满意。

目前,还在进行单分子研究的有中科院化学所,北大化学学院,可能还有北医的。而以前活动的几个组,似乎都不做了。大概是因为学医的、学生物学的学者都怕物理学理论的成分太多,学识基础跟不上。

生命科学盼望影像新技术

陈宜张于2005年8月28—30日在河南南阳市"中国科学院院士行"、2005年10月27日在上海市、2006年5月23日在杭州市,先后就"生命科学盼望新的影像技术"问题作了报告。陈宜张认为,生命科学的发展,亟须新技术的发明创造的支撑,其中很重要的一项是影像技术。从单细胞、单分子微观方面,应发展活细胞内单分子成像(SMI)对活细胞不同分区浓度的超微量测定。他提出需要解决的四方面的技术问题:

(1)细胞分子断层扫描MCT(Molecular Cell Tomagraphy)影像技术。

(2)活细胞单分子成像技术。即前面提到的单分子研究。

(3)活细胞内分子浓度分区测定技术。

现存的研究细胞内分子的生物化学方法,是把细胞裂解,收集众多细胞裂解液进行分析,但测出的是一群裂解细胞混匀后悬液的平均浓度,并非生物大分子在细胞内微环境的浓度分布。为解决这个问题,陈宜张提出的具体方法是将一个细胞冰冻后,按三维方向切割成若干小块,分析每一小块的内含物。一个细胞按 $10 \times 5 \times 3$ 微米计算,如果每小块体积约为 1 立方微米^{3}时,大约可分为 150 小块。如设比重为 1,每小块的质量约 10^{-12} 克,分析其内含物中各种感兴趣的大分子的量。更为理想的方法是分割细胞,不破坏它的完整性,采用影像学技术测定各个分区物质的浓度。

(4) 三维(位置)钳制影像技术(3D[position] Clamping Imaging)鉴于医学成像中受试者体位移动,必然导致图像模糊。陈宜张觉得可参考电压钳制技术原理,能使机器随受试者体位移动,而作相应移动,使两者三维关系保持不变,则图像必然清晰。

陈宜张指出,好的技术问题的解决,推动科学前进的例子屡见不鲜。凡是解决与生命科学、医学科学有关的几项重大技术问题的专家,几乎都获得过诺贝尔奖,如电子显微镜、隧道显微镜、核磁共振、X 光断层扫描;又例如定点致突变;聚合酶链反应和细胞膜片钳技术。陈宜张郑重指出,解决这些技术问题,是生命科学发展中一件重要的大事,需要各方面专家给力,不必去奢谈一定要获得什么奖项。

图 8-3　主持中科院上海分院细胞分子定位定量科学沙龙(前排左 6 为陈宜张,2009 年 9 月 11 日)

活细胞生物大分子定位定量学科交叉研究

2009年9月11日,根据陈宜张的建议,在中科院上海分院召开了"活细胞生物大分子(蛋白质)定位与定量问题学科交叉研究"学术讨论会。生物大分子包括蛋白质与核酸,此次讨论只限于蛋白质分子。陈宜张指出,近二三十年来,细胞生物学研究有了长足的进步,细胞生物学理论也有新的发展,但是要想真正准确、精细了解活细胞的生命活动,还有许多不清楚的地方,这些不清楚问题的产生,首先是由于目前已有方法尚存在不足之处,活细胞内的生物大分子检测手段还不能满足建立精确理论的要求。为了准确和精确地描述、了解生物大分子如何在细胞这个复杂、不匀质环境中起作用,还存在许多问题,其中最基本的有两点,即生物大分子在活细胞内的定位与定量问题。

细胞内生物大分子的定位是指在活细胞,即在单个活细胞,确定被研究分子的位置,而不是指曾有过的经过对细胞裂解液分析得出的亚细胞的分布定位,或用组织化学方法的共定位,这些方法的精确度还不够。当然,定位研究也包括两个以上分子的毗邻关系和靠近程度的研究。

细胞内生物大分子的定量,是指要确定活细胞生物大分子的局部域(domain)的浓度,似可以称之为微域(microdomain)或纳米域(nanodomain)的局部浓度。理由很简单,生物大分子要起作用,当然需要一定的浓度,问题是要弄清分布并不均匀的大分子的局域浓度。为了研究这些困难的问题,必须对生物大分子本身的理化特性进行研究,也许能想出办法来直接测定它。另外,如有可能,改变生物大分子某些理化特性,使之易于被检测,但又不改变它的生物学特性,当然是很理想的。陈宜张认为,从当前科学技术发展水平看,应用探针标记生物大分子,然后用影像方法跟踪探针的行为,虽属间接,似乎不失为一个现实的选择。若如此,研究并开发分子量小又有特异性的探针,灵敏度高而又便于检测的方法,获得高信噪比的检测环境,应用纳米级微小颗粒的表面特性及微小颗粒表面与生物大分子的结合,从而方便生物大分子的检测,这种种问题便提上了议事日程。此外,在活细胞条件下,如何使标记物进入活细胞内部或附贴于它的表面,也往往是必须考虑的问题。这些问题的研究和解决,都很重要,理、化技术、信息学科与生命学科的交叉,非常需要相应的离体(in vitro)研究。

"精确细胞生物学"新论断

陈宜张自 2006 年提出要重视蛋白大分子的定位、定量问题以来至 2012 年的 6 年间,他对细胞生物学研究中存在的重大不足和未来的发展潜心思索,对问题的症结追根寻源,终于"六年创新词"。

图 8-4　主持第 17 次科学与技术前沿论坛(北京,中科院学部,2012 年 11 月 21 日)

2013 年 10 月 10 日,《中国科学报》报道了《陈宜张的"精确细胞生物学"论断》一文,全文如下:

2012 年 11 月 21 日,陈宜张院士作为发起人,在中国科学院科学会堂召开了"科学技术前沿论坛"第 17 次讨论会,到会全国各地细胞生物学、化学、物理学专家共约70余人，陈宜张在会上提出了"精确细胞生物学"的论断。下文节选自陈宜张院士在会议上的开幕词：

细胞内许多化学反应的参与者中，有大分子，有小分子。我们今天选择讨论的是细胞内蛋白大分子，当然，核酸也是大分子。设想一下，细胞内的化学反应，会在什么情况下发生？细胞内大分子间的化学反应能否发生，发生的强度与方向（产热，吸热）如何，从经典（牛顿）力学的范畴看，取决于参与化学反应分子的存在部位（localization），它的局域浓度，和它存在的时间。

有一种可能是，像线粒体内的蛋白质，它的浓度非常高，反应在高浓度下发生；另一种可能的形式是，化学反应发生在溶解于细胞浆内或核浆内的溶液中，但胞浆内大分子的浓度一般很低，发生反应的概率应该很低（但不是没有可能）；最多而最具生物学意义的大分子的分布，可能是具有一定的局域特异性，有高的、一定的局域浓度，主要在一定范围内与其他分子起反应，这类反应可能正是我们在努力寻找，并试图澄清其发生条件的反应。

如果不考虑时间因素，假定相互作用的分子们可以同时存在，那么细胞内大分子活动最重要的参数，就是它们存在于什么局域（domain）（定位问题），以及它以多大浓度存在（定量问题）。但恰恰就在这些方面，当前的细胞生物学研究仍然存在重大不足，这是一个重大问题。这也就是为什么我们要重视细胞内大分子定位和定量问题，和思考问题的出发点。

已有一些报告，测算出酵母细胞在有丝分裂时蛋白分子的局域浓度，结果发现，有些蛋白分子的局域浓度与整体（global）浓度相比，可以相差几千倍，而真正对细胞功能重要的却是局域浓度。

大分子定位和定量问题如此重要，但我们的知识显得还很薄弱，许多数据，都是根据用人工方法把数以万计的细胞裂解，破坏了细胞完整性而得，所谓浓度，往往是裂解物（lysale）的浓度，是一个平均浓度；亚细胞定位信息丧失殆尽！

在极微小空间、极低浓度下会出现测不准原理之类的问题。前面我们假定,讨论的对象是在一定浓度、一定定位条件下的大分子运作。事实上,当分子浓度很低,空间极微小,而测量仪器的准确度又达不到分子直径,分子运动维度的时候,仪器不可能提供准确信息。例如,在一个微小体积内,分子的数目,可以没有(0个),或1个,平均是几个呢?是0.5个? 但瞬时分子是不能分为半个的,这时测到的平均数据就不是准确反映细胞内原貌的了。 那么,我们能够在多迅速的时间尺度上测定一个确定的微小体积内的分子数目呢? 这里肯定存在一个极限。量子力学有所谓'测不准'原理。我们的测定是否也会出现类似的那种'测不准'。当然,这就是一个统计学问题了。

我们将要讨论的问题,是在定量生物学基础上又向前迈进一步,可以称之为定量细胞生物学(Quantitative Cell Biology),但这种命名不包括定位的意思,如果把定位意思包括进去,将来还一定还要包括时间(t)因素。在科学上,有一个准确而又能启发人们思维的名词,有时会有意想不到的推动作用,我们是否可以称之为精确细胞生物学(Precision Cell Biology)。

陈宜张乐观地认为,自GFP应用以来,细胞生物学各方面的研究,特别是荧光显微镜的应用,荧光成像研究大有进展。超分辨光学显微镜技术,如PALM、FPALM、STED、STORM和SSIM是近年来引人注目的成就,一定会给细胞内大分子定位和定量问题带来新的进展。此外,电子显微镜技术,近年来也有很大进展,应用高压冰冻方法,可以在不经过固定处理条件下实施电镜操作,看到细胞内不少细微结构,已经到了与大分子量级相接近的水准。可以设想在高压冰冻电镜技术的基础上,结合一些其他技术,如荧光技术,获得与化学特性有关的信息,扩展电镜的成就,把形态与结构结合起来是完全可以期待的。

陈宜张分析指出,定量研究近年来有长足的发展,这得益于许多分析化学和物理学基础技术的发展。例如,在一种特殊标本,大脑兴奋性突触的突触后致密结构(PSD),因为它有独特的物理性能,可以从脑匀浆中分离出来,获得相当的数量,然后可以进行化学分析。已经能够测出,在一个直径约为360nm的PSD上，所含的NMDA受体分子大约是20个，至今还没有办法用类似扫描方法，或印迹方法测出单个PSD上的真正受体数目和它的分布。

既然学者们已经感觉到大分子定位、定量问题的重要性，为何迟迟不能进展呢？这主要是技术的障碍。目前测量手段还达不到完善地解决这些问题的水平，如用化学方法，就需要更好、更特异、更便于检测的探针；在物理学方面，还需要更灵敏、易于操作的检测技术。从细胞生物学本身，也需要寻找合适的研究对象，从而突破细胞内蛋白大分子的定位、定量问题。陈宜张提出，今后可以在细胞骨架蛋白分子，脚手架蛋白和结头蛋白，和分子量特别大的一些蛋白分子中寻找，例如Dystrophin、Titan，神经末梢内的Basson、Poosson很有可能是为其他相关蛋白大小相互作用时，提供作用的平台，应该值得注意。

陈宜张提出精确细胞生物学新概念之后，在学术界引起多方面的反应。和陈宜张一起主持有关单分子科学技术前沿论坛的朱学良研究员说：

因为细胞生物学是我的本行，所以陈宜张老师提出的精确细胞生物学是本学界追求的一种最高境界。最早，细胞生物学用眼睛在显微镜下看，从形态描述逐渐到了分子机制去解析这种分子机制，因为细胞里的活动非常复杂，现在的工具受到限制。因为很多分子都在产生时、空的变化和数量的变化，要解析这种时空变化，就是精确定位，所以精确二字应该是细胞生物学的目标，这是非常大的一个点。

国外文献上至今还没有这样的提法，他跟我们想法非常一致，我们平时只是讲讲要精、要准、要定量，但是不会上升到这个高度。[1]

浙江大学副校长罗建红因事未参加科学前沿论坛，但他知道陈宜张在会上提出精确细胞生物学的概念。他说：

---

[1] 朱学良访谈，2013年4月10日，上海。资料存于采集工程数据库。

因为我知道这个生物领域发展特别快，手段发展特别快，所以觉得有些手段使得生物学家可以去想象做更加深入的工作。其实主要有三种手段，就是标记，非常特异的标记手段；第二是操纵，可以操纵单个分子；第三就是检测。这三个技术，特别是检测发展特别快，标记也有不少，就是操纵相对来说，比较传统，主要还是观念和视野问题；但是，这个领域是可以更新很多的。①

罗建红的话，似乎可视为对向精确方向发展和提高的分析。
曾经和陈宜张合作进行单分子研究的方晓红研究员说：

陈宜张院士作为生命科学家在推动我国单分子研究中，将发挥更大的作用。因为，新的技术最终要取得前沿突破，是在生物学领域。所以，化学界的院士的影响力，会不及生命科学界的院士。陈院士本身有很高的学术地位和权威性，大家非常相信他。

我知道，国家科学基金支持的第一个项目，是在生命科学部建立的，实际上就是陈院士在推动的，他是这个领域科研的第一人；他不仅是最早的倡导者，又是持续不懈地关心和支持者，他提出精确细胞生物学有他的科学理论的根据。②

陈宜张提出这一新的学科名称，经过 6 年时间的酝酿和思考，所以他提出以后，要为科学界普遍认同，尚待时日，因为这是一个系统的又涉及许多相关学科发展的积累的工作，需要各学科专家们的共同努力。特别是，要拿出确实可靠的新技术，推揉不倒的新数据来，用事实来推进"精确细胞生物学"的建立。

---

① 罗建红访谈，2013 年 4 月 25 日，杭州。资料存于采集工程数据库。
② 方晓红访谈，2013 年 5 月 30 日，北京。资料存于采集工程数据库。

第九章
院士、院长、名师

当选中科院院士

陈宜张实验室所发表的论文得到国际期刊文献频繁地引用尤其是权威大教科书接受糖皮质激素非基因组机制,可以说是国际学术界肯定陈宜张研究工作的一个重要标志;又,从 1989 年起迄止 2000 年的十多年中,陈宜张受邀在多国的学术团体、国际会议和著名高校多次作学术报告,至 1997 年他负责为第 33 届国际生理学大会组织并主持"甾体激素非基因组作用"专题讨

论会,使他在国际学术界的声誉达到一个相应的高度,奠定了他的国际学术地位,中国生理学专家乃至亚洲的生理学家均引此为荣。当 1994 年国际生理学会确定陈宜张为三年后的 33 届大会主持的专题讨论会,次年,陈宜张入选中科院院士。

图 9-1　中国科学院院士当选证书

　　1995年11月，陈宜张接到中科院院长周光召签发的中科院院士证明信件。在此之前，他也听到自己可能入选的风声，他自己仔细地审视和回顾了这10年来最主要贡献是从事GC快速、非基因组机制膜受体的研究，清楚地认识到在神经元和受体科研方面，张香桐和徐仁宝对他的启发和帮助最多、最大。此次入选院士，则是由于韩济生、吴建屏、鞠躬三位院士的推荐。

　　1962年至1963年，他由卢振东教授推荐到张香桐实验室进修，具体的实验操作，都是向吴建屏院士学习的；此次他入选院士，又得到吴建屏个人的全力推荐，陈宜张深感科学家之间友谊的温暖。张香桐老师的身教，使陈宜张懂得了工作如何进行，如何对实验结果进行反复地推敲，并力图否定它，只有否定不了的，才是有价值的，才是真的；张先生的潜移默化，让陈宜张懂得一个真正的科学家应该是怎样的一个人，他一直以此警示约束和律己至今。第二军医大学政治部最近出版了一本关于陈宜张院士的书，书名就是《时代需要的真正科学家》，陈宜张时时告诫自己，当了院士就要像张香桐老师那样做事和做人。

　　陈宜张回忆，1985年他开始做下丘脑与应激关系的研究时，徐仁宝开展的GC受体工作已做了6年，基础牢固，经验丰富，所以当他接触到GC及其受体时，徐仁宝便成了他最贴心的老师，他经常向她学习受体，多数是口头请教。自20世纪80年代开始，陈宜张夫妇每天有共同散步的生活习惯，1987年后更为经常。散步时，他提问和她讨论，以每次散步15分钟计算，他们讨论受体和甾体激素膜受体相关实验中的成败，持续4年多近400个小时。陈宜张坦言，夫人徐仁宝的学识和科学见解，对他的启发和指导，是很深刻和具有实效的；从伉俪情谊上说，这种帮助是无可替代的。

　　陈宜张当选院士后，社会活动多了，原来与他的科研无关的事，也都找上门来。例如，国家自然科学基金会基金申请的一般评估；杰出青年基金评估；重点、重大项目评估等都邀请他参加。还有科技部委托自然科学基金会的评估、国家重点实验室的评估等等，都占用了他不少时间。他知道，这些单位或部门是尊重专家和院士。他是一个很重情礼的人，人家尊重你，你就应该用心努力地配合，做好能够做好的事情。再劳再累，他只能暗暗地叫苦:院士真不好当!

图9-2　当选院士后与生理学教研室全体同事合影(1995年11月10日)

兼任浙江大学医学院院长

1998年9月18日,由同根同源的浙江大学、杭州大学、浙江农业大学、浙江医科大学合并组建的新浙江大学成立。新浙大拥有20个学院、69个系,是当时我国学科门类最齐全、办学规模最大的一所高水平、高层次的综合性大学。据新浙大首任党委书记张浚生介绍,新浙大请过原国家体改委副主任高尚光当管理学院院长;请过原社会科学院常务副院长王诺林当经济学院院长;请过德国工业大学副校长当外语学院院长。此外,理科、工科、农科。也都请了许多院士当院长,并给这些院长配备一位常务副院长,负责学院日常的行政工作。在考虑医学院院长人选时,浙大看中了老浙大医学院自己培养的首届毕业生陈宜张院士。

新浙大医学院有 7 个一级学科,其中有二级学科的,有基础医学 8 个、临床医学 19 个、口腔医学 2 个、公共卫生与预防医学 4 个、中西医结合 1 个、药学 6 个和中药 1 个共 41 个。在基础医学、临床医学、口腔医学和药学这 4 个一级学科,具有博士学位授权,其所属二级学科都有博士学位授予权。

图 9-3　浙大医学院院长聘书

合并前的浙江医科大学,主要系科是医学院和药学院,重新组合,也主要是这两个学院。浙大领导认为,建设高水平的大学,首先是院长和学科带头人必须是高水平的。表示:人文科学 6 个学院和理、工、农、医 14 个学院院长的人选,如校内有符合要求包括院士愿意担任这个领导工作的,学校就聘请他当院长,校内没有高水平或院士级的,就到校外去聘请,聘请时明确二点要求:一、确实是国内有重大影响的高水平的专家;二、要担任双向工作,要对整个学科建设提出指导性意见;要带研究生,能够每年组织一二次重大的国际、国内高水平学术会议。

在考虑浙大医学院院长人选时,原浙江医科大学校长郑树推荐陈宜张。她说,他是浙大医学院首届毕业生,是比她高三届的学长,有很高的学术水平和丰富的医学教育教学经验;他非常热爱母校,热情关注母校的发展。郑树曾事先征求过陈宜张的意见,他爽朗地表示:"如果母校召唤,本人义不容辞。"

图 9-4　参加浙大医学院新生入学典礼(左起:李鲁、王季午、陈宜张,浙大医学院三号楼,2001 年 9 月 14 日)

　　1999 年上半年,郑树和浙大湖滨校区领导小组组长、后任医学院党委书记、常务副院长李鲁,在上海会晤陈宜张。郑树说,浙大医学院的创办人、老院长王季午也希望他能去当院长;老同学们也欢迎他去。陈宜张听了很感动,想到 48 年前离开母校来上海时,王老对自己依依惜别的赠言,现在又有可能重返浙大母校,对母校感恩反哺,所以非常兴奋。但是他也冷静地考虑了去浙大的方式,如何处理与二军医大的关系,去当院长能做哪些事情。在谈及他当时的心境时,他说:

　　　　去年听到要我当院长的风声,我是有一些思想准备的,所以他们要我去,我这个人倒也是大大咧咧的,不知天高地厚。我说我去能做点什么事情呢。我说你评职称,评教授、副教授、讲师都来找我,那我还得了! 我也不要做这个事情;我说要我去,我大概有两件事情我认为可以考虑做的。第一、学科建设,第二、引进人才。

　　陈宜张表示去当院长,如果什么事情都要他做,他吃不消,也没有这个能力。浙大领导表示理解,说一定给他配备助手。他答应可以去。如何去法,他说:

怎么个去法？我心想，如果离开二军医大，全部转到浙大去，第一，军队不一定放，我提出来以后又搞得不开心；第二，二军医大没有亏待我，对我也没有什么不好的地方，我也没有理由离开二军医大。后来，我说要么兼职，我可以来四分之一的时间，一个月来一个礼拜，他们都同意了，后来我就去了。

1999年10月，陈宜张兼任浙大医学院院长。从此，每月往返于上海杭州之间。此时，陈院长已是古稀有二之年。

浙大对陈宜张很尊重，开会时，什么事都请他参加讨论，他当然不会推辞，参与讨论一些重大的决策问题。但他始终把自己工作的重心放在学科建设和人才引进方面。医学院党委书记、常务副院长李鲁很能干和用功，让陈宜张能专心致志地抓重点工作。

陈宜张在浙大医学院工作，尽量按照自己的理解，保持一贯的实事求是、大公无私的工作作风，从实际出发，按科学和规章办事。在1999年年终总结时，他阅读全年发表的论文，觉得医学院的论文数量特别是质量都很一般，医学院有很多人不知道什么叫SCI（科学引用索引）论文。陈宜张在总结会上说，"你们的论文发表得太少一点，以后我们每年是不是都要检查一下，论文到底发了多少，报一报。"后来，有人说论文还有SCI，还真的不知道。这样，就促使他们要考虑这个问题。

经过一段时期的交往，医学院的人逐渐了解陈宜张的为人和做事的严格。有人说："这个陈宜张，看样子来真的！"

陈宜张深入基层调查研究。他在2000年初，有一天从上午8时开始，到各教研室和实验室察看，每到一个单位，站着听取情况介绍，上午和下午总共走访了15个教研室，学院里的人看到年逾古稀的院长如此认真卖力，都很感动。

在参加评职称的会议时，他听到一位申请升职的教师说，自己的一篇学术论文已被美国一家期刊接受等待发表；陈宜张问及杂志的名称和拟发表的期号，答曰来信表示接受，期号未定。当请他出示来信时，对方拿不出来，因为这是一封收到了来稿的通知。经此查问，以后在职称评定中，这种类似有虚假性的现象就被纠正了。

陈宜张及时引进人才。1999 年底,他推荐二军医大免疫学教研室主任、他原来的学生曹雪涛到浙大兼职,培养研究生,为浙大建立免疫研究所,曹雪涛去后做出了出色的成绩;引进曹雪涛,对推动浙大的学科建设,产生了积极的影响。

陈宜张是外聘的兼职院长,在我国高校的人事管理中,对领导班子的调整,照理可以不加过问,以避免是非。但是,陈院长是一个"遇见不正一声吼,该出手时就出手"的人。他看到当时医学院的领导班子,不十分理想,某些副院长业务水平和行政管理能力平平;有的副院长讲话模棱两可,让人很难理解他讲话的意思。所以,2000 年年底,他向浙大校长潘云鹤提出调整领导成员的建议,转达了许多老教授对领导班子的意见。浙大领导对陈宜张的意见,也有同感,表示接受和支持。

2001 秋,新的领导成员上任并较快地适应了工作的需要,医学院在院长陈宜张、党委书记李鲁、常务副院长姒建敏、副院长罗建红、黄荷凤的合作努力下,工作非常出色。

陈宜张引用北宋诗人圆因法师的诗句:"野鹤无粮天地宽"① 来形容他调整领导班子时的心境。对陈宜张来说,他是浙大医学院请来的"外来户",与原来的领导成员没有任何利害关系,也不涉及派系之嫌,他没有任何私心,完全出于对母校事业发展的责任感。所以,他这只"野鹤"可以在大公无私的广阔天地里,不畏权势、不顾情面,敢于"来真的",提出和实现了医学院领导层的更新,为医学院的发展,奠定了根本的组织基础,不负当初"母校召唤,义不容辞"的掷地有声的誓言。

陈宜张和浙大物理系唐孝威院士合作,建立了"浙大脑与智能科学中心",推动了整体脑功能研究与心理学科、人工智能新兴学科的建设和发展。经过一年多时间的筹备,这个中心建设起来,有物理系、心理系、医学院方面的人员,还有工科方面的。时任浙大校长的潘云鹤是做人工智能的,当然十

---

① 原诗全文为:贪名逐利满世间,不如破衲道人间。笼鸡有食汤锅近,野鹤无粮天地宽。富贵百年难保守,轮回六道易循环。劝君早辨修行路,一失人身万劫休。

分关注和积极支持配合。以这个"中心"为中心,经常召开各类研讨会和全校神经科学年会,促进了学术交流和推动了学科的发展。

在发展整体脑功能研究方面,陈宜张把中科院北京心理所翁旭初教授请来做浙大医学院兼职教授,开展脑成像研究。在临床学科方面,他的研究生狄海波用 fMRI 做的植物人或植物状态人的脑功能状态研究;邵逸夫医院影像科虞晓菁关于双上肢截肢病人的大脑皮层运动区激活特点方面的研究,都是在陈宜张院长任职期间推动和发展起来的。

在建立"浙大脑与智能研究中心"时,陈宜张很看好罗建红。罗建红1958 年 10 月出生在重庆涪陵,浙江医科大学病理生理学专业,博士学位,1999 年 8 月至 2000 年 10 月,任浙大医学院研究生教育办公室主任,1999 年12 月至 2001 年 12 月兼任美国乔治城大学医学院访问学者。从他任职时间可见,罗建红那时是美国和杭州两头跑。在大洋此岸和彼岸往返,可不比陈宜张的上海与杭州之间来去,尽管那时罗建红年轻,但也是不惑有三的人,如此奔波,陈宜张于心不忍。所以他得知罗建红由美国返杭州途经上海浦东机场时,专门赶到机场和他商洽,希望他扎根杭州。对神经科学产生浓厚兴趣的罗建红对陈院士的关爱和良苦用心很感动,他决定在浙大全天候效力,任医学院副院长,主持神经科研所。2013 年 7 月,他出任浙大副校长。

1999 年至 2003 年,春秋四度弹指一瞬间。陈宜张兼职院长任期届满,从 2001 年起,他多次向浙大领导提出辞呈。他说:

> 大概是 2001 年还是 2002 年上半年,浙江大学原药学院院长陈耀祖去世了。我和他是同龄同学,他也是 1927 年出生的。他是化学系的,我是医学院的。浙大开追悼会,会后我跟党委书记讲,我说你看他跟我同年龄,他都死了。你老叫我当院长,我不要当了。当然他们也考虑我的年事已高不宜续长。

2003 年 11 月 24 日下午,中国工程院院士巴德年,接任浙大医学院院长,当时的浙大校长、(现任中国工程院常务副院长)潘云鹤向前任院长陈宜张颁发褒奖铭牌,向巴德年颁发聘书。潘云鹤讲话中感谢陈宜张在任职期间掌握医学院全局,以严谨的学风、求真务实的工作作风,给医学院的发展带来深刻的影响,在学院建设与发展中起到了关键作用。他列数了在陈宜张领导下,医学院事业所取得的长足的进步:博士点从10个增加到31个;博士生导师从34名增加到87名;长江学者3名;SCI论文数从15篇/年,增加至2003年的100篇以上;国家自然科学基金中标数由每年7项增加到29项,增加300%;年科研经费从不到500万元,增加到近4000万元;科研成果获国家科技发明二等奖1项,省科技进步一等奖3项,承担973、863等国家级重大项目、独立项目方面,有重大的突破;国家重点学科、全国优秀博士论文实现零的突破;在省部级科技成果奖数、国家自然科学基金中标数和SCI论文数,分别名列全校第一、二、三位;中国大学评价浙江大学研究生院各学科综合得分中,医学院名列浙大第三,基本实现了由教学型向科研型的转变。办学的层次也得到明显的提高,教学条件得到明显的改善,教学质量得到较大的提升;国家理科基地和临床七年制,顺利通过了国家检查评估。在教学上,大胆探索,试行了直通MD的培养模式,为将来实行8年制医学精英教育,奠定了基础。硕士生与本科生和博士生与硕士生的比例,分别达到1.09∶1和1∶2。短短4年,从哈佛大学等国内外著名高校及科研机构,引进了17位学有专长的医学人才。

图9-5　率浙大医学院代表团访问台北(左蔡作雍所长、右李远哲院长。台北,中央研究院,2001年6月12日)

陈宜张兼任院长,虽然只有短短的四年多,但他感受到半个多世纪以前在浙大学习期间求是春风化雨的温馨和友情,陈宜张说:

> 浙大对我的反映,我感觉到是不错的。我在 2003 年 11 月告别浙大时,学校发给我一个铭牌,就是表扬牌。过了几年,潘云鹤校长写了一本书《教育七章》①,写了有关教育的七个问题,其中有一章就是写浙大医学院,主要写我,那时我向巴德年院士移交。潘校长在书中写道,一个学院的院长应该是学院学术方面带头的人,我想这的确也是对的。前几天,《浙江大学报》上还在讲我好,好在是免疫研究所的发展、曹雪涛带的研究生最近在《细胞》杂志上发表文章,说这个所是 2000 年陈宜张当院长时建立的,现在曹雪涛院士带领得非常好,说明他们还记得我。
>
> 我从 2003 年不当院长已经 10 年了,他们还记得我,每年春节到我家来拜年,他们的确记得我。

图 9-6　向巴德年院长交班(中:潘云鹤,右:巴德年,2003 年 11 月 24 日)

---

① 潘云鹤:《教育七章》,杭州:浙江大学出版社,2007 年。

图 9-7　浙大医学院领导春节访问陈家（左起：陈国忠、吴弘萍、罗建红、陈宜张、徐仁宝、黄河、张福顺，2013 年 2 月）

10 年前辞去浙江大学医学院院长职务的陈宜张，认为当年任职的四年零一个月，是他人生历史上浓墨重彩的一页，当他翻开历史画卷这一页的时候，若有所思，然后掩卷自省。他说：

任职期间，遗憾的事当然也有。为了引进人才，我确实尽力地做。除了曹雪涛，罗建红是他们本校人才，能够把他摆到合适的岗位上就尽心了。也引进了一些人，有些不太合适的，当然他本人的行为是占主要的。看一个人，难免有走眼的时候。

在学术研究方面，也有想做而没有做成的事。2002 年，唐孝威和我发起在杭州召开了一次香山学术讨论会，议题是"分子影像学"。我是希望在浙大能够开展临床分子影像学，引入分子生物学研究。通俗的说，一个人生肿瘤，肿瘤长大了，发现后开刀，这当然是好的办法，所以要提倡早诊断、早治疗。如果在癌变刚开始时，分子生物学上已经能够确定地把它显示出来，这不是一件大好事吗！当初我就这么一个想法。

现在看来,这个问题很难。我是希望在浙大能够开展临床应用的,有基础理论水平的分子影像的研究,而推动起来比较困难,有化学的问题,有物理学的问题。在医学院,也有工作量的问题和认识上的问题,不一定能摆到很重要的地位。所以,我本来想推动一下,后来感觉还是比较困难的。

陈宜张坦言,浙大以求是作为校训,什么时候都要实事求是,一定要说真话,不要说假话,不要弄虚作假。而现在,做到实事求是倒成为大问题。浙大好像有些遗憾的地方,浙大有当前国家现行体制下国内大学都存在通病,实行的是一种官僚管理体制而不是真正发扬学术的体制。什么都是管理,学术自由何在?

授人玫瑰,手留余香。陈宜张为浙大母校倾情奉献了49个月的心血和精力,替医学院创建了许多有据可鉴的业绩,在浙大、在医学院的领导和同事、后学们的心中,留有印象。浙大人在评说陈宜张。

新浙大首任党委书记、浙江大学发展委员会主席张浚生说:

学校请他当院长以后,他没有一种我做兼职,挂挂名而已的想法,而是非常认真地投入,确实对浙大有深厚的感情。他每年1/4的时间来浙大,每个月来一周。在学科方面和人才引进方面全力以赴,做了大量的工作。过去,医科比较重视临床,研究工作开展得不是特别好,他来了以后,要求教授们提高医学水平,必须认真参加科研。原来每年能够发表的SCI论文15篇左右,后来每年发表100篇以上。原来的浙江医科大学在全国医科大学中处在比较偏后的位置,现在比较在前面了,由全国第10位左右,到现在第5、6位。可以和原来比我们好的医科大学平起平坐。自陈院士起,医学院的三任院长都是院士,水平有很大的提高。

总结一下,陈院士第一为学科建设付出很大的精力,取得很好的效果,为学科指明了方向;第二引进了人才,这是很重要的。陈院士的思想作风对学校影响也非常大。他在浙大拿到的报酬是很微薄的,每月2 500

元,他的院士工作费,每年也就 3 万元,两者相加每年 6 万元。他一分钱也没有拿,而是用他的夫人徐仁宝和他的名义设立奖学金。他干了 5 年不到一点,学校给他的钱加起来 30 万,他倒过来还拿钱到学校,奖励品学兼优的学生,帮助家庭比较贫困的学生,他捐出的款项加起来有 100 多万元。从 2000 年建立奖学金,已资助了近 60 位学生。他的思想作风,对我们言传身教,这是一种无形的、软实力、软文化,大家都能感受到,我们非常感激他。我们在相处过程中,他讲话直率,充满感情,他 1952 年毕业,我 1958 年毕业,我跟他差了一大截,我们在一起非常坦诚。

他是一位非常热心于科学事业的科学家,一位非常热爱学生的老师,一位热情助人的谦谦君子。我校有一位沈家聪院士因患病,我们护送他去上海,陈宜张院士得悉,亲自来迎接我们,全程陪同沈院士入院治疗,他的亲切和真诚,使我们很感动。①

四校合并前的浙江医科大学校长郑树说:

陈院士为人宽厚、正直、非常廉洁,他豁达大度,性情耿直,他很节俭,从不要求特殊化,如遇到什么特别安排,他都是尽量回避,他的地位和声望提高,但作风依旧不变;他是一位非常好的学长。②

替陈宜张开车的浙大司机张福顺,每月一次到杭州火车站接送,他知道陈院士坚持坐火车由上海来杭,不要二军医大开车送,节省汽油费。有一次,看到陈院士将在上海家里没有吃完的饭菜,打包带到杭州吃,非常感慨;有时,陈宜张写给张福顺的留言,是写在商标纸的背面的,可见陈院长的节约精神。他在杭州的住所,家具简陋,床上的草席是两条小篾席拼起来的,张福顺要替他换新的,陈院长说:"不换,公家给我买东西我是不要的。"陈宜张有一次去浙大图书馆,是和张福顺乘出租车去的,他对张说:"这是我私人

① 张浚生访谈,2013 年 4 月 16 日,杭州,资料存于采集工程数据库。
② 郑树访谈,2013 年 4 月 26 日,杭州,资料存于采集工程数据库。

的事,不能派公家的车。"陈宜张夫妇到九溪去玩,因为路远,学院派车去,他们坚持付了车资油费。请人打扫杭州住处卫生,陈院士都是自己付钱。对学院开科学年会的自助餐,他一再关照控制标准,不可以浪费。张福顺曾经请问陈院士为什么这么节约,陈宜张答道:"我是向老师王季午学习,王老师办私事都是'打的'去,不用公车。"他个人开支如此节俭,而扶困助学、设立奖学金又慷慨大方。他给母校留下的不仅是经济的奉献,更多是大公无私和艰苦奋斗的精神。

与陈宜张有较密切的学术交往,2002年10月和陈宜张共同主持杭州分子影像学香山会议的唐孝威院士评价说:

> 陈院士非常热爱科学,学术思想非常活跃,在神经科学方面是一位大专家,知识面非常广,工作非常认真,在神经学、神经生物学方面做过很多开创性的工作。我看他的《神经科学的历史发展和思考》一书,觉得他对神经科学如何发展,有很深入的思考,有很深刻的见解和独创的观点,除了单分子研究,定位、定量研究外,还提出神经元的独特性和脑功能的定位和不定位的问题、脑功能的层次性问题,这些学术观点我是很有启发的。①

浙大医学院原党委书记李鲁回忆说:

> 陈院长到任后,他以一个科学家的眼光和睿智,抓重点,谋发展,我作为他的助手,当时是医学院的党委书记和常务副院长,陈院长到任后对我说,他说他抓学科、抓人才、抓科研。其他的事情你们自己做,在他制定的学科发展、人才引进战略实施后,浙大医学院稳步地改变了没有国家重点学科、没有国家重点特色、没有院士的"三无"局面。在短短的二三年中,浙大在全国率先实施了普及七年制的医学硕士学制,这是一个首创。2002年浙大的青年医学教育以优良的成绩通过了教育部评

---

① 唐孝威访谈,2013年4月26日,杭州,资料存在采集工程数据库。

估。陈院长对学生是倾注了一颗父爱之心,他和夫人设立的奖学金为鼓励优秀学生、帮助贫困同学的工作在浙大开创了先例。在陈院长任职期间,医学院有了国家发明二等奖,有了工程院院士,有了国家973首席科学家和学者。目前已有四个国家重点学科,一个国家重点试验室,五位院士。包括王建莉、胡汛、周天华等一大批海归精英都是陈院长引进的,包括罗建红、黄河、王建安等浙大医学院现在的掌门人都是陈院长调教和培养出来的。陈院长为医学院跨越式发展奠定了扎实的基础,迎来了崭新的局面。①

浙大副校长罗建红谈及和陈宜张交往的印象时说:

他做院长的第一件事,是了解各门学科学科带头人,学术尖子的学术档案,包括对科研方面做得还不错的年轻人、资深教授的简历和他们发表的论文的全文、重要代表作的全文,给他一份详细的资料,他参阅后,选了一些人约谈,一个一个地面谈了解情况。他让我们提出如何组建脑与智能研究中心,这是学校的一个交叉研究中心。陈先生关心脑科学方面,潘云鹤校长是做人工智能的,他觉得这是一个交叉学科,应该有广泛的领域。这个想法非常超前,到现在还在逐步落实如何在神经科学领域内把医学、生物学与工科结合得更紧密以推动脑科学的研究。当时学院已在湖滨校区建立了神经生物学教研室,开设了神经生物学课程,建立了基于校内合作的交叉研究中心,然后建立了神经生物学实验室,也建立了当时一些在老浙大的神经生物学相关的实验室,杜继曾和郑小强等教授,都在这个框架内,唐孝威院士也起了很重要的作用,大家积极推进浙大神经科学的研究。

我觉得陈先生特别认真,也很诚恳,有时甚至非常率真,他的风格如此,没有任何附加的别的东西,陈先生就是陈先生。他的影响非常大,不仅对我个人、对我们班子,甚至更广泛地包括附属医院的很多老

---

① 李鲁访谈,2013 年 4 月 25 日,杭州,资料存于采集工程数据库。

师、领导、教师都受他的风格的影响。

开教学工作会议他都参加,给我们讲教学对一个学生的成长有多大的影响,他经常举自己在浙大医学院里那些老师讲课对他的鼓励,要求大家做好科研的同时,更加要关注人才的培养和教学。他非常强调踏踏实实,一步一个脚印地往前走。他举例对我说,楼梯要一层一层的爬,第一步就是学院的老师要有一个国际的、在学术上有一个国际视野,应该把我们的工作介绍到国际上去,站在国际学术的一个共同的平台上来竞争。而不是自己写了论文就投中文期刊,因为语言的限制不利于整个学术机构的成长,要先写国际期刊的论文,在更高、更有权威的国际期刊发表论文,提高学术影响力。应该有序地一步一步向前推进。他的风格就确定了医学院领导班子的风格,非常踏实和实事求是,没有任何附加的或者虚化的东西,他觉得这才是一个机构长远发展的根本。

有些小事情应该提一提。他对我个人也很关心,譬如,他每次开会都会提醒我们的党委书记,当时是陈智,要他不能让罗建红他们太忙,要让他们多点时间能够做学术。所以我也是很幸运的,我们班子能够跟陈先生一起工作,这是四校合并带给我们的重要的好处。①

名师出高徒

1996 年 12 月 3 日,中国人民解放军总后勤部授予陈宜张科学技术一代名师证书,这是对陈宜张在第二军医大学的 45 年中从事科研和教学工作所做出的贡献的精神奖赏。是对陈宜张师德高尚、技德双馨、为人师表客观评价的高度概括。

---

① 罗建红访谈,2013 年 4 月 25 日,杭州,资料存于采集工程数据库。

抓铁有痕,踏石留印,陈宜张以实干兴教、严谨治学的实绩,为培养我国军事医学人才和高级科研人员作出的贡献,无愧于总后勤部授予的一代名师的荣誉。

图9-8 科学技术一代名师证书

20世纪60年代以前,二军医大没有招收过研究生。1965年朱鹤年教授曾招了两名硕士生,不久"文革"开始,研究生就没有研究下去。1977年,调防西安的二军医大迁回上海,当了14年讲师的陈宜张升为副教授,1978年朱鹤年和陈宜张被确定为生理教研室硕士生导师,同年招收两名研究生由他们合带,分别指导。朱教授指导路长林做关于怒叫中枢研究,陈宜张指导袁文俊做下丘脑与应激、镇痛和下丘脑与脑神经投射联系研究。自1978年至2007年,陈宜张共培养硕士研究生16名。

1987年,陈宜张被批准为博士生导师。当年秋,招收两名,郭佐做糖皮质激素膜受体纯化,丁佳逸做应激对免疫影响的研究。迄止2007年,他共培养博士生23人,其中3人是以浙大医学院教授的名义招收的。

陈教授招收的硕士生和博士生入学时间,分别在1978年至2004年和1987年至2004年,由统计可见,代表陈宜张科研生涯主要贡献的糖皮质激素膜受体假说,是他指导研究生主攻的方向。导师所指,学生奋发挥师,大有"揽弓捷鸣镝,长驱上南山"(魏晋名诗人曹植句)之气势。

光阴易逝,岁月催人。陈宜张从1978年招收第一位硕士研究生袁文俊,至招收最后一位博士生在 2007 年 5 月毕业。29 年，春霜冬雪，人事沧桑，当年踌躇满志的俊男倩女的研究生们，如今都是年富力强、人生精力最旺盛的黄金时代。师行生效，陈宜张导师的科研精神和开拓创新的思路，在众弟子的工作实践中，得到复制和效法，更加发展和提高。从他们近期的科研和工作成果上考察，说他们是"名师出高徒"，当不为过。

现任宁夏医科大学基础医学院名誉院长、生理系系主任的袁文俊教授，是陈宜张 1978—1981 年带教到毕业的硕士生，1990 年他成为朱鹤年教授带教的博士生，但后来因朱教授去世，以陈宜张的名义带他完成博士论文答辩，并获得博士学位。袁文俊获得博士学位时，已经 50 岁，是一位医学理论与临床实践结合有相当深度的专家，可算是陈教授最年长的弟子。1962 年他就读二军医大军医系，1967 年毕业后曾任济南军区部队医院军医、军医学校生理学和外科教研室教员，1987 年至 1989 曾留学日本东京慈惠会医科大学，主修循环呼吸的神经生理和神经药理。1999 年应美国 Ames. B. N 院士邀请，在美国国立环境科学中心和美国 Berkeley 大学生化和分子生物学实验室作访问教授，从事抗氧应激的细胞保护机制研究。袁教授曾任二军医大生理学教研室副主任，基础医学部主任、教务长；中国生理学会副理事长和中国生理学会学术委员会主委，中国生理学会循环、呼吸、肾脏生理专业委员会主委、心血管生理专业委员会主委；上海市生理科学学会理事长，中国高等医学教育学会理事、基础医教分会副主委、教管分会副主委等学会职务。现在，他主要进行心血管功能的神经体液调节研究，在神经生理和血管生理与药理、心肌缺血损伤的保护及 microRNA 对心血管功能调节等基础研究领域，发表 170 多篇科研论文，其中 SCI 收录论文 70 多篇。他培养了博士生 12 名、硕士生 36 名。回忆和陈宜张老师相处往事，他说：

1962 年，陈老师担任一中队的生理学助教，他做假饲实验也就是胃液分泌时，我是二中队学员也去听课。他的启发式的教学方法，引导大家的兴趣一步一步地深入，同学们反应很好。那时，他才 30 多岁，就能讲的那么好，知识那么渊博。

1978年初，二军医大招收研究生，我选择了跟陈老师做诱发电位证明下丘脑和中脑之间一些神经联系的电生理学特征。他指导研究生非常热情和到位，拿给我看的文献都是最新颖最及时的，有的是非常超前的。

陈老师对自己要求非常严格，每日下班后，一般要到晚上11时才回去，抓紧时间读书做事，次日又一早就来。一年四季，天天看他在搞科研。有一次，大年初一我去拜年，看到他还在看书。

他要求我们多做实验，把主要精力放在学习上，不要被外界干扰太多。连影响学生的生活小事，他也观察到了。例如，家在外地的同学，老家来人了，无非是要求帮助解决一些看病的问题，不接待也不好。他希望大家正确处理，还要求大家遵纪守法，培养一些良好的道德品质，不可弄虚作假，如有违者，一经发现就要开除。

他要求实验总结实事求是，做的标本至少要保存十年，时加检查。所以，我们做实验记录很规范，没有一点掺假，做得扎实严谨。

他办事公道，大公无私和顾全大局。当时，教研室分三个小组，一组和二组搞神经的，由他和朱鹤年教授各负责一个组，我是三组，负责循环。在申请到重点实验室基金时，他作为教研室主任将经费平均分为三份，并不因是他申请来的而向本组的分配有所倾斜。他让朱教授和林葆诚他们的小组拿三分之一多一点，陈老师拿三分之一，那循环组自然就拿三分之一少一点了。此时，陈老师就在自己组内分得的部分中，再拿出一点给循环组。这样分配，实际上是陈老师的那个组分得最少。

在那时，科研经费批下来后，多数情况是竞相争抢，甚至争吵起来，像陈老师这样做得比较公平，实际上自己组里吃亏的事，是难能可贵的。这件事过去30多年了，我一直没有忘记。陈老师在学术方面的追求境界比较高，知识修养内涵深厚，他在学术研究中的无私坦诚就更为高尚了。对在学术知识和科研试验中向他请教的人，不管是谁，包括曾对他有些不开心的人，他都一视同仁，把自己的知识和经验，毫无保留、毫不保守地告诉对方，体现了一位真正的科学家和教育家的道德风范和气质。我认为,他当选中科院院士是他自己的天才和勤奋以及领导支持的结果。但主要是自己的努力。第一次、第二次推荐,领导都很支持,为什么没有当选,1995 年第三次推荐,他的水平就达标了,国内外的专家和学术界都承认了,他当选院士就水到渠成了。陈老师公私分明,从不占公家一点便宜。他用纸写字,反面的空白处也是要利用的。有的纸的边边多一点,他就裁下来用夹子夹好,挂在桌子边写便条用。这些好的作风我们学到了。

他对学生的关心,可说是无微不至。在做猫的试验时,白天可能看不到最佳效果,我们就在夜间做。若是看到我们夜里没有睡觉,白天又在做实验时,他会购买早餐带过来,问候我们。有时,我身体不适,他会亲切地关心,劝我去休息,我很感动。①

图 9-9　研究生巫凌刚毕业论文答辩(1988 年 7 月 5 日)

1985 年入学的硕士生巫凌刚,1988 年毕业后,在美国德克萨斯州的休斯敦市德州医学中心获得博士学位,从事神经元突触传递研究。他又往美国科罗拉多州的丹佛市科罗拉多大学医学院做生理学博士后研究;去德国海德堡的马克斯·普朗克研究所细胞生理学研究室,在诺贝尔奖得主 Sakmann 教授实验室做博士后研究,经过专家指点和他自己的刻苦钻研,他在突触研究方面已经具备深厚的实力。之后,他在美国密苏里州圣路易士的华盛顿大学麻醉系做短期的工作,领导一个实验组进行科学研究,以后又转到美国国立卫生研究院神经病和脑卒中研究所负责突触传递室的研究工作。

---

① 袁文俊访谈,2013 年 11 月 1 日,上海,资料存于采集工程数据库。

巫凌刚系统地研究了突触小泡内吞的机制。2014年美国著名的《生理学年鉴》邀请他撰写了《突触小泡的外排与内吞：模式、功能和耦合机制》（Exocytosis and cnfocytosis: modes, functions, and coupling mechanisms）的专文，已成为这一领域的重要文献，他成为突触传递研究领域的国际著名学者。

巫凌刚对导师陈宜张一直心存感激之情。他在读硕士生时，每天要参加学校里研究生足球队的训练，他的学业自然受到影响。陈宜张很严肃地问他是要做足球研究生还是生理学研究生，使他受到启示，他放弃了对足球的过分追求，深知导师的严格是对自己负责。感到年轻人一生只能做一件最主要的事情，要集中精力全力以赴，因为人的精力是有限的，只能用在最重要的工作上。他感谢陈老师使他猛醒，知道自己的不足，对他帮助很大。他谈到陈老师在学习中对学生严格的要求时说：

> 陈老师让我们学细胞内电极技术，首先要知道电的知识，要我们从物理、数学等学起，我后来到物理系读电子学、数学、代数和概率，这对我以后的科学生涯很有帮助。做实验模型时用到数学、物理很有帮助。陈老师对理论上的要求非常严格，要求你达到自己最高的程度。对学生的动手能力要求也很高，他希望学生理论与实践的结合，都能达到一定的深度。他从整个理论层次教你做什么，提供给你在他人脉范围内力所能及的最大的支持。他希望学生聪明，更要勤奋，这是成功的要素。我深知"师父领进门，修行在个人"的道理。①

1994年—1997年5月师从陈宜张的博士生邱俭教授，1985年由南昌大学生物系毕业，现在美国俄勒冈州Portland市的俄勒冈州健康和科学大学生理和药理系任研究助理教授。他个人研究兴趣是关于雌激素作为多样性激素，不但在生殖组织有广泛的作用，同时在中枢神经系统里，也有显著地效应，对此进行深入研究。最近用光遗传学研究方法获得新的实验结果。2002

---

① 巫凌刚访谈，2013年5月19日，上海，资料存于采集工程数据库。

年和 2009 年,分别在国际药理大会(IUPHAR)卫星会议,作"多巴胺"邀请报告和在 SFN 卫星会议作"健康和疾病条件下的突触抑制"邀请报告;2010 年在美国生命科学联合会(FASEB)暑期研究会议,作"甾体激素的细胞核内和核外的信号转导"的邀请报告;2011 年,在美国西北生殖会议第 13 届年会上作邀请报告。他是美国神经科学学会和美国神经内分泌学学会会员。

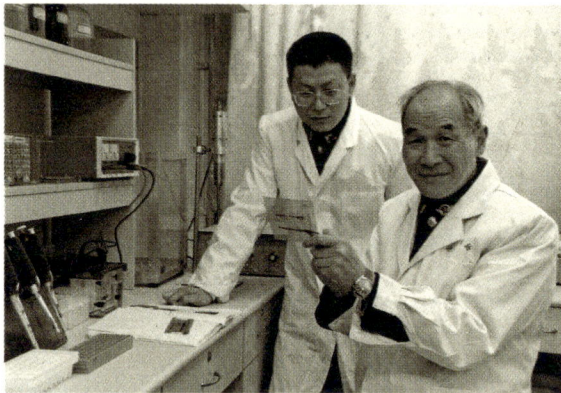

图 9-10　指导邱俭分析实验结果(2000 年 4 月 10 日)

邱俭教授在谈及他做 GC 生理作用机制 10 多年,和陈宜张院士从事这方面的研究 20 多年的共同兴趣时,他说:

我和陈院士做同样的课题研究,我们在探索中受到过挫折,也有苦恼。经过这么长的时间相处,我们的感情,特别是陈院士对我像父辈的这种感情是很深刻的。

这几年,包括我读研究生的三年和以后的工作中,陈院士的言行一直都影响我乃至我的一生。他对科学的执着的精神,使我感动。他发现了快速作用后,一直不断地探索,一辈子都在这个领域里追求,这是十分难得的。按陈院士当时的资源,完全可以做一些别的容易的课题,一些新的技术,但他依然在一个领域里,对疑难问题穷源竟委,一辈子做下去,实在不容易。①

————————

① 邱俭访谈,2013 年 11 月 1 日,上海,资料存于采集工程数据库。

2002 年 24 岁时由第二军医大学临床医学专业毕业,获学士学位的肖林,师从陈宜张,于 2007 年获理学博士学位,长期从事甾体激素功能和髓鞘发育与再生调控研究。在读研期间,他发现和建立糖皮质激素在神经系统中非基因组作用的新型细胞模型,并首次报道了该作用的一种重要生物学效应,相关的论文以他为第一作者发表于《生物化学杂志》(*J Biol Chem*)、《分子内分泌学》(*Mol. Endocrinol*)、《内分泌学》(*Endocrinology*)等国际主流学术杂志上。他在近期筛选和鉴定到甾体激素天然类似物薯蓣皂苷元,对少突胶质细胞的分化和髓鞘再生具有显著的促进作用,观察到 NMDA 受体在少突胶质细胞的分化、迁移和髓鞘形成再生过程中,具有重要作用。作为第一或共同第一作者在《神经胶质》(*Glia*)杂志发表了 3 篇论文。至今,共发表 SCI 原始论文 11 篇,被引用 200 多次,他主持国家自然科学基金青年项目和青年面上连续项目各 1 项,曾获上海市优秀博士学位论文奖、中国神经科学学会 GSK 神经科学"明日之星"奖、中国生理学会第 11 届张锡均全国生理学青年优秀论文奖。

肖林现任二军医大神经科学研究所、神经生物学教研室副教授、硕士生导师。是中国生理学会、中国神经科学学会、美国内分泌学会的会员。曾评为二军医大优秀青年学者,入选上海市和总后勤部青年科技启明星及优秀科技人才扶持计划。

现任杭州师范大学医学院生理教研室教授的狄海波,在 2001 年 31 岁时,师从陈宜张攻读硕士和博士,2007 年博士论文在 *Neurology* 发表后,被 *Nature* 等 SCI 引用达 200 次。他的主攻方向是研究意识障碍患者的诊断和预后预测指标,并以严重意识障碍患者为意识研究模型,开展意识相关物(NCC)研究;通过研究意识的内环境指标。构建无意识生理学;开发和评估促醒技术;围绕严重意识障碍患者的伦理学和流行病学研究。2007 年、2009 年和 2013 年曾三次赴比利时列日大学合作研究意识障碍;2008 年在 ASSC12 会议上,作关于意识障碍研究的大会发言;在 2010 年上海世博会欧盟馆,曾展出他与 Laureys 教授合作的成果。历年来,他主持或指导的植物状态病患者研究的课题很多。

狄海波回忆当年他与陈宜张讨论他研究生课题时,陈宜张给他三个可以选择的课题:

① 将脑与音乐的研究继续做下去;

② 选择邵逸夫医院,有一些比较好的研究结果,如应用双上肢截肢病人做脑的可塑性研究。医院内都是临床医生,你是做基础的,过来合作也许会有更好的结果。

③ 研究植物人。陈宜张指出,以上都是围绕脑成像的工作,做这些研究,没有百分之百的把握能顺利地通过博士毕业。如想顺利通过,可到上海做分子生物学研究。陈宜张作为院长对他诚恳而又如实地分析利弊,他深感是对他的爱护。他说:

> 我由北京医科大学毕业,到浙大来是希望做一些工作,并非只想拿到博士文凭。所以陈院长提出三个选题后,我表示做植物人课题。他说,你要知道做这个选择是很冒险的,因为国内没有人做过。如果你做,我支持,但是你必须下定决心,在半年内看文献,要一直看到是"全国第一"。全国第一,这四个字给我的印象太深刻了,我知道这是严师的经验之训导。后来,按他的指点,找到了最新发表的最高级别的杂志上的文章,把它读得滚瓜烂熟,我给文章作者发邮件,建立了联系,也掌握了参考文献,作者是有名的专家,还邀请我去做博士后。

> 我的博士论文,自 2007 年发表至今,SCI 引用已超过 150 多次,成为这一领域的重要文献,这个工作是陈院长指导完成的。

> 他每次来杭州,都和我有长时间地讨论,他亲自到医院去看病人和病人家属。他和徐仁宝老师在散步时,也讨论我的课题,一直关心我的毕业。他曾语重心长地对我说,你要知道你现在的工作,如果做出来的话,那就是启动一个实验室,这对我是很大的鼓励,鞭策我坚定地做下去,不受干扰。

> 陈院长言传身教,他强调实事求是,做的数据要一是一、二是二,要真实,不要说得太多,夸大结论。

> 陈院长有很高的科学修养,可谓是"清静善知识,高深有大德"。有一次,他和我在杭州武林巷谈话后,我开车离开时在后视镜上,看到他还站在那里向我招手,我的眼睛有点润湿了,他真的是爱生如子。①

---

① 狄海波访谈,2013 年 4 月 25 日,杭州,资料存于采集工程数据库。

陈宜张非常尊重研究生的创新和主动精神，认为他在自己科研工作的成绩离不开研究生的辛勤和首创精神。他说：

> 2002—2007 年 5 月的浙大博士生狄海波，应用脑功能成像技术，提出研究脑受伤后处于植物人状态、脑子没有反应的这类人的脑功能变化，我自己没有这方面的经验，但他想到了，也不是不可以做，就应当正确鼓励。事实证明，他在植物人研究时非常认真，他的博士论文也做得较好。毕业后，也按照自己的预想发展，表现了他科研的首创性。
>
> 肖林在研究工作的后期，提出研究非基因组作用与细胞受到高浓度谷氨酸损伤的关系，得到我的鼓励和支持，出面为他申请自然科学基金；他的论文也被列为第一作者和通讯作者，这是对他创新思想和独立思考精神的肯定和期盼。对所有的研究生在科研的首创精神，我都十分欣赏。

"广栽桃李期春色，殚精竭虑育人才"，这是陈宜张为培养更多学生成才和走向成功，付出毕生的精力的写照。而谈及他对研究生的栽培时，他总是恳切地表示，首先是研究生们对他的帮助，他感谢在他的工作中，他（她）们付出的创造性的努力。他说："我今天稍有成就，实赖于他（她）们，每念及此，我深切感谢他们给我的支持。"一个卓有成就的科学家，谦恭地审视自己作为研究生导师的这种心态，是一种品格，是一种境界。

众口纷纭论短长

曾任中科院上海生理研究所所长、中国生理学会理事长的杨雄里院士多年与陈宜张交往，在谈及他对陈宜张的印象时说：

> 他给我最深刻的印象是他的正直，他对有些问题的见解反映了他对整个社会、对科学界的一种责任感；有些意见并不一定顺和潮流，不能完全说是独立独行，但有些意见真正体现了他对社会发展、科学发

展的一种忧患意识,反映了一位正直科学工作者在现实社会中很独特的形态。在学术方面,他的知识面比较广,他不仅在神经科学,也包括生理学其他领域,有比较宽的知识面,很值得我们年轻人学习参考。他不断地跟我交流,当时我就认为他是一个非常合适的院士候选人,所以我是非常积极地支持他进入到候选人,最后成为院士的。①

曾在中科院上海生理所工作,曾担任中国生理学会秘书长的赵志奇教授说:

我接触过很多院士,我认为他是当选院士后最勤奋的一个。直到现在他仍不停地钻研新的科学研究方向。在我参编《人体生理学》时,他多次提出指导意见,他对熟悉和不熟悉的领域都一起钻研,我一直以他为我的榜样。上海科委曾经有一个健脑产品鉴定,陈先生任组长,我是组员之一。产品的实验根据很好,但产品不了解,所以我们签字只对实验部分负责,对产品不负责。当看到报纸的不实报道后,陈先生打电话告诉有关单位:要用法律诉讼你们! 他就是坚持原则!②

图 9-11　与赵志奇(左)、杨雄里(右)合影

---

① 杨雄里访谈,2013 年 4 月 16 日,上海,资料存于采集工程数据库。
② 赵志奇访谈,2013 年 4 月 16 日,上海,资料存于采集工程数据库。

1999 年 9 月从美国回来,从事单分子研究的姚祝军教授,特别钦佩陈宜张扎实的基础学科知识。他说:

在做单分子检测时,有一个公式,陈院士能立刻想到和运用来计算两个分子之间的空间距离。我当时很惊讶,陈老主要是学习生物学的,他的数理基本功不知是从哪里来的。和国际上相比,我们在单分子研究方面还不占优势。陈院士在 2012 年和我一起主持蛋白大分子定位定量科学技术前沿论坛,他创新性地把搞化学的、物理的、生物的很多教授,请来讨论同一个课题,从各个不同的角度提出和发现共同的兴趣点,对这一领域未来的研究,特别有促进的作用。由此可见陈院士的科学思维的超前和远大的洞察力。[1]

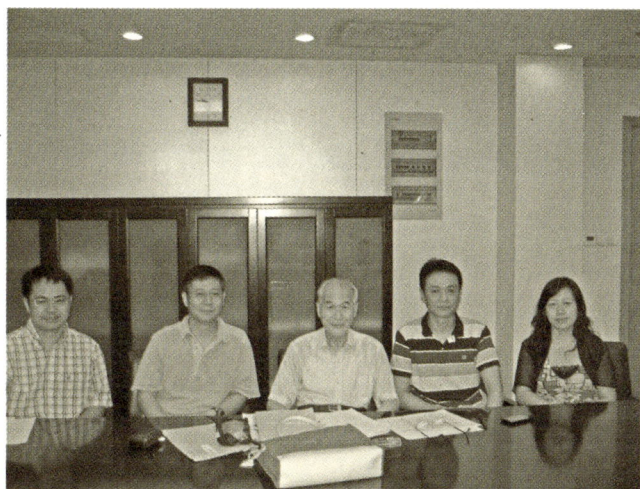

图 9-12　中国科学院学部第 17 次科学与技术前沿论坛准备会议(左起:姚祝军、朱学良、陈宜张、胡钧、贾东梅,中科院上海生化细胞所,2012 年 9 月)

陈宜张扎根第二军医大学 64 年,从 1951 年 24 岁血气方刚、对科学充满梦幻的青年时代,成长为一位成熟的在国内外医学科学界有一定声誉的科

---

① 姚祝军访谈,2013 年 6 月 21 日,上海,资料存于采集工程数据库。

学家,为二军医大的科教发展付出毕生的心血。学校的领导人、同事和战友乃至秘书、司机,多数是他的后辈或同辈,他们见证了陈宜张为教学和科研扎实工作的经历,或亲自参与和他的科研合作,对陈宜张如何评价,他们有话要说。

1992 年由野战军正军级领导岗位,调任二军医大政委的傅翠和,和陈宜张自 1992 年至 2000 年底有 8 年的上下级领导关系,傅政委退休后仍关注陈宜张在科学上的成就。他认为陈宜张理论功底是数一数二的,全校都承认;教学水平、讲课水平也是一流的,学校经常号召向他学习。他说:

> 陈院士有点太耿直,有些话有时令人接受不了,所以有的校领导或机关的同志不敢和他多谈多聊多接触。但我认为他是有什么就说什么,是犟脾气,科学家没有脾气成不了科学家,包括吴老(指吴孟超院士),他也是群众反映强烈的,有人说他是个学霸,而他们都是有真才实学的老科学家。他耿直,是好的,不是差的。他没有在国外留过学,完全是在国内成长的,这一点很不简单。他不受不正之风的干扰,专心钻研、读书,围绕他的专业深化。现在有些人的职称是拿钱买来的,而他是靠自己的本事赢来的。他对糖皮质激素的研究非常有名,可能对神经生理学有很大的突破。我对此印象深刻。
>
> 他的教学水平高。有一次我到教室听他的课,学生鼓掌,掌声不断,学生们说他讲课有理有据,讲的话我们服气,所以爱听、鼓掌,不会打瞌睡或听不进去。他当选院士,学校没有做任何攻关,没有花一分钱,没有请一次客。
>
> 我认为陈院士是一个真才实学、名副其实、一身正气、敬业爱岗的人。他大学毕业就来了,一直在二军医大从事教学,默默无闻,不求任何东西。我当时知道,基础部有的人有三个想法,就是想到临床,想到地方,想出国;思想不稳定,而他从没有想过,敬业爱岗实在做得很好。①

---

① 傅翠和访谈,2013 年 7 月 9 日,上海,资料存于采集工程数据库。

图 9-13　傅翠和与陈宜张 (1995 年 11 月 14 日)

和陈宜张共事多年，现任二军医大神经生物教研室第三任主任的何成教授，亲身体会陈宜张对整个教研室发展的巨大贡献，他认为陈教授注重学术的精神，一直鼓舞着教研室的年轻人。他重视教学，重视科研，重视研究生的培养，重视让年轻人发挥专长。他是国内神经科学的一面旗帜，有非常大的影响力，使二军医大神经生物教研室在国内有较高的知名度，教育部重点实验室的立项和完成评估，也是他的影响力所产生的。他目前仍然是教育部重点实验室学术委员会主任。陈宜张在 80 多岁时，还每年上大课。2011 年，他为八年制学生连续上了 12 次大课，每周 2 次，连续上了六周。何成教授说：

2011 年陈教授完成《神经科学的历史发展和思考》一书，他觉得在本科生教学中，不能光讲基本概念，可能时要更多地讲每一个知识点的来龙去脉。85 岁的陈老认真备课，学生非常爱听他的讲课，他让学生体会到书本上的知识，都是科学家辛勤创造发现的。因此，比较枯燥的知识便鲜活起来。陈老的教学，是年轻教员最好的示范。我们将陈老讲课录像，让大家学习效法。

陈老指导年轻教师是一个常态的事。年轻教师有问题，敲敲他的办公室的门，就可以和他讨论，他十分乐意指导大家。

陈老严谨认真，开会准时，这方面也带动大家。所以陈老召开的会议，大家都准时出席。他为学生修改论文，都要求作者将原始图片、胶片附上,有时还会请做生化的老师一起讨论分析学生的实验结果,对学生的论文,他像对待自己的论文那样认真地审阅。

他是非常有创新精神的科学家。他在 70 多岁时搞单分子对细胞内分子的分布,提出要用新的手段检测,从而推动了国家有关部门在这方面的研究。他的膜受体机制研究,很快地得到《自然》(Nature)《科学》(Science)等国际著名期刊的多次引用,有些论文的引用超过 100 次。

陈老是很纯粹的、有非常高尚的科学精神,他的科学家的风范,感染我们年轻人能静下心来做研究。陈老曾语重心长地说过:'你们要让同行,特别是国外的同行都知道在上海的翔殷路 800 号的大院里,就有我们二军医大,有一个团队能够持续性地在某一个领域做科学工作。'他是非常严肃、严谨、认真的学者,有强烈的创新精神和高尚的道德的真正的学者。[1]

自 1964 年和陈宜张共事至今的邢宝仁教授说:

陈老是我的前辈师长,他每天都认真读书学习,查阅国内外专业期刊,对国外科技信息及时掌握,对科学前沿相当熟悉。他为人正直,对他有什么意见都可以提,有不高兴的事,也可以和他说。他热情而正派,是我们学习的榜样。[2]

朱鹤年在 1978 年招收的研究生路长林教授对陈院士的学习精神有深刻的印象,他说:

陈教授夫妇,最大的特点就是肯学习。当时,网络还不发达,要到图书馆看书、借书。凡是新书,第一个预约的都是陈宜张教授和徐仁宝教授,他们虽然年龄很大,但是学习精神可贵,紧跟科学形势的发展。

---

① 何成访谈,2013 年 7 月 10 日,上海,资料存于采集工程数据库。
② 邢宝仁访谈,2013 年 8 月 30 日,上海,资料存于采集工程数据库

你看他写的东西，每次做的学术报告都是新的东西。他首先接触最新的，然后去宣传。陈教授和徐教授在散步的时候，还在讨论学术、课题，这是一种锲而不舍的学习精神，紧跟科学发展趋势，接受最新的东西。他们很勤奋，聪明智慧来源于勤奋，他没有闲的时间，工作安排得满满的，而生活上非常节俭，公私分明，这钱是公家的，就一点不能碰，一点不能含糊。比如他到日本去讲学，人家给的钱他回来就上缴了。①

路长林教授指导的1994年入学的研究生王雪琦教授，在神经生物学教研室和陈宜张共事多年。她敬佩陈老师的科学思维非常敏锐，和他交谈，他能马上抓住问题的关键。他基础知识非常扎实，她常被问得无话可答。她说：

> 陈先生给我的启示，不单单针对某一个课题的某一方面，而是全方位的、高层次的，对整个课题所在领域有方向性的认识。陈先生是一个杰出的科学家，也是思想家和教育家。他带的学生不仅学问出色，人品也很出色，这是陈先生言传身教的结果。他是一个正直的科学家，出于公心而敢于挑战社会上的一些弊端，替大家说话，把一些不太公平的事情提出来。我有一次去美国之前，陈先生语重心长地谈了我的缺点，谈到我性格上的一些特点：反应快，思维活跃，但不大能够沉得下心来，他教育我做任何事情都要三思而后行。②

1993—1996年师从朱鹤年的博士生由振东教授，在学习和工作期间，对陈宜张相当熟悉，对陈教授亲自做实验中的一丝不苟的精神甚为钦佩，他说：

> 陈教授在讲神经科学发展史时，反复强调许多知名科学家的很多

---

① 路长林访谈，2013年7月7日，上海，资料存于采集工程数据库。
② 王雪琦访谈，2013年12月6日，上海，资料存于采集工程数据库。

实验都是自己动手,经常给别人做示范。2000 年至 2009 年,我国在国外发表的文章中,有三分之一以上没有被引用过,成了垃圾,别人连看都不看。其原因在于文章作者的导师对文章把关不严,因为导师本人没有去做实验而被文章所骗。在做 GC 膜受体时,陈教授找很多人反复地做,可见他对科学的严谨精神。①

半世纪科研聚焦

究脑　陈宜张脑研究的科学成就,由下丘脑、中脑、应激起步,他始终牢记恩师张香桐相关于科研课题一定要和本单位工作与特点结合的告诫,在 1984 年和 1985 年间,将科研重心由下丘脑与镇痛向下丘脑与应激转换,以更加贴切军队训练的要求。此举受到夫人徐仁宝的支持、鼓励和具体指导,又采用她熟练掌握的糖皮质激素作为应激反应的指标,两人十分默契地将大鼠血液中糖皮质激素浓度测定和躯体应激等方案付诸实施。陈宜张因此由测定血液中甾体激素浓度,而接触到糖皮质激素测定和糖皮质激素受体,于是有了他与徐仁宝长达十多年的请教与讨论。

穷源　甾体激素快速作用之谜,在国际学术界弥漫近半个世纪,多少专家学者对此有悖于传统理论的现象视而不见或避而不谈。唯独在 20 世纪 80 年代中期的东方科学工作者陈宜张独具慧眼,用无可挑剔的科学实验,向世人检验了他提出的膜受体假说,并为国际内分泌学界所接受,成为陈宜张科学生涯中最主要的贡献。

探细胞　陈宜张在脑研究中,顺其自然地深入到细胞生物学和分子生物学为基础的学科领域。他感到在细胞生物学研究中许多化学过程的描述不够精确,细胞内蛋白大分子的定位、定量问题,目前还缺乏相应的、足够的

---

① 由振东访谈,2013 年 8 月 29 日,上海,资料存于采集工程数据库。

技术方面的解决，作为一位严谨认真的中科院院士，陈宜张对与他科研有涉的科学疑惑，从不轻易放过，必深究探源而后已。所以他在 2001 年时年 74 岁之时，提出并组织专家学者研讨细胞生物学中的单分子问题，在以后的三年中，奔走吁请和拜访专家、院士关注此事，向中科院学部申请了科研会议的经费。2001 年和 2002 年分别在上海和杭州召开了两次学术讨论会，2003 年通过了科技部的课题申请，批准了单分子 973 课题立项。他虽然不具体过问单分子的研究工作，但仍心系于斯达九年之久。2012 年 11 月，他提出精确细胞生物学的新论断，引起细胞生物学界的广泛反应。

今年 88 岁的陈宜张先生，殚精竭虑、鞠躬尽瘁，用毕生精力聚焦科学人生"究脑穷源探细胞"七个大字。

第十章
科学门第春常在

陈宜张和夫人及一子二女,分别是院士、教授、博士、硕士和博士,这个家庭堪称科学门第。知书识礼、情操高尚的科学文明之家,洋溢着中华传统美德的春天气息,全家人的心里充满阳光,脸上挂着微笑。

并肩攻关　伉俪情深

图 10-1　陈宜张与徐仁宝结婚照(1956 年 7 月 12 日)

徐仁宝祖籍浙江吴兴,1928 年出生沈阳,一直在辽宁省读书。长期受东北生活、学习环境的熏陶,这位具有南方闺秀和柔情的北方女孩,说话坦率爽直,做事踏实细心,学习认真刻苦,留一头短发,穿着朴素的细格子布旗袍长衫,她对陈宜张学识的渊博、自学的毅力、学术问题的善辩、语言的风趣和幽默，在和他同时进入班级不久便被选为班长所表现的聪明睿智，特别是他待人的真诚和正义感，都很欣赏，他俩有酷似的爱读书的共同兴趣，更加拉近了彼此的距离而两情相悦，气质相投。陈宜张和徐仁宝是班上的"金童玉女"。1951年，中央卫生部抽调全班学生到各医科院校当高级师资进修学员离开浙大时，他们确定了恋爱关系，二人分赴京、沪。陈宜张到上海二军医大，她到北京协和医学院进修病理学。1953年，陈宜张留上海二军医大任教，徐仁宝分配重庆。在这期间，两人通信联系，经过近三年的感情交流，两心相许；1956年7月12日，他们在上海结婚。

在谈到两人相恋时，徐仁宝说：

> 我是1948年由东北转到浙大医学院读书的，那时已经三年级了。全班也就十六七位同学，因为人少所以大家很快就熟悉了。和陈宜张的感情发展是一个渐进的过程，因为是同学接触比较多。我喜欢读书，他也是这样，学习比较突出，考试的成绩倒不一定很怎么样，那时大家都不太注重考试成绩。大家都爱读书，这样也就有点谈得来，两人有时讨论讨论问题。①

徐仁宝到协和医学院高师班，原定进修一年半，因三反、五反和一个接着一个的政治运动，对学习有点影响，所以进修时间延长到1953年6月才结业。她被分配到重庆第七军医大学当助教，工作了三年。1956年7月和陈宜张结婚后，于同年9月调来上海。看来，总后卫生部是很爱护青年教师的，两个月内便将徐仁宝由重庆调往上海，虽然由七军医大调到二军医大是系统之内的调动，比较方便，但这确实体现了领导部门对人、对干部的关怀。

徐仁宝调入二军医大病理生理学教研室工作，历任助教、讲师、副教授和教授，几十年来的教学成果和科研业绩，使她成为病理生理学界造诣深厚的专家，被推选担任中国病理生理学会受体学术委员会主任委员长达十年

---

① 徐仁宝访谈，2013年3月5日，上海，资料存于采集工程数据库，本书涉徐之言均源此访谈。

之久。她在学术上刻苦钻研、教学中引生入趣、实验时一丝不苟。平时，待人宽厚、严于律己，她是校内外师生和同行敬重的病理学家而声蜚医界。

来上海初期，陈宜张和徐仁宝出双入对去翔殷路 800 号上班，下班后过着二人世界的甜言蜜语的生活，有时不乏"红袖添香夜读书"和在政通路住所附近的绿茵丛中漫步而"四目凝神视，默默万重心"的浪漫场景。出言一向低调，喜欢把开心的事藏在心里的徐仁宝，谈论她们婚后的生活时总是说她们的生活很平淡，大家都忙自己的事，两人都在学校食堂用餐，议论粮票还够不够，买的小菜太多了等等琐事。1956 年冬，陈宜张赴北京参加留学苏联预备考试，后又去杭州疗养了半个月，因为他在 1955 年夏患肺结核病，接受抗结核治疗后，身体正康复中，他离沪近一个月，让她们两人初尝新婚小别思念之情。

1957 年陈宜张到山东潍坊学习俄语，他是兴冲冲而去，失望而归，因为中苏关系恶化，留学计划停止。经过徐仁宝冷静地劝慰，他马上心有灵犀一点就通，想到人生际遇所在皆是，看你是否善于捕捉，而不要为留学之失而耿怀于心。红颜知己的一句贴心话往往胜过自己多日的苦思冥想。

1958 年陈宜张和徐仁宝的长子诞生，他们替"同春老三房"的第六代长房长子取名大庞，这个胖小子的名字有点别出心裁，寓意现在是新生儿中的"庞然大婴"，将来做人要有庞然大气。夫妇二人的工作繁忙，陈宜张在当年 10 月又要到北京白城子靶场学习测量方法，还要到装甲兵部队研究弹道周围冲击波对狗心电图、唾液分泌条件反射的影响。在白城子时，他曾顺访乌兰浩特。此时徐仁宝初为人母，希望自己的丈夫能时时留在身边，帮助料理婴儿和给予精神上的安慰；但是军医的任务就是军务，"军务在身，他事勿扰"，陈宜张南北奔走是为科研和二人志趣相投的事业，所以深明大义的徐仁宝笑颜告郎君："放心去吧！"。陈宜张也真的放心，因为他们请了一位仁厚忠实和富有爱心的保姆王江月女士，她从大庞出生，帮助将胖小子由长海医院产房接到家中开始，一直在陈宜张家工作到 1969 年二军医大"调防"西安而离沪，前后十二年之久。徐仁宝后来生两个女儿，照料三个孩子生活和有时生病的护理，都是王阿姨悉心安排的，她是孩子和陈家的恩人。

陈宜张从亲人和科研战友的立场，客观地评价徐仁宝，说她读书非常专研，做实验十分认真；在受体理论和实验方面有很高的造诣。他表示自己懂得一点受体知识，主要是向她学习的。

两人曾在 1986 年、1989 年和 1993 年合作招收硕士生李平、博士生乐颖影和吴炳义等，那时他二人均近花甲之年，对待学生像严父和慈母那样刚柔并济和严爱相兼，使学生从他们的教导中，得到父母的严训和慈爱。陈宜张说："她待人以宽，律己从严；对学生要求很严，而学生对她都很亲近。"

徐仁宝对陈宜张的评价，特别是他说向她学习受体的说法，她解释时很细心，说的话很有智慧。她说：

> 他提出糖皮质激素作用于神经元的非基因组机制和膜受体假说，应当说这是他的想法，是他提出的；是不是从我这儿得到一些启发，这倒是可能的，也只是一些启发而已。我们平常接触很多人，同事、学生相互启发的事很多；主要是得到启发以后，能够提出一个新的观点，这是最重要的。我搞糖皮质激素受体，属于甾体激素受体，由于我的工作使得他对受体不生疏，这点倒是起了作用。我们搞生理的，甾体激素的基因组机制，是当时主流的观点。病理变化一般都是比较慢的，很急的变化我们不大重视，我从事的工作完全是根据基因组机制做的，因为我做基因组机制，他当然受到启发。他搞神经，神经里头快速反应是主要的，从逻辑上分析应当有个快速效应，快速效应不可能通过基因。他从我这儿得到一些有关受体研究的基本方法，让他不感觉这个领域很生疏，如此而已。

徐仁宝也指出陈宜张的缺点，她说：

> 他的确是很固执，他想怎么做，就一定要怎么做，不听他的不行。他的优点是为人很正派，从来不做损人利己的事。从反右运动到文化大革命，在各次运动中，我从来没有听说他在运动中做过昧良心的事。他跟学生关系很好，多年了，学生还很记得他，他为人堂堂正正，这是最基本的。

他确实有科学家素养,善于发现问题、思考问题。他的本行是搞神经科学,后来有些工作离神经远了,但他善于思考。我搞受体,谈论受体如何、如何,他居然能从我的谈论中发现存在的问题。后来,他搞单分子,那离他的本行十万八千里,但他能够想,善于发现矛盾,想到能不能解决。他是真的对科学感兴趣,这一点很要紧。我常想一个人要在科学上做出一些成绩来,靠功利思想,那仅仅是暂时的;为了提升,为了拿什么奖,那也是不长久的,可贵的他是对科学真有兴趣。文革时,职称取消了,大家都叫教员,平均主义,干和不干都是一个样,但那个时候他还是很努力的,没有什么功利思想。

图 10-2　夫妇拗手(2000 年夏)

陈宜张兼任浙大医学院院长四年多,浙大给他的工资,他分文未取,反而拿出自己和徐仁宝平时节省下来的钱,在医学院设立了"徐仁宝—陈宜张奖学金"奖励和资助了 60 多名学生。当时,他们夫妇对奖学金设置是这样商量的:徐仁宝认为,两人的工资收入能解决温饱就够了,要那么多钱干什么?她叫他当院长的钱不要拿,"浙大给你的,你还是还给浙大,还给浙大最简单的方式就是设立奖学金。"这个建议与陈宜张所想一拍即合。奖学金命名,陈宜张把徐仁宝写在前面,这是他对夫人的尊重和礼貌;在给郑秀龙学姐祝贺 80 寿辰的贺信中,也是将夫人名列夫名之前,这也是一种文明和修养。

再过两年，陈宜张 90 大寿之时，正是他和徐仁宝琴瑟和鸣一个花甲，金刚钻婚之年，二位携手攻关、双鬓皆霜的科学家，创造了一种"散步相对论"的谈心方式，从 1975 年以来，两人每天一起散步，后来增加到早上和晚上各一次。散步时谈一些家庭的事，但更多的是讨论两人都感兴趣的业务问题。讨论她的甾体激素受体和他的神经细胞。后来，陈宜张想搞心理应激的实验模型，所以谈论的内容更为丰富，再后来，陈宜张搞 GC 快速作用机制，他们谈的更深刻、更深入。陈宜张深感在相对讨论中比较系统地学习了

图 10-3　参观格林尼治天文台（分立地球子午原线两侧，伦敦，1994 年 7 月）

甾体激素核受体理论，甚至可以说，甾体激素的基因组机制，他是从散步中学来的，懂得了 GC 受体的理论，这是他在共同散步中最大的收获。这种浪漫而富科学交流内涵的活动方式，持续至今已有 40 年。

徐仁宝认为，平时大家工作都很忙，所以充分利用散步的时间谈论科研和各自工作中的进展和成败，也谈一些她管的油盐柴米的事和孩子的教育、管理等，这样既解决问题，又增加家庭的和谐气氛。她在 1999 年 71 岁时退休，但还指导她的研究生，继续工作到 2004 年才正式结束在二军医大的教学和科研工作。回家后在家里烧饭做菜，直到此时，她才真正做了陈宜张的"全职太太"。不过此时，她已 76 岁，她把自己的青春年华和精力，主要地奉献给她钟爱的教学工作和科学事业，全力地支持了丈夫在科学研究获得创新的膜受体学说。陈宜张感激夫人的不可替代的帮助和精神、感情方面的激励和体贴，也感谢她全退后操持家务，让他回家后能吃到夫人亲手制作的热饭热菜。

　　10 年来，徐仁宝除关心她的专业科技方面的发展外，还读了不少有关中国文化和中国古代的经典书籍，对儒学作了有深度的学习，也考虑和研讨一些哲学上的问题。她悟出了佛教的流行语："过好当下每一天"，也变成了她的口头禅，表现她内心的阳光和对未来的信心。她最近还写了一本回忆录，着重写她退休十年的思维和充实的精神生活，表达了她的境界和品格。

怀瑾握瑜　厚道传家

　　陈宜张和徐仁宝是科学夫妇，也是孩子们的严父慈母，陈家的忠孝仁爱的家风，代代相传。陈宜张回想他的祖父母和父母亲对他的教育和抚爱，姐弟间的和睦相处，使他从小就生活得很愉快，长辈的关爱、同胞的亲情，使他十分怀念和心存感激。父母亲辞世西去的时候，他觉得对他们报答不够，有些地方没有做好。特别是他的老父亲陈登原晚年便秘，经检查不是肿瘤，但陈宜张自责没有好好去查医书，弄清病情。回想起来，总觉得有愧于先父，这是无法弥补的。

　　陈宜张对母亲严一清的晚年生活，可谓恪尽孝道。1975 年，二军医大调防西安期满，又迁返上海，他的母亲已 79 岁，也从西安到上海，帮助子、媳做家务，照顾 17 岁的长孙大庞、14 岁的长孙女二荦和 12 岁的二孙女小平，一家和谐温馨，亲密无间，可算是每天充满欢乐和笑声。1993 年母亲患病，陈宜张夫妇又请王江月保姆来帮助照料，1994 年严一清女士在上海病逝，终年 97 岁。

　　陈宜张的儿子大庞和 1961 年出生的长女二荦、1963 年出生的女儿小平，从小受到父母在言行间的身教与做人、品格、中华传统美德方面的薰陶和规范，三个人都很有出息，传承了父母科学文明的家风。"怀瑾握瑜"，可谓是有如衣里怀着瑾、手里拿着瑜的有品德的好人，他们性格都比较开朗，待人真心厚道。兄妹三人在国外学习时，想起王江月老妈妈对他们三人有十多年的照顾深情，他们商量决定，每年春节时，把自己节省下来的 200 美元寄给王妈妈，此事陈宜张夫妇得知后，十分赞赏。王江月在家乡浙江江山的邻居，听到对离开老东家十几年的保姆，少东家们还寄钱来，而且是美金，为数不菲，故传为奇事美谈。孩子们重情重义，感恩图报，是从父母以身作则中学来的。

陈大庞在大学毕业后，到美国深造。1990 年获 Taxas 大学电子工程学系博士学位，后结合工作实践，撰写了一本重要的学术专著 *Joint Time-Frequency Analysis*：*Method and Applications*，*Prentice Hall*，*1996*，成为专业方面的文献。还在 Taxas 大学学习时，大庞就边学习边工作，较早地参加一家国家仪器公司（NI，National Instruments）的技术开发，该公司主要生产硬件和软件的接口，使硬件仪器通过软件得以扩展其功能。该公司产品品种很多，主要是测试仪器。

1997 年，大庞这位孝子考虑到自己的双亲均年已古稀，所以向 NI 公司提出，建议在中国大陆开办 NI 的分支机构，既能继续为公司效力，又可适当照顾父母。美国公司总部欣然同意，调拨一笔创业资金，于 1998 年在上海虹口区大柏树租借办公楼，公司同时兼管台湾和香港地区的业务，他成为 NI 首任中国地区的总经理，工作做得出色。他为这家公司工作了 27 年，2013 年离别公司。

大庞有一子一女，分别出生于 2001 年和 2004 年，大庞对他们教育甚严。陈宜张的孙子陈昱瀚，继承祖父和父亲的习惯，喜欢读书，他到祖父祖母家，

图 10-4　陈宜张夫妇与孙辈

会拿着《科学美国人》杂志,坐在祖父膝下请祖父讲解杂志中的故事,他会聚精会神地倾听一个多小时,书中的病毒、细菌、蛋白质等名词,经陈宜张解说,他都能领会词义。此时,陈宜张从科学家转换角色,变成儿童教育家,成为引领孙儿自幼进入科学世界的讲解员,深感含饴弄孙之乐。

孙女陈昱雯从小喜欢作画和艺术方面的活动,性情文静,很体贴长辈,知道祖父的腰动作不便,就经常用小手替乃祖捶背,小拳头捶在腰上,陈宜张暖在心头,享受天伦之乐。

长女陈二荦于1990年在美国Massachusetts大学的Amherst分校获得公共卫生硕士学位,长期在美国的Merck公司工作,是医学统计学专家。她的长女胡美凌也是祖传的读书迷,在获得硕士学位后,在国际货币基金(IMF)工作一年后,又去攻读博士学位。二女胡爱凌现在读大学三年级,学习成绩很好,性格开朗喜欢交友和社会活动。

次女陈小平于1997年在美国犹他大学获实验病理学博士学位,专业特长免疫学。她因为生过病,体质欠佳,不敢过于劳累。2004年回国后,在同济大学医学院任教授,她的儿子王超,今年17岁,从小天资聪慧,记忆力尤其超常,喜欢体育运动,也喜欢背古诗。他曾和外祖父进行过背诗比赛,他背学校里学的古诗,陈宜张则背诗儿童时代学的《长恨歌》,祖孙背诗竞赛时,一老一小声情并茂,摇头晃脑,煞是有趣,引得徐仁宝和家人一阵欢笑,为他们鼓掌。

笑看儿女学习和事业有成,乐见孙辈活泼向上,陈宜张和徐仁宝时常流露欣慰之情,他们对子女们的成长和今日之和谐幸福,深有所感。饮水思源,陈宜张认为科学门第之所以春光常在,完全得益于改革开放。当1975年刚从西安迁回上海时,陈宜张夫妇曾对孩子们的未来作过安排的考虑。那年,"文化大革命"已开展了9年,按当时的政策,3个孩子将分别做工、务农和当集体所有制的工人。1976年,儿子高中毕业后,到横沙岛插队。这样,二荦将来应该可以做工,但不可能是产业工人,可能当打扫卫生的清洁工;小平至多是一个集体制的女工。但是,人算不如天算,"文革"结束后,我国的改革开放政策,改变了他们的不如意"算计",也改变了孩子们的命运。1977年,陈大庞在恢复全国高考时,考取中国科技大学,1978年和1981年二荦和小平先后考入上海医科大学并走出国门,都得到深造的机会。

陈宜张的孙子、孙女和外孙都在上海,所以在他们幼年时代,常到政通路陈宜张家中,让二位老人尽情享受孙辈绕膝嬉戏之快乐。每逢周休,二老到浦东儿子家中团聚或在浦西,祖孙三代合家分工包饺子、打乒乓球或者"赛诗",陈宜张虽然挥板上阵,但不是儿孙的对手,打球时,他们也"实事求是"不顾情面,一点也不给祖父谦让,而陈宜张"大度"得很,输了球也不生气。

有一次在一家饭店吃团圆饭,孙子昱瀚会抓紧时间,带一本很厚的书在开饭前阅读,可见他"书瘾"之浓厚。

徐仁宝在回忆子女们青少年时代的生活情景时,颇有感触。她说,3个小孩那时在小学、中学读书的心态,是现在的年轻人无法想象的,那时流行读书无用论,在校不读书,放学后就在门口打弹皮弓、踢球;女孩子就跳橡皮筋、踢毽子,徐仁宝很担心,孩子们浪费时间,就是浪费青春年华,虽然那时中学不学外语,认为是崇洋媚外,但那时中央人民广播电台还是定时有英语广播的。所以他给儿子买了一只半导体收音机收听英语广播,还真的提高了他学英语的兴趣,对他后来读大学、考博士很有帮助,她到横沙岛去看望那时正插队的大庞时,发现农闲的时期,知青们精神生活很贫乏,所以她给大庞买了电子元件,让孩子自己动手装收音机、电视机,丰富了他在农闲时的生活。她让自己的儿子知道,他的父母从来没有浪费时间,不是做家务就是照顾老人,从来不瞎聊天。徐仁宝表示:父亲和母亲的作风就是子女们的作风,这就是上行下效,有其父必有其子。

"并肩攻关多乐事,琴瑟永谐人长寿",陈宜张和徐仁宝儿孙满堂,子女自觉地传承父母的优良品质,陈宜张夫妇呵护子女、挚爱孙辈,在公休假日或传统节日里,子孙小辈会齐聚家中,共享天伦之情感和欢乐。从进浙大之日算起,69年过去,弹指一挥间,斗转星移、山河巨变,而人事全非,但他两在浙大求是园邂逅相识、相知、相爱、相亲到相依为命、相敬如宾、相濡以沫和心心相印的深情依旧。1994年在伦敦格林尼治天文台的地球子午原线前,陈宜张夫妇分立两侧举手相握,象征着他们童心永驻、同心永结;1997年在埃及狮身人面像前,在巴黎凡尔赛宫前,2000年在拉萨布达拉宫前,留下的两人携手、扶肩相亲相爱的倩影,则寓意着"执子之手,与子偕老"的见证。

师恩友情　时在心中

　　陈宜张自幼受祖父和父亲引用文学和古诗词的传统教育,加之他对中国语言文字的酷爱和钻研,所以他有深厚的文学功底和古典诗词的造诣。诗言志,文传情,他把文学有机地结合在他的科研与教学之中,每当遇及科学上的触动心灵的事件和情之所系的恩师亲朋发生的变故,他一定要撰写和发表一些文字,以寄情思。

　　对医学科学的启蒙恩师王季午,陈宜张时怀崇敬感恩之情。2005 年 6月 5 日,王季午仙逝,享年 97 岁。他写了 5 000 多字的《怀念我的老师王季午先生》一文。文中就王老师创办浙大医学院、创建田家园浙大医院和对他的关心与爱护,深情地描述了王季午对浙大的主要贡献和光明磊落、爱生如子的情操。他在文中感叹:"季午师与我们谈话时的那种情态;临床教学中他穿着白大衣,挂着听诊器的那种姿势等等,似乎都记得很清楚,但要真正深追的时候,反倒又模糊起来。现在季午师已离我们而去,种种印象,都只能从记忆中去寻找,生活中再也不可能出现了。想到这些,更感到悲恸不已。"他是引用袁枚"祭妹文"中"往事历历,逼取便逝"这句话,写的这段文字。可见他对恩师的怀念,动情之深刻。

　　在陈宜张大学时代,由机械系申请转系医学院时,把关的医预料主任谈家桢独具慧眼允许他在缺修生物学课程而不够学分的情况下,相信他能够跟上医学院的学习进度而破例同意他选读医学院课程,为他实现医学梦创造了条件。为此,在 60 年之后,谈老百年华诞时,陈宜张于 2007 年 10 月,在《祝贺谈家桢先生百年华诞》一文中,记载了他敬仰的谈先生、因选课而熟悉谈先生、浙大的遗传学和他的遗传学兴趣及他和谈先生的几次交往,写真了当年的往事。他写道:"回想我跟这位世纪老人从 1947 年以来这几十年的交往,很是感慨系之。他是那么执着于遗传学事业,那么爱护年轻人,那么热爱生活，那么豁达与乐观。趁此机会，把我所知道的点点滴滴记下来，奉献给他的百岁华诞，祝他健康长寿。"

浙大1951届生物系毕业的沈锷教授是陈宜张的好友，在浙大时多有交往，陈宜张在张香桐老师处学习时，和在中科院生理生化研究所工作的沈锷交往甚密，他十分佩服沈锷的科研激情与科学思维及科学方法，他总结沈锷的非凡优点有三：坚持科学结论必须来自正确的实事求是的实验结果；高度与深入的理论概括和研究新问题和运用新技术。2000年5月，陈宜张应约为去世两周年的沈锷的《科学论文选集》作序。序言中回顾了他们的科学交流往事和同学友谊后写道："文集如实，栩栩如生地反映了他严肃治学的精神，我写此文，表达对我的老学长、良师益友的尊敬与追思，也想把他的优秀学风介绍给年青的同志们，以他为榜样努力创造新中国自己的自然科学事业。"陈宜张行文，总是善于将个人的感情寄托和国家的科学发展结合起来。

陈宜张读医学院时，听过时任理学院药学系系主任孙宗彭先生讲授的药理学和生物化学。孙先生讲课生动、就像讲故事一样；他为人非常坦荡、朴实，给学生们留下深刻的印象。2007年9月12日，陈宜张在《记孙宗彭先生二三事》一文中写道："半个多世纪过去了，孙先生诚恳实在的教学和工作态度，对我印象深刻。"受恩受教的经历，陈宜张重情重义是不会忘记的。

2004年7月6日，陈宜张写了一篇5 000多字的《哲人虽逝，风范长存》长文纪念朱鹤年先生，朱鹤年是陈宜张由浙江大学转换为二军医大高级师资进修生角色时，幸遇的一位博学多才的前辈，在朱教授的言传身教的进修期间，他成长、成熟和走向成功，他对朱教授一直心存感佩。在纪念文章中，他详细地回忆了朱先生关于神经分泌和怒叫中枢的科研创造性的成就、认真教学的有效作为，正直为人和善待师友、对中国生理学和神经生物学的开创性贡献；在谈及"朱教授与我"的关系时，陈宜张推心置腹地写道："我可以说是朱教授的关门弟子，从年龄看，他比我大21岁。科学上一般以十年作为一代，因此他应该是我老师的老师。来到第二军医大学后，我是他的下属。在这几十年的相处中，我觉得朱教授为人非常正直，心里有什么就讲什么，对年轻人非常爱护。朱教授曾两次跟我讲过，他的所谓右派言论，有几条实际上是整风时一些年轻人向他反映的一些意见，后来都算到他头上去了。

但朱教授并没有怨恨这些年轻人,这一点是难能可贵的。总的说来,与朱教授40年的交往中,我学到很多做学问和做人的道理,朱教授一生正直,始终是我学习的榜样。"

陈宜张对杰出的科学家冯德培先生十分崇敬,冯先生对科学问题的敏锐觉察和掌握,毕生追求科学真理的高尚品质,对中国生理学和神经科学发展的不可磨灭的贡献他备加赞扬。2007年,在冯先生逝世12年之后,为纪念冯先生诞辰百年冥寿,陈宜张在《纪念冯德培先生百年诞辰》一文中,简扼地介绍了冯先生的科学风范,也谈及与冯先生接触并不是很多的往事。陈宜张回忆道:"在筹备成立中国神经科学学会,起草申请报告时,报告草稿是由我和吴建屏、杨雄里三人起草的,送给冯先生审改时,他逐字逐句地修改,从中看出冯先生对这件事的严肃认真和文字工作的一丝不苟。

我跟冯先生刚开始交往时总觉得他是高不可企及的,以后通过一些学术会议及个别交谈,发现冯先生非常实在和可亲,对他的印象非常之深。当他百岁诞辰之际,我对这位一代宗师深切怀念。"

2003年2月24日晨,卢振东教授与世长辞,享年87岁,陈宜张以《追思卢振东教授》为题,追述了卢教授在仪器使用方面很高的水平,对我国医用仪器制造的贡献;教学备课的认真和授课的创新,对于中国生理学会的贡献和对陈宜张的提携之恩,包括把他介绍至张香桐老师处进修和推荐至中国生理学会,为陈宜张一生的科研事业,提供关键性的助力。在文首,陈宜张说:"在26日遗体告别仪式上,面对遗容,我涕泪涟涟。卢教授仙逝,这已是铁的事实,韩愈在祭十二郎文中所描述的那种幻想'梦也,其传之非其真也',已不可能,哀乐声声,勾起我对他半个多世纪来的种种回忆……。"卢教授比他年长11岁,对于这位高一代的良师和前辈,在50多年相处中,可谓心脉共通,肝胆相照,因而他会一字一泪行地写了刻骨铭心的祭文。陈宜张写道:"文革初期,1965年军医大学进行教改,卢教授和我同去舟山作部队调查,那里有一个地方有瞭望台,晴天可以看到远处海面上的活动。后来卢教授被隔离期间,曾有人要我写材料,反映卢教授在那次去舟山有何异常表现。我实事求是地写了,大概未能投他们之所求。想起此事,我深为庆幸自己心灵保持了洁净。"

恩师张香桐在 2007 年 11 月 4 日去世。陈宜张回想起在两个月前的中秋节时,到建国路张家去拜望恩师时,发现老人家讲话时有点气喘,看他讲话比较累,所以就告辞了。张先生慢慢地走出来相送,他向先生鞠个躬就走了,在走到楼下回头看时,张先生还在三楼窗口看着,用手和他打招呼。陈宜张平时去看他,每次都要送陈宜张到楼下门口。想不到仅过了 60 天,这次拜访竟成两人的诀别,他在楼下从窗口看到的恩师眼神,竟成最后的神情交流,陈宜张每思及此,总是黯然神伤。2008 年陈宜张在《怀念张香桐老师》一文中,回忆了自 1962 年去张先生处进修,直到 2007 年的 45 年中接受恩师教诲的往事。在文中,他特别提到,在他回二军医大建立电生理实验室和开始实验时,差不多每星期向张先生汇报时,张先生都要看他的实验记录,听他对实验中发现问题的分析意见。文章写道:"在谈到发表论文时,张先生曾经不止一次地说过,第一轮稿子写好后,最好把稿子放在抽屉里,放上三个月,再拿出来看,等到没有可改的了再发出去。这就是张先生对发表论文的慎重的科学态度和对我严格的要求。

回想在张先生实验室及之后的 40 多年中,在他亲切指导下工作,接受他的教诲,特别是学习他的做事为人,获益终身。"

在张香桐先生处进修时,陈宜张得到吴建屏无私的帮助和指导,申报院士材料时,又得到吴院士的个人推荐,所以陈宜张一直感念于心。

2011 年 11 月初,陈宜张得知吴建屏住院手术,故赶往中山医院探望,见他气色很好,颇为欣慰,吴院士拉着陈宜张的手说:"老朋友,你来看我,我可能要比你先走了!"陈宜张笑着说:"你别开玩笑了!"因为吴建屏比陈宜张小七岁。他万万想不到吴建屏一语成谶,真的在一个月后逝世。陈宜张得悉惊愕悲痛,与吴院士亲密过从往事,历历在目。他在《追思吴建屏院士》一文中,回忆了在张香桐实验室受到吴建屏备加关切和指导的诸多细节和吴院士呕心沥血关怀中国神经科学学会,并任第一届理事长期间的杰出贡献。陈宜张说:"吴建屏院士为人正直,敢于坚持自己正确的意见,讨论问题时,他会表示清晰、坚定的态度,但语气又是很和颜悦色的。直到他去世前不久,他已卧病在床时,我从网络电子邮件上看到,他用 iPad 书写了对张香桐基金会基金使用的意见。他做事的认真态度和对有关张先生事情的关心,使我非常感动。他真正做到了鞠躬尽瘁死而后已。老朋友吴建屏,我常常想念你!"

兴之所至　赋诗言志

2004 年 2 月 1 日,陈宜张在《陈登原诗文集》的跋中写道:"他的诗,有不少是对历史人物的评论,另有一些是讽刺日寇占领时期的汉奸、流氓及胜利后被公审或判刑处决的日本走狗,表明了作者对敌人的愤怒与中国人民同仇敌忾之心。有相当一部分诗是作者在抗战前及胜利后国民党统治时期心态的表露。当时的书生,不为社会国家所重,诗中反映了当时大部分不愿与国民党同流合污的知识分子的心态。作者寄台湾客的几首诗是长兄对去台湾的四弟的怀念。还有几首是写他对父母、妻、子的亲情的。作者的诗非常讲究对仗,是一大特色。"

陈宜张为其先父共 144 首诗集写的后记,朴素而简洁。陈登原的诗文,自然影响着陈宜张以诗明志的意境和风格。

陈宜张是诗人气质的科学家,又是科学家气质的诗人。所见他写的 31 首诗文,继承了他的父亲陈登原先生辛辣,朴质和切中时弊的风格,在科研、治学和工作、生活中的动情之处,都会有感而诗表达自己的爱憎和做人的立场与原则。

陈宜张发表在《相望共星河——中国两院院士书画作品集》等书刊上发表的可供公开欣赏的诗作分三类。一是紧扣科研工作的动心之作,二是生活有感和人际交往、旅途见闻,三是对挚爱亲朋的祝贺缅怀诗篇,在诗文中,作者很注意韵律和用词用字准确及真实情感的抒发。

现选评陈诗部分作品,并录载各诗全文,以期研考科学家如何用最少的几句话,能既抽象而又具体地表达出一种科学意境,一种在教学和科研及生活中的思想感情,记载科学家在追求科学真理和与师友亲朋交往中的喜怒忧乐,达到科学家和诗人角色之间的交融。陈宜张认为,中国古典文学包括诗词,是人类文化和文明的宝库,博大精深而其妙无穷;即兴赋诗和有感拾作能使科学生活更为丰实,科研的豪情壮志,也能通过诗句得到的恰当的表达显见精神世界之宏大宽广。在书刊发表陈宜张诗抄时,诗人在前言中写道:

> 幼时祖父陈少慕先生为我讲解白居易长恨歌,苏东坡水调歌头等诗词,常伴之以吟咏。朗朗入耳,甚是好听。父亲陈登原先生是历史学家,喜欢写诗,他对历史人物事件的评论常配之以诗。在他们的熏陶下,我对诗发生了浓厚的兴趣,有时甚至也写过几句,但只敢将其束之高阁。由于专业的悬殊,而且对平仄韵脚不甚了了,所以我始终未敢接触写诗。父亲去世后遗留给我的书中有一本诗韵集成,我才有了查找押韵用字的参考,于是修改旧作并开始写了几首诗。

> 自感我的诗并无多少诗意,但这却多少是我情感的记录。出版社允许我把这些诗印出来,很是感激,但有恐贻笑大方耳。

1974 年陈宜张做针麻实验,发现在急性条件下,兔子下丘脑后部或中脑脑电有大幅度周期性改变。在监听器中,发声犹如大海波涛然,当时他曾以为针麻之奥秘也在此,后知非也。此时,适逢二十多年未通音讯的余姚中学同学田宜男自杭州来信,盼能在他南游时一晤。读友人来信甚慰,陈宜张在 1974 年 2 月正在驻防西安时,欣然赋诗《读友人来信》一首,诗曰:

> 欲访临安未卜期,长安斗室听潮时。
>
> 何当共剪西窗烛,却话针麻谲诡姿。

1975 年 8 月,他去广州接收电生理仪器,一夕失眠,想脑电变化,似有头绪而又不甚确切。潮浪云云,即 1974 年他在西安斗室听之涛声;是事实,还是伪迹? 他感到针麻科研困难尚多,但斗志不减,在广州以诗《言志》言志:

> 潮浪转寂路多艰,书生意气非等闲。

崎岖原知攀登苦,未登峰巅终不还。

1995 年 8 月,陈宜张组织翻译的 Zack Hall 原著《分子神经生物学》出版前,他喜读样书,捧阅抚摸感慨系之。他诗兴大发,著文赋诗以记。他写道:"余大学毕业后,从事生理;后受张香桐教授之教导,朱鹤年先生之影响,遂专攻神经生理。时光易逝,对镜鬓霜;自 1963 年自张师处进修又三十余载矣,屈原有天问之章,科学之旨原为追逐未知之天,如余所攻,所得几何? 真如牛顿所谓海滨拾贝者钦! 抚今追昔,讵可无诗。"1995 年 8 月,他在上海赋《分子神经生物学出版》,诗曰:

四十余个秋与春,天堂地狱两逡巡。

平生气味寻生理,白首穷经究脑神。

曾因仪器逐放电,转向分子觅基因。

天问问天天有答? 大海拾贝辍苦吟。（刊《院士诗词》2001 年上海科教出版社）

2002 年 4 月,陈宜张在杭州召开的活细胞单分子实时视见第二次学术研讨会上作跨学科的发言;他对能为科研攻坚助威而欣慰,欣然挥毫写《活细胞单分子视见实时研究汇报会后》一首,在诗前的诗序中写道:

余今年七十有五,但自命思维尚能跟上,今后数年虽不能具体攻克坚堡,但仍能继续在队伍旁呐喊助威,则亦晚年之一乐也。

2001 年 6 月经余倡议由中国科学院学部联合办公室托我组织在上海第二军医大学召开活细胞单分子实时视见学术研讨会。到会者有院士吴孟超、吴建屏、唐孝威、徐至展、洪国藩、陈宜张 6 人及来自中国科学院、南京、合肥、杭州、上海各大学的专家 20 余人,讨论热烈,认为问题提得很好。2001 年年底,我走访中科院上海光机所徐至展及上海有机所戴立信院士等专家时,发现许多人对此问题仍有较高兴趣,于是征得学部同意,在杭州玉泉浙江大学召开了第二次会议。这次会议的一个直接成果是：提出了一个跨学科的科研建议，4 月 2 日科技部邀余在研讨会上发言。诗曰：

> 梳理顾盼总见老，似水流年不倒流。
>
> 今宵唱出单分子，曲不惊人浑不休。

2002 年 10 月 30 日至 11 月 1 日，陈宜张和唐孝威、胡汛在杭州共同主持第 194 次香山科学会议的"分子影像学"讨论会，他记诗《分子影像》一首：

> 转导蛟龙首尾藏，猖狂毒病攻膏肓。
>
> 生生愿铸分子镜，鬼蜮神祇细端详。

诗中的转导指细胞内信号转导，毒病泛指癌及心脑疾病。

陈宜张是一位热爱科学的科学家，必然是热爱生活的阳光而乐观的学者，所以在生活中、在旅途和与人交往中，时常诗兴因情而发，激情由大自然的奇妙造化而生。

1990 年 8 月，陈宜张写《应冈竞民教授邀到乌鲁木齐讲学》二首，在诗首的记文中写道：

> 1990 年应冈竞民教授之邀与仁宝同往新疆医学院讲学。先离西安过天水，然后在兰州军区总医院讲学一周，游塔尔寺，又乘飞机到敦煌，再自敦煌乘长途汽车到柳营火车站，转乘火车去乌鲁木齐。
>
> 来甘肃后，始知戈壁滩并非沙漠，而是一望无际、遍铺小石子的原野。然一片戈壁之中，并非绝无水草，有时可遥望柳树成林、绿荫可爱。当地人云，有树即有水，有水即有人。
>
> 冈竞民教授五十年代毕业于华西医科大学，响应国家号召，按分配入疆，彼时兰新铁路尚未全线通车，过酒泉后，以长途汽车入疆。雪地冰天，手推马拉，艰辛倍尝，闻此事迹，令人肃然。夫人肖曼琳教授，为新疆医学院附属医院小儿科主任，在乌期间，倍承冈、肖两位殷殷款待，并去了吐鲁番。

诗句为：

（一）葡萄美酒夜光杯，马拉人推入疆来。

西域经营君真棒，从来开辟赖贤才。

（二）敦、兰、吐、柳历风尘，戈壁惊见柳色青。

饮酒莫须怅寥廓，阳关西侧有故人。

陈宜张在 1993 年 8 月，恢复中断多年的班级连环信活动时，写下一段满怀同窗友情的《读连环信怀浙大医学院旧友》文、诗：

浙大医学院首届同学共 17 人，多为 1946 年入学。郁望耀、史鸿章二人分别因受迫害和肝癌而谢世；祝轶白地址不明，阮光烈在香港定居。除此四人外，我班 13 人均已通连环信一次，对浙大求是园仍怀有深情。无论义、礼、智、信、西斋，女生宿舍，抑或阳明馆及叔和馆，实验、听课场所，无一不在怀念之列。抚今追昔，颇欲有诗，惜余不善平仄，胡诌几句，错在难免，诸位学长有以教正耳。

诗曰：

仰慕求是有高风，大雪鹅毛来园中。①

义礼智信溶溶月，阳明叔和淡淡风。②

论药谈医君真健，持针握管我欠功。③

而今四十七年后，眷旧深情梦魂中。

① 浙大于 1946 年迁回杭州，入学时实为 1946 年 12 月 16 日，余与吴季兰、邵淇泉三人自上海来杭报到，正值鹅毛大雪。

② 阳明馆、叔和馆为理科、医科学生实验场所。

③ 余不善持注射器和操手术刀，较之张慈爱、冯镇沅、郁望耀等同学，论药论医，自愧不如。

陈宜张在 1939 年至 1941 年间，曾就读上虞战时中学，1996 年 10 月他写诗《上虞中学四十周年校庆》向 1956 年建立的上虞中学致贺，贺诗为：

百官道上府崔嵬,孝女江边学子多。

四十华诞花怒发,南天喜听上虞歌。

(刊《院士诗词》2001 年上海科教出版社)

在参加校庆活动后他驱车去上虞丰惠镇寻访昔日他读书的上虞战时中学旧址,他写下了《追忆上虞战时中学》二首。

(一)十八里河路凉荒①,姚江舜水思茫茫。

暮鸦乱噪梧桐院,秋雨轻敲薜荔墙。

读罢文史伤心肺,算就勾股断肝肠。

剧怜一声警报后,鼠窜抢头奔僻乡。

① 丰惠镇附近有十八里河。

(二)五十七年忆旧游,永和丰惠两悠悠。

长者山畔晨温课,胡家祠堂夜自修。

切割徒兴邦国恨,几何难解少年忧,

累累弹坑似犹在,怎教一笑泯前仇?

陈宜张在解释诗句时说,诗句中切割是指做三角、几何习题时中的切线、割线,用这二字的喻义表示国家被切、割的悲痛。"几何难解少年忧",是说学习几何难以解开少年心中的忧虑。有人说"一笑泯恩仇",而他认为亡国之痛很难令人泯灭。

2001 年 11 月,陈宜张写《洛阳名胜》一首,诗前记文写道:

全国临床受体会议于 20 日结束,150 医院院长高春芳为军医 72 级毕业生,追述昔日师生融洽之情,盛邀留滞二日,余遂得以历览洛阳诸名胜。

洛阳市内车水马龙,城郊及郊县古迹多多。少林寺在少室山脚下,达摩选此地面壁,实俊逸不俗;龙门石窟在伊水之滨,武则天有兴建之殊功;关林实即关陵,所以不用陵者,避皇帝讳也,相传曹孟德厚殓关羽首级于此;东汉间,白马随天竺高僧驮经来中土,明帝为彰其高风,兴寺于洛阳城外。新安县有张钫者,建千唐志斋,内藏唐墓志铭千方,章太炎为题匾额,盛唐气概恢宏;孟津县黄河之滨,北邙山下有汉光武帝原陵,有人云或可闻河水搏击之声。

趑趄徘徊,感慨良多。深盼汉唐之盛,能重临中华大地,则斯民幸甚!

诗曰:

> 盛情难却故友衷,九朝都会气如虹。
>
> 陵筑北邙依巨川,窟县伊阙巧玲珑。
>
> 少室山地好面壁,唐志斋碑展兴隆。
>
> 最是趑趄寻觅处,关羽正气白马风。

陈宜张是一位感情丰富的诗人,对挚爱亲朋的关切,时在诗文的字里行间。

1995 年 5 月 15 日和 19 日分别和好友来逯、张慈爱在沪、渝会晤,合影留念。陈宜张以《与张慈爱、来逯合影》一诗题照:

> 曾记当年论古今,忽今鬓白不胜簪。
>
> 虽有鞮铄神尚在,往事沉思梦难寻。

1995 年 8 月 5 日,徐仁宝在哈尔滨和大连与满洲医科大学(现沈阳医科大学)的 6 位同学聚会,陈宜张赋诗《记徐仁宝与沈阳医学院老同学聚首哈尔滨》致庆。

> 执手相看细端详,黄花昨日忆沈阳。
>
> 曾学岐黄追仲景,敢依麻沸动心肠。[①]
>
> 桃李北国离离发,奔将南天款款翔。[②]
>
> 促膝更坐话近事,桑榆晚景论短长。

① 华佗麻沸汤可以做麻醉用。心脏、肠胃手术均需麻醉。

② 奔将为东北俚语:奔者勤奋也;将指某人。沈阳同学以徐仁宝勤

奋,背后称她为奔将。

图 10 - 5　陈宜张夫妇在镜泊湖(1995 年 8 月 5 日)

陈宜张是一个大孝子,对父母的养育之恩心怀感激,自疚在二老生前未能多尽孝道而时觉愧憾。1996 年 4 月 18 日往金华拜祭严慈,书《谒父、母墓》一诗,记文写道:

先父陈登原先生生于 1900 年,卒于 1975 年,1992 年浙江慈溪县志有传。先君骨灰盒于 1975 年由三弟宜周护送来沪,其后,吾母于 1976 年又送骨灰到金华,安葬于武义杨家山地。

母严一清生于 1897 年十月初九,于 1994 年 4 月 18 日去世。终年 97 岁。4 月 23 日火葬后,吾母骨灰曾先后暂厝镇江、徐州两地。其年 12 月 6 日母亲骨灰由二弟宜和护送至金华。其前,宜振姐又将父亲骨灰自杨家墓地取出,捧回金华家中。于是,父、母骨灰均厝存于宜振家中。

1994 年 12 月 7 日,宜振、宜张、宜和及姐夫吴绍维等亲送双亲骨灰安葬于金华东部王牌之龙山公墓。其位置为西一区 8 排 58 号。是日有雨,此吾一登龙山公墓也。

1995 年 4 月,大庞由美来沪,吾率大庞专程去龙山公墓拜祭吾父母,是日天气晴朗,此吾二谒双亲墓地。

1996年4月18日，为吾母弃养二周年日，余与弟宜周、弟媳林小云及吴绍维又同谒双亲墓。是日小雨，此三谒也。时届清明过后，菜花摇曳。宛然余姚家乡风景。

龙山公墓，呈罗圈椅状，地势高燥。双亲墓在正中高处，位置不错。惜小山少树，野外风大，因思及夏日炎炎，地下双亲将何以度暑；冬日天寒，吾又安能为之敷设电毯？甚愧双亲在日，未能尽反哺之情。今日已不能弥补于万一矣！思念及此，为之泫然！

诗曰：

> 麦苗摇曳菜花艳，憨駤痴儿倚墓坛。
>
> 王牌少树定苦暑，龙山冰雪谅衾寒。
>
> 新增俸禄无由使，徒有专车共驾难①。
>
> 最疚前此欠侍奉，徘徊低首泪阑干。

① 余于1995年10月增选为中国科学院院士，月加薪600元，上级拨专车一辆供使用。犹忆1976年大庞儿踏三轮车送吾母由上海寓所到北火车站，而母则身抱吾父骨灰盒，今日虽有专车，亦不能送母至车站矣！

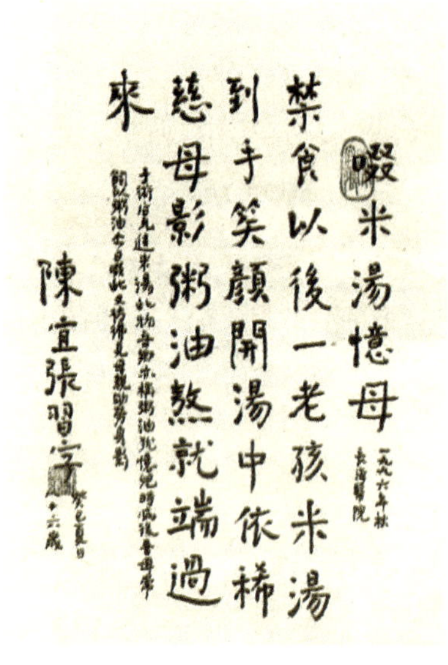

图10-6 陈宜张楷书（相望共星河-中国两院院士书画作品集，上海书画出版社，2013年第101页）

1998年10月，陈宜张写《哭沈锷》一诗，他的诗前言中写道：

> 沈锷，浙江大学同学也。二年前沈以感冒难愈，乏力等为苦，经检查后竟为白血病，遂住入中山医院。住院期间余曾数度探视。今年五月探视时，沈正在第二期化疗，头发尽秃，但神情极乐观；病中仍为杂志审阅稿件，晚饭后与青年护士共同学习日语，深感其精神之可嘉也。

8月在昆明开会期间曾与友人议及，国庆后将再去探视。10月5日脑研究所鲍璇教授电话告我，沈已与昨日去世。晚间询诸其夫人邱莲卿同志，信然。10月9日脑所为沈锷召开追思会，谈及沈许多带病坚持工作，并勉励年青人为中国科学争光等事实。会上邱莲卿遵沈的嘱咐将他在国外发表的一个综述送我，回家后余捧纸恸哭。因用李商隐诗韵吟定，以悼逝者。

诗曰：

> 别时容易见时难，先生瞑目百花残！
>
> 对镜已见全顶秃，夜吟应感月光寒。
>
> 抵死赠书蚕丝尽，归来我哭泪难乾。
>
> 蓬山此去几多路，方士殷勤为探看。①

① 方士，用白居易长恨歌故事。（刊《院士诗词》2001年上海科教出版社）

1999年2月，乙卯年是陈宜张第六个本命年，他赋诗寄手足亲人。他写道，

农历1998年除夕，窗外爆竹之声不绝于耳。犹记儿时过年，母亲做芝麻糖，祖母分压岁钱，诚一乐也。然时光老去，宜振姐今年七十有六，和、周、杨弟亦年过六十，姐弟五人垂垂老矣！吾父与母分别于1975年1月7日及1994年4月18日弃养。我等虽老，然除夕之夜，怀念故里及父母之情，不稍减也！

诗曰：

> 爆竹声声旧岁终，姐弟皓首各西东。
>
> 田园故宅依稀影，送灶祭祖梦魂中。
>
> 芝麻饴糖黑兼白，压岁钱包纸透红。
>
> 光阴老去双亲走，一夜乡心五地同。

2000年12月，陈宜张夫妇和子、女孙辈全家11人聚会美国费城。期

间,他赋诗二首以志。

（一）南来北往集费城,十一个人入画中。

昨晚海鲜味道好,今朝冒雪各西东。

（二）世纪沧桑转眼间,旧城衰盛实难言。

独立钟前聆旧规,杜邦园里赞遗言。

高楼百尺始片瓦,圣树千姿作贡献。

山林寂静街坊好,偷得浮生一日闲。

2006 年 7 月 12 日,是陈宜张和徐仁宝伉俪五十周年金婚纪念。陈宜张喜赋《金婚照相》贺诗二首。诗曰：

图 10-7　结婚 50 周年照(2006 年 7 月 12 日)

（一）当年外滩曾迎亲,来到王开照一帧。

旧照虽黄神采好,悠悠伴我五十春。

（二）南京路上川流忙,万人如海二身藏。

王开新馆款款进,彩色照片又一张。

2012 年 12 月 27 日,陈宜张为孙儿昱瀚题照赋诗,诗曰：

眉宇轩昂一少男,手不释卷静待餐。

自称要走爷爷路,爷爷盼孙胜于蓝。

除以上评介陈宜张的 17 首诗作外,在本书有关章节中曾引述过《忆周巷樟树下的故居》、《访黄云眉精舍旧址》、《晤戴知贤　忆黄徽遗》、《祭郁望耀》、《中国神经科学杂志订数逾千份》等陈诗 5 首。

望九弄潮　涛声依旧

陈宜张酷爱读书。

衣带渐宽终不悔,望九弄潮听涛声。陈宜张今年88周岁,每日上午工作4小时,下午读书2小时。他风趣地说,读书的时候,好像与人面对面讲话;读古书时好像与古人对话。读书是他人生的一大乐趣。回忆读书的经历,无论是科学学术书籍、政治书籍或古书,他都会联系实际深入地思考,达到学以致用的效果。

"文革"期间,口号是突出政治,结果是暴露了那么多的突出的政治问题。在1977年后的十多年中,他拼命地读书,按照黑格尔的说法,这是否定之否定,并从此专心搞业务,转到以科研和教学为中心的轨道上。

30年前,他为了神经内分泌和下丘脑研究,看了不少书。那时,在图书馆查书,一坐就是大半天或一整天。近10年来,为编写《神经科学的历史发展》和《突触》这两本长篇,看了大量参考资料。近来,是在网上看杂志,看书,很好地利用网上的资源,阅读国际上所有的杂志。中国科学院上海分院图书馆,同意他在家中阅读上海分院图书馆网上的可以阅读的杂志。

他读古书,一直研究中国古代神经科学发展的历史,思考在古代这一领域为什么不发达。因为我们落后,所以到20世纪20年代才开始有真正的脑研究。他认为中国古代科学落后的原因可能有两个方面:

(1)中国古代文明,跟希腊、埃及的古代文明相类似。中国提出金、木、水、火、土五个元素;古希腊,欧洲是水、火、空气、土四个元素;而古埃及就有脑这个字了;中国甲骨文里就找不到脑字。中国不搞解剖,颅骨没有打开过,脑子没有见过,又如何研究脑呢?古人对脑的描述,只有"肝脑涂地",知道脑内有脑浆。

(2)中国古代有酷刑,但没有了解脑结构的求知要求。纣王把比干的心脏挖出来,口头说是要看看"心有七孔",其实是酷刑,了解心脏不是真正的目的。

随着科研和教研工作的深入,科研课题紧扣国际科学前沿,他围绕好的科研课题、好的科学设想,孜孜不倦地阅读经典,研究大教科书而学以致用。

陈宜张一生严格与自信,并在长期实践中形成了他的性格。他的严格与自信的核心是坚持实事求是的原则。他在科研中,对自己需要解决的问题,按照一贯的严格的科学态度,作出立论有据的站得住脚的结论,他认为是科学、客观的,经过实践、实验验证的是正确的,在任何条件甚至有压力有风险的环境下,他都"固执己见"而坚持涅而不淄,绝不因权威之压而拔旗易帜。在科学理论上保持老实的、彻底的态度,在科研涉及原则问题上,从不妥协,不和稀泥,一定要辨清是非,坚持把科学真理搞得清清楚楚和明明白白。他敢于假设而又善于独立思考,绝不讲与事实不相符合的话,不做不合科学逻辑的事。

陈宜张勇陈直言,敢讲真话,成为这位科学家标志性的性格。他兼任浙大医学院院长时,谨遵浙大求是校训,要求全院人员一定要说真话,不说假话,不弄虚作假。但现实中不实事求是成了大问题,学校里许多不能令人满意的地方,是当前官僚管理体制下的通病。他对借给保安人员军装穿,做站岗保卫工作,认为有问题,提出一定要赶快改正。

陈宜张讨厌假话,那种不正派的、吹吹拍拍的话,他很不喜欢。如有人恭维他,他会当面指出和批评。他欣赏巴金先生"要讲真话"的名言。当然,他知道要想真正做到讲真话,是要得罪上级领导、同事或朋友的。但陈宜张性格使然,眼见不平、不合理、不合法,或不道德、不切实际的事,他会只问是非,不计利害而仗义执言,有时在大庭广众之境,也会脱口而出。

关于军医院校,陈宜张认为,有一个军医大学就够了。如果把三个军医大的编制集中在一起,人员很充足,把优秀人才保留下来,把好教授、优势学科集中起来,提高军医大学的质量,可以办一个很好军医大学。

在一次党代表会上,对提出要建设国际一流、著名研究型大学的口号,陈宜张认为这种提法不切实际,他不同意,竟然一个人表示异议,他解释说,我们办学的条件与中国著名大学有差距,提这样的口号过高了,后来,没有人听他的意见，这是他意料中事。

他遇到一件走后门进校旁听，而要授予该生学位的事。他认为，如果考试及格，发给证书就可以了。他很反对这类在学位评定中的不正之风。

陈宜张经常告诫自己和他的弟子和子女，一个人有话不讲，不好；有话不敢讲，那就有问题了。当然有人会说，这些话，陈宜张可以讲，人家不敢搞你，这可能有道理，对年老的人，人家不会太计较你。但是他认为任何人都应该做到讲真话。

陈宜张喜欢听西洋古典音乐，也爱听阿炳的《二泉映月》胡琴演奏乐和《梁祝小提琴协奏曲》。听音乐，他也会突发奇想。他会想到，认为音乐的好听和不好听，是不是天生的？他会从神经科学的角度研究音乐与情绪的关系，为什么有的音乐就是好听。他还想到，欢喜和快乐、哀痛和悲伤，它们是不是与分泌眼泪的中枢有固定的关系？人在悲伤时可以流泪，在快乐时也会落泪，看来，情感的中枢跟眼泪分泌的中枢可能有固定联系，这些都是他个人的猜想。

陈宜张由听音乐想到神经科学和脑功能的联系，他真是一位万思不离其一生痴迷的科学之宗的快乐老人。

结　语

陈宜张先生在科研工作中极具挑战性,他对科学前沿的探索和追求,对国际科学尖端的洞察与敏感,在科研中的坚定和自信以及善于调整思路、迂回前进的科研艺术与严谨执着的精神,这些科学家品格的形成,有其成长的时代特点。韩启德先生在本丛书的总序一中说:"他们(老科学家)的学术成长历程生动反映了近现代中国科技事业与科技教育的进展",同样,科学家的成长也融汇于国家科教事业发展的进程之中,陈宜张亦然。

陈宜张的青少年时代和大学生活,有 22 年是在抗日战争和解放战争时期度过的,由浙江大学毕业时,正是共和国百废待兴、百业待举之际,他怀着发愤图强之志进入第二军医大学,为医学高教效力。但是政治运动连续不断,直至文革结束的二十多年中,中国的科技事业发展缓慢,对外的学术交往也闭关自锁,偃旗息鼓。是我国的改革开放,打开了国际科学交流的大门,直到 1985 年 9 月,陈宜张才有机会首次出境去当时仍为英属的香港参加第七届神经科学会议,也正是因为国际的科技信息交流,从而引发他对糖皮质激素非基因组机制的研究并以无懈可击的科学实验为支撑,他的糖皮质激素快速作用膜受体假说,为国际内分泌学界权威所接受。自此,陈宜张渴求科学先进,赶超国际科学发展潮流而广泛与国际学术界交流的足迹,遍及欧、亚、美等国的多所城市和学术机构、医学高校,向国际同行展示中华科技的新发展和中国科学家科学创新的精神风貌。在国际学术交往中,他从某些外国科学权威学者对中国专家由傲慢、偏见到尊重、诚服的神志转换中,深感科学实力是立国之本,科学进步乃强国之道;一个国家要屹立于世界强国之林,要依靠科学技术的现代化,依靠全民的科学文明素质的提高。他在经常参与的国际学术交流活动中,每每受到自力更生、攀登科学高峰的励志而鼓舞着奋斗的豪情与自信,他为此而踏实工作了一生所作出的最主要贡献:究脑、穷源、探细胞,便是他在崇高的科研指导思想引领下,近60年心血的结晶。

陈宜张家学渊源,自幼受开明的秀才祖父的文明礼仪家教,造诣深厚的史学家父亲严谨治史的身授,工科专家叔叔的学业辅导。在国乱家危的困境中,刻苦自学高中学业,奠定了坚实的国学基础,训练了超强的记忆力,至今仍能背诵"长恨歌";由于被"逼背"英语课文,所以传主英文水平足以开展国际学术交流之需。五年的奋发自学,领悟了自我奋斗的深意,他拥有一个强大的内心世界而志存高远。

陈宜张受到浙大一流学者的学术浸润和科学人格的熏陶。浙大医学院创始人王季午老师的医学科学启蒙,竺可桢倡导的求是精神,专家学者的知识传授,浓郁的学术氛围的感染,学生运动的革命洗礼,为传主掌握了医学理论,掌握了临床实践经验,坚定了人生的信仰。

陈宜张在第二军医大学,得到专家学者的提携和大师的引领,实现了追求科学思维、终生从事自己热爱的生理学研究的心愿。朱鹤年先生的指导,卢振东先生的推荐,张香桐恩师的引领,吴建屏先生的带教;韩济生、鞠躬、杨雄里诸位院士好友在学术上的合作与指正;二医大领导和同事们在教学和科研、实验中主动配合和守望相助;研究生在科研、学习中的积极和创新,都促进和支撑传主在心旷神怡的情绪中,快乐地教书和科研。

陈宜张热爱生理学专业,因而能全身心地终生从事生理科学的研究和创新;他热爱教育事业,所以他呵护学生而爱生如子,对视为与科研同等重要的理论教学,他以主动和冲动的激情向学生讲授最新的科技知识,而成为受学生爱戴率达96.2%的一代名师。

陈宜张科研选题始终贴切部队实际和时代需求而造福人类。他早年从事的烧伤输液、冲击波伤和下丘脑—应激等研究,都直接或间接为临床服务,一直遵循张香桐、王季午等老师关于科研题目选取的指导原则而有的放矢、屡战屡胜。他的成名之作——糖皮质激素非基因组机制研究,更是国际内分泌学界盼望了几十年而呼之未出的创新课题,在东方出彩。他不迷信学术权威,不满足于甾体激素核受体现成的结论,而敢于挑战,提出并成功地证实了膜受体假说。

陈宜张善于组织团队合作攻关,长于指挥和安排科研人员和研究生瞄准先进目标,深入深源;传主严以律己、办事公平和学识渊博赢得人心,带出了高明善战的科研队伍;"艺高人胆大,无私天地宽",在浙大兼职四年多,传主动真格果断地提请调整了医学院的领导班子,引进了一大批精英人才,建设了国家重点学科,开创了医学院跨越式发展的新局面。

陈宜张和相濡以沫、同甘共苦59年的夫人徐仁宝主持的科学家庭,是传主时感安慰和温馨的科研宽心的基地,他的劳累和疲惫在家中得到消散和调节;夫妇培养一子二女都成为知书识礼、事业有成的高级知识分子,是传主可以先导和科研的动力之一,成功的科学家需要家人和亲人的精神支持和慰藉。

综上所述,传主科学成长的客观外因和主观内因,可简言之为:家庭的熏陶,名校名师的浸润,能人的指导相助,夫人的辅成和个人的勤奋、坚毅与睿智;当然,最重要的归因是时代给予的多种机遇。

传主一生贯彻浙大求是校训。2013年9月,他接受访谈时说:"我认为科学家最重要的是要实事求是,做任何事情一定要科学,不能弄虚作假,要对事情负责,要对人类的发展,对社会和对国家负责,其基础就是实事求是。"

附录一
陈宜张年表

1927 年

10 月 23 日(丁卯年九月二十八日)诞生于浙江省余姚县周巷镇。

祖父陈少慕(1874—1938),晚清秀才,祖母魏氏(1874—1946)。

父亲陈登原(1900—1975),字伯瀛,1922 年考入东南大学历史系,毕业后先后执教东南大学、金陵大学、之江大学和中山大学等高校;新中国成立后任西北大学历史系教授、中国古代史教研组组长、校务委员和图书馆馆长。一生著有《古今典籍聚散考》、《天一阁藏书考》、《中国田制丛考》、《中国田赋史》、《中国土地制度》、《国名疏故》、《金圣叹传》、《历史之重演》、《中国文化史》和倾毕生之精力完成的巨著《国史旧闻》等共约 23 部,近 1 000 万字的史料,在中国历史界具有较高的学术地位。

母亲严一清(1897—1994),余姚下河镇人。

1928—1937 年

自出生至 1939 年秋,在周巷老家和祖父、祖母、母亲一起生活;母亲有时去外地探望父亲,姐弟们由祖父、祖母照料。

1934 年冬曾去南京父、母处。

自有记忆起,祖父为他选讲唐诗三百首、古文观止中的名篇、名句,讲述历史故事。

1937 年秋,入读周巷镇第二小学五年级。

1938 年

夏间,祖父陈少慕病逝,享年 64 岁。

1939—1941 年

1939 年秋由周巷镇第二小学毕业,入读上虞县丰惠镇的上虞战时初级中学;1941 年春日寇侵犯浙东,余姚沦陷,离开战时初中辍学回周巷,在父亲指导下自学初中课程。

1942—1945 年

在三叔陈叔陶、四叔陈季涵和父亲的辅导下,自学英语、英语语法、化学、小代数、平面几何、三角、大代数、解析几何、物理与立体几何等理科课程和文科课程,达到正规高中文化水平。

1945 年秋余姚光复;10 月插班余姚中学高三春季班,学习三个月。

冬季,祖母魏氏病逝,享年 72 岁。

1946 年

1 月由余姚中学高中毕业,赴宁波参加浙江省教育厅甄别考试,获得高中毕业文凭。

2 月—6 月借住余姚中学,和王家甫、邵淇泉三人复习迎考国立大学。

7 月—8 月,在上海报考五所国立大学,考取浙江大学、暨南大学、北洋大学和厦门大学;选读浙江大学。

12 月 16 日由上海赴杭州浙大报到,攻读机械工程学系。

1947 年

暑假中,由家中致函竺可桢校长,申请转系读医学院。竺校长答复因转学申请期限已过,可请注册课考虑先选读医学院课程,待 1948 年三年级开学时办理转系的手续。

秋季开学后,正式以机械系二年级学生身份,学习医预科课程:比较解剖学、遗传学、(二年级)物理学、分析化学等,补修普通生物学。

10月29日,浙大学生自治会主席于子三被国民党特务杀害;他参加了浙大学生的抗议示威游行,护送于子三灵柩至凤凰山安葬。

1948年
秋季开学后,正式转入医学院读三年级,被选为班级的班长。

1949年
5月3日,杭州市解放。

1950年
春,在浙江大学附属医院做临床见习生。

9月去浙江嘉善参加血吸虫病防治工作。

秋季加入中国新民主主义青年团。

冬季报名参加抗美援朝,未获批准。

1951年
8月,中央卫生部决定抽调部分医学院五年级学生,分别去有关医科院校进修,作为高级师资来培养。他报名生理学专业,分配到第二军医大学生理学教研室进修,在室主任朱鹤年教授指导下学习大部头教科书,做大量的生理学教学实验。

1952年
年初,参加"三反"、"五反"运动;继续接受生理学教学的系统培训,带教干部学员班的生理实验,每晚到学员宿舍辅导答疑和开讲小班课。

全国生理学界学习苏联巴甫洛夫学说;二军医大也设立条件反射实验室,进行巴甫洛夫狗唾液分泌经典条件反射实验。

1953 年

3 月,高级师资班进修结业,留校在教研室任助教,由卢振东教授指导,研究狗的唾液分泌条件反射。

5 月,加入中国人民解放军。

同时,加入中国共产党为预备党员。

1954 年

在卢振东教授带领下,去江苏部队作心功能指数调查,调查结果发表于1958 年的《军事医学杂志》。

在以狗唾液分泌条件反射为指标研究皮肤局部麻醉,对大脑皮层兴奋扩散影响的实验中,发现皮肤局部麻醉时,与麻醉区相对应的大脑皮层活动的减弱,仅是一种推测,并无根据;此外,局部麻醉的方法学也有问题,所以他向朱鹤年主任和卢振东教授提出,改做"皮层下活动对大脑皮层活动的影响"课题,得到二位教授的支持,这是他首次独立命题和进行科研设计。他的论文处女作《条件刺激与非条件刺激合并作用时间长短对非条件反射量的影响》刊登在 1956 年的《生理学报》上。

1955 年

夏,患肺结核病,接受抗结核治疗。

提前转正为中共正式党员。

参加"肃反"运动。

1956 年

7 月 12 日与浙大同班同学徐仁宝在上海结婚。

9 月,徐仁宝由重庆调来第二军医大学工作。

冬,赴北京参加留学苏联预备生考试;去杭州疗养院疗养 15 天。

1957 年

年初,通过留苏预备生考试,去山东潍坊学习俄语;后因中苏关系恶化,取消留苏计划,由潍坊回上海。

参加二军医大的"反右"运动。

致函张香桐教授,请教能否用脑电图仪设备作有关视、听感觉相互影响的动物实验,张教授答:"不妨一试"。

以狗唾液分泌条件反射为模型,研究冲击波对脑高级功能的影响;配合蔡翘教授研究冲击波对狗心电图的影响。

1958 年

6 月 23 日,长子大庞诞生。

10 月,往北京白城子靶场,学习冲击波压强测量方法。冲击波研究课题由二炮提出,军事医学科学院承担,要求二军医大生理学教研室协作,到南京装甲兵部队观察发炮时弹道周围冲击波对狗心电图、唾液分泌条件反射的影响。此项实验结果以《冲击波损伤动物实验》为书名编写的专著,由人民军医出版社于 1988 年出版发行。

参加《正常人体学》讲义的编写,这是当时"大跃进"运动的产物,反映了当年那个历史阶段二军医大对教学改革的心态和看法。讲义内容包括生理、生化、解剖和组织胚胎四门课程。

1959 年

年初,二军医大收治灼伤面积达 100% 的病员徐金根,抢救很成功,但未能度过休克和细菌感染两道难关。救治烧伤病员临床输液沿用美国权威 Evans 公式计算输液量,在实践中往往发生严重的肺水肿。为此,二军医大成立烧伤研究团队,设立配合临床的基础研究组,由青年助教陈宜张主持。他在年初下放上海宝山县白洋生产队劳动,是中途抽调回校的。

他在选定烧伤实验模型时,力排专家异议,坚持以重度灼伤为标准。取得的《狗烧伤后输液的实验研究》成果,获二军医大科研一等奖和被选入上海市 1960 年优秀论文。

开始翻译英国人 Marshall 所著《临床神经生理学》。

1960 年

配合朱鹤年教授做烧伤后神经分泌细胞变化研究,做烧伤后血球压积、尿量变化实验。

完成 Marshall 的《临床神经生理学》翻译工作,由朱鹤年教授把关。

1961 年 3 月 5 日,长女二荦诞生。

1962 年

9 月,经二军医大介绍和卢振东教授推荐,到中科院上海生理所张香桐院士实验室进修,学习中枢神经系统电生理学,由吴建屏先生带教做实验,为张院士做实验各项准备工作。

1963 年

1 月,晋升讲师。

3 月,由张香桐实验室进修结束,张院士在临别时告诫他科研选题要与本单位特点相结合,建议他研究辐射对大脑皮层发育影响的课题。

4 月,他在二军医大建立电生理实验室,每周定时向张院士报告建设进度,得到及时指导;年底,实验室建成,可进行粗电极电生理实验。

在张香桐院士指导下,进行"辐射对幼兔大脑皮层发育的影响"研究选题,采用大脑皮层树突电位作为电生理反应指标,也称大脑皮层直接电反应,由朱文德技术员配合做实验。

上海科技出版社出版根据英国 Marshall 原著所译《临床神经生理学》。

为二军医大军医系学生开讲部分生理学大班课。

9 月 10 日,次女小平诞生。

1964 年

在课题"辐射对幼兔大脑皮层发育的影响"的电生理实验中发现单次强刺激后,树突电位幅度增大,阈值降低的易化现象,即幼兔大脑皮层的长时间易化。据此撰写的论文,发表于 1979 年《生理学报》。

协助朱鹤年教授联系全国各有关专家,组织翻译英国生理学家 Starling

的《人体生理学》。此项工作在文革开始后夭折。

1965—1966 年

1965 年下半年,开始社会主义教育运动,部分教员去农村参加"四清"运动,正常教学秩序被打乱;他为军医系 1965 年级集中上生理学课程。

1966 年 5 月 16 日,全国开展"文化大革命",学校停课。

1966 年冬,和徐仁宝参加革命串连,去了南京和北京。

1967 年

夏间,赴南京为南京军区副参谋长因车祸引起的小肠过短的消化生理和营养问题会诊。

1969 年

8 月,二军医大由上海整体调防西安。

冬季,徐仁宝下放宁夏劳动。

1970—1971 年

"文化大革命"中,心情郁闷,读一些业务书籍,朱鹤年教授表示惊讶和赞许。

去东北、汉中等地作教改调查,试行 2—3 年的短学制学员的生理学教学。

1971 年,参加短学制生理学课程的讲授。

1972 年

针麻研究被视为政治任务,下半年开始做针刺镇痛研究。10 月,由西安去上海参加全国针刺镇痛学习班,作专题发言;提出要注意两头:大脑皮层(包括边缘系统)和外周神经;因为当时研究丘脑的实验室很多,这一发言可供他们参考。

查阅国外文献获悉,知道有"脑刺激镇痛"的实例;在上海采购了动物测痛设备。

1973 年

年初,与侯宗濂教授在西安传达全国针刺镇痛会议情况。

上半年起,组织二军医大针刺镇痛研究,进行外周神经及下丘脑参与针刺镇痛机制的研究。有关论文自 1974 年起陆续在《陕西新医药》杂志和《针刺麻醉研究资料选编》(上海人民出版社出版)等书刊上发表。

1974 年

继续针刺镇痛外周神经机制方面研究,逐步转入下丘脑脑电变化与针刺镇痛关系的研究。

7 月,参加在广州召开的全军针麻会议,转道去汕头采购阴极射线示波器,有感于三十年来与人交往中依旧书生气。写《采购示波器》诗一首,这是生平首次写旧体诗。

1975 年

1 月 7 日,父亲陈登原在西安病逝,享年 75 岁。

8 月,二军医大由西安迁回上海。

1976 年

去广州采购成套电生理仪器。

在上海医学会举办的针刺麻醉报告会上,主讲"边缘系统与镇痛";实验研究方向从下丘脑脑电变化转入下丘脑与镇痛。根据下丘脑与镇痛,下丘脑、中脑与痛觉调制总体设想与邢宝仁、王春安等合作,开展下丘脑与下位脑联系的电生理研究,包括建立微电极技术和逆向鉴定技术。

1977 年

短学制学员的生理学教学结束,开始接收来自全国的电生理学进修生。

招收第一届高中毕业生的本科学生入学。

确定朱鹤年和陈宜张为硕士研究生导师,陈宜张招入第一位研究生袁文俊入学。

1979 年

在《生理学报》发表《电刺激幼兔大脑皮层所致的易化效应》一文。

编写《神经系统电生理学》教材,为研究生开课。

在张香桐组织的国际脑研究讨论会上,将下丘脑研究工作做了海报展览,并在 1981 年美国《生理学家》(*Physiologist*)会刊上发表。

美国 Pfaff 教授来函,索取论文单行本。

1980 年

以陈宜张、王春安、毕洁署名的《电刺激家兔视前区—下丘脑前部对中脑躯体感觉单位的效应》一文,在《生理学报》发表。

根据下丘脑、中脑与镇痛的电生理科研结果撰写的系列论文,开始在《生理学报》和《科学通报》发表,直至 1988 年。

3 月,晋升副教授。

1981 年

10 月,担任二军医大生理学教研室主任。

《神经系统电生理学》教材完稿,由张香桐作序。

11 月,在桂林召开的中国生理学会第 16 届代表大会上作"下丘脑与镇痛关系的电生理实验和研究工作"的报告。

1982 年

受徐仁宝研究糖皮质激素的启发,考虑到下丘脑与应激的密切关系及应激时糖皮质激素的作用,从文献复习中得知甾体激素有快速作用,且难以用传统的理论解释,故决定将研究重点从下丘脑与镇痛转移到下丘脑与应激研究,学习甾体激素作用机制理论。

1983 年

招收硕士研究生华少莹,确定研究题目为"糖皮质激素对神经元快速、非基因组作用机制"。

《神经系统电生理学》由北京人民卫生出版社出版。

1984 年

夏间,为掌握交感神经元细胞内记录方法,邀请位于合肥市的安徽医学院马如纯教授来上海指导。

1985 年

5 月 27 日,在成都举办的中国生理学会第 17 届代表大会上,做"下丘脑与损伤性应激"的学术报告,有关论文在《生理学报》发表。

9 月 5 日,在香港举办的第七届神经科学会上,做"下丘脑与损伤性应激"的报告。

10 月,晋升教授,确定为博士生导师。

12 月 14 日,经卢振东教授推荐,出任中国生理学会副秘书长。参加在太原召开的学会常务理事会议。

上海市神经科学学会成立,任副理事长。

1986 年

硕士研究生华少莹进行的糖皮质激素对神经元膜电位影响的实验,开始获得有意义的结果。

英国神经生理学家 A. lggo 应邀来二军医大访问和学术交流。

1987 年

招收的第一批博士生中的郭佐,研究"纯化神经元细胞膜的制备",检测膜制备的糖皮质激素结合力,得到证实,但亲和力较低。

8 月 15 日,在匈牙利布达佩斯会议中心召开的第二届国际脑研究组织大会上,设置"糖皮质激素对神经元的快速、非基因组作用机制"展板,展示了研究生华少莹所做的实验,说明糖皮质激素有快速、非基因组作用,可快速地使交感神经节神经元超极化,此效应可被一个特异阻断剂所阻断,说明其作用的特异性;与牛血清白蛋白(BSA)结合的糖皮质激素依然有效,说明其作用在细胞膜的外表面。虽然有人看了展板将信将疑,但这后两点的研究结果,一直是国际文献引用展板内容中的关键亮点。

10 月,主持在二军医大召开的第一届全国神经内分泌学术会议,在会上作报告。

在北京召开的第一届全军神经生物学学术会议上,作"糖皮质激素快速作用、非基因组机制"的学术报告。

经蔡翘教授推荐,任全军生理学专业神经生物学专业委员会负责人。

1988 年

招收博士生傅红,研究"寻找神经元质膜上的糖皮质激素受体或结合位点"。她又在复旦大学遗传研究所谢毅教授指导下进行克隆糖皮质激素膜受体实验,无阳性结果。她应用免疫电镜方法,显示神经元质膜上的糖皮质激素膜结合位点,结果表明在突触以外区域的神经元质膜上,可以发现稀疏的结合位点,提示这种结合位点接受来自血液的活性物质。

3 月,任《生理学报》常务编委和副主编。

1989 年

7 月,应丹麦哥本哈根大学 Thorn 教授邀请,参加国际神经垂体讨论会,又赴芬兰赫尔辛基参加第 31 届国际生理学大会,在两会上做"糖皮质激素快速、非基因组作用"的学术报告。

冯德培先生在赫尔辛基赐赠新发表在《神经科学》(AR Neuroscience)上的刊头专文 Looking backward, Looking forward 单行本。

国际著名内分泌学刊物《内分泌学》(Endocriology)杂志 1989 年 124 卷发表陈宜张和华少莹写的关于糖皮质激素非基因组机制的原始论著,这是国际上第一篇用实验方法证明糖皮质激素的快速作用是在细胞膜外侧发生的论文。

1990 年

1 月,在中国生理学会第 18 届会议上被推选为常务理事和副理事长,负责学术委员会工作。

在郭佐的博士生论文《糖皮质激素的膜结合位点》中所阐述的糖皮质激素膜结合点的特性,更近于盐皮质激素受体,而不同于传统的糖皮质激素受体。其实验结果,发表在《功能性脑神经》(*Functional Neurology*)上。

出席在广州召开的第二届全军神经生物学专业会议。

10 月,蔡翘院士逝世,享年 93 岁。写《忆蔡翘先生》一文,寄托哀思。

秋间,担任第二军医大学神经科学研究所首任所长。

11 月,主持在西安召开的中国生理学会神经内分泌第二次学术会议。

1991 年

4 月,应 Utah 大学 Fidone 教授、Rockfeller 大学 McEwen 教授、Maryland 大学教授 Kapcala 教授等邀请访问美国,在各该大学作"糖皮质激素的快速、非基因组作用"专题报告。

访问期间对 McEwen 实验室一位研究者关于甾体激素快速、非基因组作用的设想从何而来的提问,根据糖皮质激素快速作用难以用传统激素理论说明的现状,给予解释。

在访问休斯顿的德州医学中心时,Knobil 教授得知陈宜张时任中国生理学会副理事长,主动要求美国生理学会给陈宜张赠阅 15 年的《生理科学新闻》(NIPS)杂志以示中美科学界的友谊。

1992 年

招收博士研究生宋玲,研究"糖皮质激素对原代培养肾上腺嗜铬细胞的快速作用"。她的实验开启了用培养细胞研究糖皮质激素快速、非基因组作用,从而接触到细胞生物学的新局面。

11 月,主持在苏州召开的中国生理学会神经内分泌学第三次学术会议,美国 Rockfeller 大学 McEwen 教授应邀与会,并访问了二军医大。

由上海神经科学学会负责人吴建屏和北京神经科学学会负责人韩济生、中国生理学会学术委员会负责人陈宜张联合筹备,在上海召开了全国神经科学学术会议,为成立全国性的神经科学学会奠定基础。会后由冯德培、张香桐等领衔出面,向中国科协申请成立中国神经科学学会。在此次会议上,邀请了 McEwen 等外国学者做学术报告。

国际内分泌学最具权威性的经典大教科书《威廉姆斯内分泌学》(*Williams Textbook of Endocrinology*)1992 年该书第八版和 1998 年第九版,均引用陈宜张论文,表示接受糖皮质激素有非基因组作用。

1993 年

出席在重庆召开的第三届全军神经生物学专业会议。

8 月,卸任二军医大生理学教研室主任。

应约为国际权威性系列专著《神经科学研究方法》撰写《哺乳类神经元膜上的糖皮质激素受体》专题,由学院出版社(Academic Press)出版发行。

《分子神经生物学》专著,由人民军医出版社出版。

1994 年

4 月,在第 19 届中国生理学会代表大会上,再次当选为常务理事和副理事长。

4 月 18 日,母亲严一清在沪逝世,享年 97 岁。

招收博士生邱俭,研究"糖皮质激素受体的克隆";在复旦大学遗传研究所谢毅教授共同指导下工作。

6 月,创办并担任主编的《神经科学》杂志创刊号出版,此杂志经上海市出版局核准,尿内部刊物。1998 年改名为《中国神经科学杂志》正式出版,陈宜张为三位主编之一,直到 2004 年。编辑部设在二军医大,由总后卫生部和二军医大给予经费支持。

7 月,在匈牙利布达佩斯举行的国际神经内分泌学大会上,作"糖皮质激素快速、非基因组作用"专题报告。

在美国达拉斯举行的美国内分泌学大会上,设置"糖皮质激素快速、非基因组作用"的展板。

加拿大著名内分泌学家 Brown 在 1994 编著的《神经内分泌学导论》一书中,引用陈宜张论文结论的全文和一张说明图。

荷兰著名内分泌学家 De. Kloet 教授认为陈宜张的研究,是"甾体激素对中枢神经系统的重大贡献"。

美国 Conn 教授主编的系列专著《神经科学的方法》(*Methods in Neuroscience*)方法学系列丛书,专门收集国际上重要神经科学新成果。该刊 11 卷上,发表了陈宜张、郭佐和傅红师生应约撰写的糖皮质激素快速作用论文。杨雄里院士在上海组织亚洲、太平洋生理学大会,陈宜张和日本八木(Yagi)教授主持神经内分泌学讨论会,在会上他做了学术报告。

北京协和医院史轶范教授在北京组织了亚洲内分泌学大会,陈宜张在会上做专题报告。

四军医大鞠躬院士在西安组织《神经内分泌新事实》(*Novel Facts*)专题讨论会,陈宜张在会上做学术报告。

二军医大对毕业生教学大调查时,收回的 1 300 份问卷中,对印象最深的老师,填陈宜张的占 96.2%。

1995 年

4 月,中国神经科学学会成立,当选为副理事长。

10 月,当选为中国科学院院士。

国际生理学会采纳中国生理学会推荐的"甾体激素的快速、非基因组作用"专题讨论会的选题,由陈宜张和美国的 Moss 教授共同主持 1997 年第 33 届国际生理学大会专题讨论会。

所著《发育神经生物学》由湖北科技出版社出版。

10 月 15 日,作为组织委员会主席,组织召开第一次全国神经科学代表大会及学术会议。

研究生邱俭改做"糖皮质激素膜受体激活后的细胞内信号转导机制",

由中科院上海细胞生物学研究所裴钢教授共同指导研究工作，发现糖皮质激素膜受体激活后的下游有蛋白磷酸激酶(PKC)的参与。

访问日本佐贺医科大学、自治医科大学、京都医科大学和产业医科大学。

1996 年

6 月 7 日，参加中科院院士会议。

11 月 1 日，受谈家桢院士委托，中途接替他主持"经络研究的进展与未来"为主题的第 65 次香山科学会议，但他仅主持会议，未发表任何意见。

12 月 3 日，中国人民解放军总后勤部授予"科学技术一代名师"称号及证书。

1997 年

5 月 19 日，与唐孝威先生共同组织"跨世纪的中国脑科学"第 73 次香山科学会议，作主题报告。这次会议的经验为国家科技部建立、实施 973 计划提供范本。

7 月，在俄罗斯圣彼得堡召开的第 33 届国际生理学大会上，主持"甾体激素非基因组机制"的专题讨论会。这是唯一一个在 33 届国际生理大会上由中国科学家组织的专题讨论会。

会后，访问了法国巴黎和德国吉森的学术机构，和两国学者广泛交流糖皮质激素非基因组作用机制。

1998 年

与杨雄里、吴建屏、鞠躬、韩济生共五位院士一起申请 973 计划"脑功能与脑疾病机制"的课题立项。

3 月 15 日，担任《中国神经科学杂志》常务主编。

11 月，受聘为中国生理学会名誉理事。

1999 年

应四校合并后的新浙江大学聘请，考虑可兼任浙大医学院院长，主要做学科建设和人才引进工作,每月在浙大工作一周。

在《分子细胞生物学研究交流》(MCBRC)杂志上,发表特约论文,综述博士研究生韩建忠等用离体体灌流的神经元系及胶质细胞系的细胞,发现糖皮质激素对细胞内钙升高的抑制机制,按照细胞的不同,可以激活不同的磷酸激酶,多数的细胞是通过 PKC 的,也有通过蛋白激酶 A(PKA)的这些发现。

973 计划"脑功能与脑疾病机制"立项,经第二次答辩获得通过。

9 月,参加宁波院士会议后,返上海途中,访问浙大医学院。

10 月,经总后勤部批准,兼任浙大医学院院长。

2000 年

邀请二军医大免疫学曹雪涛教授兼任浙大医学院教授,筹建浙大医学院免疫研究所。

出席第 100 次香山会议,总结香山科学会议开办以来的经验和成果;介绍"跨世纪脑科学"香山会议情况。

12 月,访问美国休斯敦、路易斯安娜和圣路易斯三城市的学术机构。在休斯顿的中美医学学术讨论会上,作"糖皮质激素快速、非基因组作用"的专题报告;拜访 Murard 教授。

应旅美学者卡卡之约,为 *News in Physiological Sciences* (*NIPS*)杂志撰写总结糖皮质激素膜受体引起信号转导的各种例子,该文在 2002 年该刊发表。

在路易斯安娜,访问新奥尔良大学神经科学研究所。

在圣路易斯会见 1988 年 6 月毕业的博士研究生巫凌刚。

12 月 17 日,专程到上海浦东机场和由美国返杭州经上海的罗建红面商,罗教授愿意从美国返回中国,承担浙大医学院神经生物学教学与科研,负责"脑研究中心"建设,并任医学院副院长。

2001 年

1 月 27 日在浙大医学院与罗建红安排确定在浙大工作具体事宜。

5月31日,在第二军医大学召开国内首次单分子实时视见科学讨论会。

6月以浙大医学院院长身份率团访问台湾,在台南做学术报告,在台北,会见中央研究院院长李远哲,蔡作雍所长邀请参观该院研究所。

2002 年

2月,会同中科院上海有机所、光机所科学工作者一起向国家科技部来沪专家组报告活细胞单分子检测研究课题设想,申请立项。

3月29日,在浙大召开第二次单分子实时视见科学讨论会,由浙大、二军医大组织活细胞单分子研究立项准备。

5月21日,浙大、上海有机所和光机所专家赴京向科技部正式申请单分子研究立项。

所著《脑的奥秘》由清华大学出版社,暨南大学出版社出版。

夏,在杭州召开受体及细胞内信号转导的非常规活动方式的讨论,议论"糖皮质激素膜受体可能是一种特异性较低的蛋白分子,但它又与糖皮质激素有亲和力"的观点。

10月30日至11月1日,与唐孝威、胡汛共同主持在杭州召开的第194次香山科学会议,讨论分子影像学问题。

向浙大领导提出调整医学院领导班子的建议得以落实,调整后由李鲁仍任党委书记,姒建敏任常务副院长,罗建红等任副院长。

向浙大领导提出,因年事已高,拟辞任浙大医学院院长。

2003 年

1月23日,在上海落实科技部批准的"活细胞单分子研究"973项目,推荐罗建红为首席科学家。

10月,日本东京大学的 Kawato 教授访问上海期间,参观陈宜张实验室时提出,一般新的学术概念大都是西方学者提出,为什么您能提出糖皮质激素快速、非基因组机制?陈答:神经生理学家往往注意神经的电活动,而对膜受体机制不够注意。

在兰州召开"脑功能和脑重大疾病基础研究"总结会议,专家们发表了不少论文。

11 月 24 日离任浙大医学院院长,浙大颁发褒奖铭牌。浙大校长潘云鹤发表表彰讲话,并在其《教育七章》一书中,以"院长是学院建设的领军人物"评价陈宜张的工作。

12 月 18 日,解放军总参谋长来二军医大调研,在征询对军医大学设置方案时,坦言"一个军医大学已经足够"。

在浙大医学院设立"徐仁宝—陈宜张奖学金",设立以后奖励和资助了60 多名学生。

2004 年

5 月 11 日至 13 日,与林其谁共同主持第 224 次香山科学会议,讨论活细胞单分子检测的理论和实践;以此次讨论会发言稿汇总撰写的《生命科学中的单分子行为及细胞内实时检测》一书,由科学出版社出版。

2005 年

关注细胞内蛋白大小分子定位、定量问题,分别在浙大医学院、中科院上海有机所召开小型座谈会,访问专家和收集蛋白大分子定位定量方面的科研资料。

5 月 15 日在湖南张家界生理学会循环生理学学术会议上,提出"受体作用机制的一点看法",以甾体激素的快速、非基因组作用为例,说明受体特异性的相对性。指出,这是一种非常规性(non-conventional)活动。

8 月 29 日,在河南南阳举行的中科院科学技术论坛上,作"生命科学盼望新的影像技术"的学术报告。

10 月 27 日,在上海发表生命科学的发展盼望新影像技术的支撑的科学谈话。

2006 年

5 月 23 日,在杭州发表盼望新影像技术的科学谈话。

10 月,举办 80 华诞庆祝会;中国神经科学学会分子神经科学委员会举行分子神经科学报告会,作"细胞内大分子定位、定量问题"的学术报告,报告内容于 2008 年发表在 *Clinicaland Experimental Pharmacology and Physiology*（*CEPP*）刊物上。

2007 年

夏间,美国 Lonisiana 大学 Tasker 教授来二军医大神经生物学教研室,召开对口交流讨论会。陈宜张提出,要考虑甾体激素快速、非基因组作用在细胞膜受体的非常规(non-conventional)激活的可能性；Tasker 教授报告了下丘脑的甾体激素快速作用与内源性大麻样物质的关系。

10 月 5 日至 9 日,参加中科院新院士遴选投票,履行最后一次投票权利(一过 10 月 23 日,就超过 80 岁而无投票权)。

2008 年

上海科技出版社出版所著《神经科学的历史发展及思考》一书。

孙武军著《陈宜张传》由宁波出版社出版。

2009 年

9 月,中科院上海分院在沪召开"活细胞生物大分子定位与定量"学术讨论会,京、沪、杭、宁等地 40 多人参加。陈宜张在会上作主题发言。

所著《脑研究的天才,从灵魂到分子》一书,由上海教育出版社出版。

2010 年

3 月 11 日,肺结核病复发伴发胸水,住院二周,经 9 个月治疗,开始半天工作。

由陈宜张指导、策划,与狄海波等共同主编的《人类大脑高级功能临床的实验性研究》一书,在上海教育出版社出版。

2011 年

向中科院学部提出讨论"细胞内蛋白大分子定位、定量问题"的建议。

为八年制学生连续上了 12 次大课,每周 2 次,连续 6 周。

受聘浙江大学校友总会第三届理事会顾问。

2012 年

5 月 8 日到 11 日,在第 422 次香山科学会议讨论应激医学问题时,对整体应激反应与细胞应激之间的关系发表不同看法。

11 月 21 日,作为发起人在中科院科学会堂召开了"科学技术前沿论坛"第十七次讨论会,到会全国各地细胞生物学、化学、物理学专家共约 70 余人。在会上,他纵述了活细胞蛋白大分子定位定量问题,提出了"精确细胞生物学"新论断。

受聘浙大校友医学部分会名誉会长。

2013 年

6 月 13 日,患腰椎病,在家中休息 3 个月。美国路易斯安娜大学 Tasker 教授来访,持鲜花来家中探视交流,深感国际非基因组机制研究同行的深情厚谊。

为《科学画报》创刊 80 周年题词:"为继续推动我国的科学普及化而努力"。在该刊发表"发扬科学认识,抛弃迷信愚昧"的院士寄语。

10 月,赴北京参加陈嘉庚生命科学奖正式候选奖项评审会议。

10 月,在《科学通报》发表《活细胞大分子的定位和定量问题》的论文。

12 月,上海科技出版社出版所著《突触》一书。

2014 年

《科学画报》一月号发表《中国生理科学的一代名师——陈宜张》。

《科技日报》6 月 15 日发表《大脑黑匣探秘人——记中科院院士陈宜张》一文。

《中国科学报》10 月 10 日在"老科学家学术成长资料采集工程系列报道"47 期发表《陈宜张:究脑穷源探细胞》一文。

10 月 15 日在上海浙大十院士"为建设世界一流大学献计建言"座谈会

上发言说:"要有一批名师,弘扬求是创新校风,倡导自由、民主学术思想,提倡礼义廉耻"。

12 月 23 日,中央电视台来二军医大采访和录像。

2015 年

撰写《脑研究展望》书稿。

7 月 23 日,邱俭回国来沪看望陈宜张,陈邀约邱俭,及在沪的蒋春雷,倪鑫,讲了"从甾体激素膜受体到对受体理论新看法"的谈话。

7 月,在《科学》杂志上发表《脑研究进展与展望》一文。

9 月 20 日,在第六届亚大神经科学联合学术会议暨中国神经科学学会第十一届全国学术会议期间,主持召开"脑研究展望"座谈会。

附录二
陈宜张主要论著目录

一、代表性著作

[1] 陈宜张. 译. 临床神经生理学. 上海:上海科学技术出版社,1963, 1—274.

[2] 陈宜张. 神经系统电生理学,北京:人民卫生出版社,1983,1—360.

[3] 陈宜张,邢宝仁,傅红副. 分子神经生物学. 北京:人民军医出版社, 1995,1—392.

[4] 陈宜张,林其谁. 生命科学中的单分子行为. 北京:科学出版社,2005.

[5] 陈宜张. 神经科学的历史发展及思考. 上海:上海科学技术出版社,2008.

[6] 陈宜张. 探索脑科学的英才—从灵魂到分子之路. 上海:上海教育出版 社,2009.

[7] 狄海波,虞晓菁,陈宜张. 人类大脑高级功能:临床实验性研究. 上海: 上海教育出版社,2010.

[8] 陈宜张. 突触. 上海:上海科学技术出版社,2014.

二、代表性论文

[1] 卢振东,陈宜张,蒋栋良. 条件刺激与非条件刺激合并作用时间长短对 非条件反射量的影响. 生理学报,1956,20:13 - 21.

[2] 卢振东,陈宜张,曹毅. 部队各类人员心脏功能适应指数的分析. 军事

医学杂志,1958,1:359 - 364.

[3] 第二军医大学烧伤输液研究组(陈宜张执笔). 狗烧伤后输液的实验研究. 上海市科学技术论文选集,1960,VI,72 - 89,上海:上海市科学技术出版社.

[4] 中国人民解放军第二军医大学针麻研究小组(陈宜张,邢宝仁,王春安). 电针刺激对外周神经的作用 II. 陕西新医药,1974,(4):35 - 41.

[5] 陈宜张. 脑的边缘系统与针麻. 中华医学会上海分会针麻系统讲座资料1—7页,1975,上海(又发表于:针刺麻醉 1979 年(3)(21 - 25). 针刺麻醉,3:21 - 25.

[6] 陈宜张,朱文德. 电刺激幼兔大脑皮层所致的易化效应. 生理学报,1979,31:309 - 313.

[7] 陈宜张,王春安,毕洁. 电刺激家兔视前区—下丘脑前部对中脑躯体感觉单位的效应. 生理学报,1980,32(1):1 - 9.

[8] Chen YZ, Chen J. Averaged evoked potential of paramedian midbrain area elicited by stimulation of hypothalamic dorsomedial nucleus and its nearby structures. Kexue Tongbao, 1983,28(3):410 - 415.

[9] 陈宜张. 下丘脑与应激. 中国生理学会第十七届代表大会及学术会议摘要汇编,1985,3 - 4 页,成都.

[10] 翁瑛霞,陈宜张. 电刺激大鼠下丘脑及不定带引起的脊髓平均诱发电位. 生理学报,1986,38(4):437 - 444.

[11] Chen YZ, Hua SY. Effects of glucocorticoid on electrical activity of sympathetic ganglion neurons. Neuroscience, 1987, vol. 22 Supplement. Abstracts. S336. 1008P. The 2nd World Congress of Neuroscience(IBRO)Budapest.

[12] 郭光,张亚霏,陈宜张,杨筱菊。弹道冲击波损伤动物实验(一). 冲击波损伤动物实验(主编:郭光),北京:人民军医出版社,1988,61 - 83.

[13] Wang ZZ, Chen YZ. Adrenocortical responses to stimulation of different groups of peripheral somatosensory nerve fibers in the rat. Chin J Physiol Sci, 1988,4(4):337 - 344.

[14] Hua SY, Wu LG, Chen YZ. Electrophysiological study of glucocorticoid and RU 38486 on the neuronal membrane. Chin J Physiol Sci, 1989,5(3):241 – 245.

[15] Hua SY, Chen YZ. Membrane-receptor mediated electrophysiological effects of glucocorticoid on mammalian neurons Endocrinology 124 (2):687 – 691.

[16] Chen YZ, Hua SY, Wang CA, Wu LG. A nongenomic effect of glucocorticold (GC) through membrane receptor in neurons XXXI international congress of physiological sciences, Helsinki, 1989.

[17] 袁文俊,严进,王佐忠,陈宜张. 损毁大鼠下丘脑室旁核对折断腿骨所致血浆皮质酮变化的影响. 中国应用生理学杂志,1990,6:71 – 73.

[18] 李林,王春安,陈宜张. 刺激大鼠下丘脑室旁核激活的中脑中央灰质神经元对躯体传入的反应. 生理学报,1990,42(1):18 – 28.

[19] Chen YZ, Wang CA, Gu Q, Xing BR. Rapid effect of glucocorticoids (GC) on PVN neurons can be specifically antagonized by RU 38486. Proceeding of the 4th international conference on the neurohypophysis. New aspects of morphology, function and regulation pp. 47 – 49(eds: Thorn NA, Vilhardt H, Treiman M). Oxford university press. 1990, London.

[20] 严进,王春安,叶阿莉,陈宜张. 躯体性和心理性应激对大鼠血浆皮质酮变化的影响. 心理学报,1991,23(4):418 – 425.

[21] Chen YZ. The peripheral and Central Neural Mechanisms Involved in Traumatic Stress Responses. 上海:复旦神经生物学讲座 VII. 1991,75 – 84.

[22] Chen YZ, Hua SY, Wang CA, Wu LG, Gu Q, Xing BR. An electrophysiological study on the membrane-receptor mediated action of glucocorticoids in mammalian neurons. Neuroendocrinology, 1991,53, Suppl. 1,25 – 30.

[23] 陈宜张. 从现存的问题出发. 生理科学进展,1993,24(3):1 – 3.

[24] Chen YZ, Fu H, Guo Z. Membrane receptor for glucocorticoids in

mammalian neurons. In " Methods in Neurosciences, Vol. 11" (ed. Conn PM), pp. 16 – 28, San Diego, 1993, Academic press.

[25] 傅红,王福安,陈宜张. 大鼠脑突触质膜糖皮质激素受体样抗原的免疫电镜研究. 生理学报,1993,45(2):186 – 189.

[26] Guo Z, Chen YZ, Xu RB, Fu H. Binding characteristics of glucocorticoid receptor in synaptic plasma membrane from rat brain. Functional neurology, 1995,10(4 – 5):183 – 194.

[27] 宋玲,陈宜张. 糖皮质激素及其他甾体激素对大鼠肾上腺髓质嗜铬细胞分泌儿茶酚胺的快速抑制. 神经科学,1997,4(1):16 – 21.

[28] 宋玲,陈宜张. 糖皮质激素对单个大鼠肾上腺髓质嗜铬细胞[Ca^{2+}]的快速作用. 神经科学,1997,4(2):55 – 60.

[29] Chen YZ, Lou SJ, Qiu J. Mechanism of rapid inhibition of catecholamine (CA) secretion from, and of intracellular calcium ([Ca^{2+}]) increment by glucocorticoid (GC) in PC – 12 cells. XXXⅢ International congress of physiological sciences. abstracts, L007. 04, St. 1997, Petersburg.

[30] Lou SJ, Chen YZ. The rapid inhibitory effect of glucocorticoid on cytosolic free Ca + + increment induced by high extracellular K + and its underlying mechanism in PC12 cells. Biochemical and Biophysical Research Communications , 1998,244:403 – 407.

[31] Zhu BG, Zhu DH, Chen YZ. Rapid enhancement of high affinity glutamate uptake by glucocorticoids in rat cerebral cortex synaptosomes and human neuroblastoma clone SK – N – SH: possible involvment of G-protein. Biochemical and Biophysical Research Communications, 1998,247:261 – 265.

[32] Qiu J, Lou LG, Huang XY, Lou SJ, Pei G, Chen YZ. Nongenomic Mechanisms of glucocorticoid inhibition of nicotine-induced calcium influx in PC12 cells: Involvement of protein Kinase C. Endocrinology, 1998,139(12):5103 – 5108.

[33] Chen YZ and Qiu J. Pleiotropic signaling pathways in rapid, nongenomic action of glucocorticoid. Molecular Cell Biology Research Communication, 1999,2:145 - 149.

[34] Chen YZ and Qiu J. Possible genomic consequence of nongenomic action of gucocorticoids in neural cells. News Physiol. 2001, Sci, vol 16:292 - 296.

[35] 陈宜张. 活细胞内化学过程的实时单分子显示问题. 上海,2001.

[36] 陈宜张. 开展活细胞单分子实时视见研究. 杭州玉泉宾馆杭州单分子讨论会,2002.

[37] Han JZ, Lin W, Chen YZ. Inhibition of ATP-induced calcium influx in HT4 cells by glucocorticoids: involvement of protein kinase A. Acta Pharmacologica Sinica. 2005,26(2):199 - 204.

[38] Qi AQ, Qiu J, Xiao L, Chen YZ. Rapid activation of JNK and p38 by glucocorticoids in primary cultured hippocampal cells. Journal of neuroscience research. 2005,80:510 - 517.

[39] Xiao L, Qi AQ, Chen YZ. Cultured embryonic hippocampal neurons deficient in glucocorticoid (GC) receptor: A Novel model for studying nongenomic effects of GC in the neural system. Endocrinology. 2005, 146(9):4036 - 4041.

[40] 陈宜张,余应年. 非通常方式的受体及细胞内信号传导通路激活. 杭州 "非通常方式的受体及细胞内信号传导通路激活"学术讨论会,2005.

[41] 陈宜张. 生命科学盼望新的影像技术. 中科院院士南阳行报告,2005.

[42] Xu XH, He C, Zhang ZH and Chen YZ. MKLP1 requires specific domains for its dendritic targeting. Journal of Cell Science. 2006, 119:452 - 458.

[43] Yu XJ, Zhang SZ, Liu H, Chen YZ. The activation of the cortical hand area by toe tapping in two bilateral upper-extremities amputees with extraordinary foot movement skill. Magnetic Resonance Imaging. 2006,24:45 - 50.

[44] Di H. B. , Yu S. M. , Weng X. C. , Laureys S. , Yu D. , Li J. Q. , Qin P. M. , Zhu Y. H. , PhD; Zhang, Chen Y. Z. Cerebral response to patient's own name in the vegetative and minimally conscious states. Neurology, 2007,68:895 - 899.

[45] Yang HY, Yu JP, Fu G, Shi XL, Xiao L, Chen YZ, Fang XH, He C. Interaction between single molecules of Mac - 1 and ICAM - 1 in living cells: An atomic force microscopy study. Experimental cell research. 2007,313:3497 - 3504.

[46] Liu C, Zhou J, Zhang LD, Wang YX, Kang ZM, Chen YZ, Jiang CL. Rapid inhibitory effect of corticosterone on histamine release from rat peritoneal mast cells. Hormone and Metabolic Research. 2007,39:273 - 277.

[47] 陈宜张. 活细胞内单个大分子的行为. 物理,2007,36(6):419 - 426.

[48] 陈宜张.《单分子研究》结刊语. 上海,2008.

[49] Chen YZ, Chen XP. Do we need molecular tomography of a cell and how can it be achieved? Clinical and Experimental Pharmacology and Physiology. 2008,35:872 - 877.

[50] xiao L, Chen YZ. Culture condition and embryonic stage dependent silence of glucocorticoid receptor expression in hippocampal neurons. Journal of steroid biochemistry and molecular biology. 2008,111:147 - 155.

[51] 陈宜张. 活细胞生物大分子(蛋白质)定位与定量问题的学科交叉研究. 中科院上海分院学术沙龙,2009.

[52] 陈宜张. 张香桐冷泉港讨论会"树突"论文发表60周年. 生理学报. 2012,64(5):499 - 503.

[53] 陈宜张. 精确细胞生物学:活细胞蛋白大分子的定位和定量问题. 中科院学部第17次科学技术前沿论坛开幕词,2012.

[54] 陈宜张. 活细胞大分子的定位和定量问题. 科学通报,58: 2863 - 2871,2013.

[55] 陈宜张. 光遗传学研究. 科学,2014,66(4):21 - 26.

参考文献

[1] 陈宜张.自传长编[C].上海:第二军医大学,2014.

[2] 孙武军.陈宜张传[C].宁波:宁波出版社,2008.

[3] 陈登原诗文集[C].哈尔滨:黑龙江出版社,2004.

[4] 陈叔陶.新元史本证[M].南京:中央研究院历史语言研究所集刊,1936.

[5] 竺可桢日记[C].第一册(1936－1942).北京:人民出版社,1984:332.

[6] 应向伟,郭汾阳.名流浙大[M].杭州:浙江大学出版社,2007.

[7] 图说浙大[C].杭州:浙江大学出版社,2010.8:83、151、78.

[8] 王启东.回首关山思万千[C].杭州:浙江大学出版社,2011.8:4.

[9] 解放前浙江大学学生运动史[C].杭州:浙江档案馆,2012:63－71.

[10] 李曙白、李燕南.西迁浙大[M].杭州:浙江大学出版社,2007.

[11] 陈宜张.心功能指数调查[J].北京:军事医学杂志,1958.

[12] 陈宜张.狗烧伤后输液实验研究[R].1960.

[13] 陈宜张.针刺麻醉研究资料选编[M].上海:上海人民出版社,1973.

[14] 陈宜张.外周神经参与针刺镇痛的机制[J].西安:陕西新医药杂志,1974.

[15] 陈宜张.辐射对幼兔大脑皮层发育的影响[J].上海:生理学报,1979.

[16] 陈宜张.下丘脑、中脑与镇痛电生理研究[J].上海:生理学报,1980－1988,北京:
     科学通报1980－1988.

[17] 陈宜张.下丘脑研究[R].美国:生理学家会刊,1981.

[18] 陈宜张.神经系统电生理学[M].北京:人民卫生出版社,1983.

[19] 陈宜张.下丘脑与损伤性应激[J].上海:生理学报,1985.

[20] 陈宜张.冲击波损伤动物实验[M].北京:人民军医出版社,1988.

[21] 陈宜张.发育神经生物学[M].武汉:湖北科技出版社,1995.

[22] 陈宜张. 生命科学中的单分子行为及细胞内实时检测[M]. 北京:科学出版社,2004.

[23] 陈宜张. 神经科学的历史发展及思考[M]. 上海:上海科技出版社,2008.

[24] 陈宜张. 分子神经生物学[M]. 北京:人民军医出版社,1993.

[25] 陈宜张. 脑研究的天才,从灵魂到分子[M]. 上海:上海教育出版社,2009.

[26] 陈宜张. 人类大脑高级功能—临床的实验性研究[M]. 上海:上海教育出版社,2010.

[27] 陈宜张. 精确细胞生物学论断[J]. 北京:中国科学报,2013.

[28] 陈宜张. 活细胞大分子的定位和定量问题[J]. 北京:科学通报,2013.10.

[29] 潘云鹤. 教育七章[M]. 杭州:浙江大学出版社,2007.

[30] 赵寿元,金力. 仁者寿—谈家桢百岁璀璨人生[M]. 上海:复旦大学出版社,2008:51.

[31] 郑秀龙教授 80 华诞论文选编[M]. 上海:第二军医大学出版社,2004:21.

[32] 陈宜张. 题辞[J]. 上海:科学画报,2013,10 期.

[33] 熊家钰. 中国生理科学的一代名师[J]. 上海:科学画报,2014,1 期.

[34] 院士诗词[Z]. 上海:上海科技教育出版社,2001.

[35] 费滨海. 相望共星河—中国两院院士书画作品集[Z]. 上海:上海书画出版社,2013:100 - 101.

后　记

　　陈宜张院士是我崇敬的浙江大学老学长,是我做浙大校史研究,向杰出校友学习的代表人物之一,我为陈院士在 2014 年 10 月 10 日《中国科学报》发表的"老科学家学术成长资料采集工程"系列报道 47《陈宜张:究脑穷源探细胞》及之前在浙大报刊和主流科学杂志上发表的访谈文章,便是我向陈院士的学习心得。也许是文章见报后,在读者中引起反响,被有关报刊转载,也可能是拙文尚能表达陈院士科学精神之万一或(狂妄地说是)万十,陈院士没有不满意,因而给予我撰写陈宜张传的机遇,我感到幸运和鼓舞。

　　2014 年 5 月初,陈宜张学术成长资料采集小组的第二军医大学贾东梅老师代表陈院士委托我写作此传,我不知轻重地一口答应下来。但在翻阅了采集工程研究报告撰写要求和浏览了已出版的丛书第一批 10 位科学家的传记后,立即惶恐不安起来,我看到传记的作者们,多是科研机构、学术机构或高校的专家学者或媒体的文字高手,他们的作品不仅文字流畅,用词精准,更重要的是对老科学家所在学科的发展脉络梳理和描述得很清晰,对传主学术成长历程中的关键事件、人物、因素和重要节点表达得很完善,说明作者文字功底的深厚和学科知识的丰实。对照自己,是工科毕业的比陈院士低 6 届(实际上是 7 届,因工科时为 4 年制)的浙大后学,对生命科学和医学知之甚少,如果研究报告不能用读者能够看懂的文字,表达传主科学研究的成果和科学理论与实践结合的深度,通过传记真实地再现传主学术成长的过程,反映传主的科学思想、主要贡献和高尚品质,那我就对不起陈学长对我的信任和期望了。

开弓没有回头箭。我答应的事情,从不后悔,甚至错亦无悔,而是正视困难,寻求弥补的正确方法,加倍地努力和学习,以争取最好的结果。我用10 天时间,比较细致地阅读和学习 10 本样书的行文风格、研究思路和写作框架、章节安排,以及采集资料的运用选取,图片和参考文献的选用,反复领会在总序一、总序二、总序三中,韩、白、周三位科学界领导人的论述,加深了对为老科学家立传深远意义的理解和悟性。我没有参与采集工程的具体采集、学习或培训等工作,所以我向在浙大校史研究中熟知的一贯关心浙大籍科学家并为倡导浙江大学求是校训的竺可桢校长主编《竺可桢全集(第1—24 卷)》的樊洪业先生请教,担任传记丛书特邀顾问之一的樊洪业研究员在电话中比较详尽地讲述了传记的写作要领和他为传书作者讲课的精练内容,樊先生对我"电授机宜"和鼓励,使我写出一本可读的传记信心倍增。

从 2014 年 5 月中旬开始,在陈院士和贾老师的指导安排下,我动手写作,拟定写作提纲和章节目录是边拟边写,边写边改,多次反复,经陈院士具体指点,形成了与书名比较贴切的 10 章 45 节的传记目录。

书名《究脑穷源探细胞》沿用在《中国科学报》系列报道 47 的文题。这七字文题,是陈院士经过近月之斟酌推敲,从作者提供的 6 个参考文题的两个题目中,分别抽取 4 个字和 3 个字嫁接而成,认为这七字书名比较简明和准确地反映陈院士在生命科学领域科研的特征,读起来也爽朗上口,富有一点诗意而易为读者领会。

问渠哪得清如许,为有源头活水来。我深知写传记是八分史实二分润色,我比较认真地学习陈院士在神经、生理科学领域科研工作的科学知识、领会陈院士洞察国际科学前沿,带领科研团队创造条件科研攻关;不具条件时迂回前进的科研策略,始终保持昂扬的科学斗志的科学家风范。我把访谈汇编,特别是传主自书的自传长编,至少选读 20 多遍,长编的淡黄色封面和封底,被磨得缺角而另纸补贴。

陈院士的杰出弟子,2007 年获博士学位的神经生物学专家、硕士生导师

究脑穷源探细胞　陈宜张传

肖林副教授,参与采集工程,做了大量具有实效的资料采集工作,原由他执笔撰写传记,并已完成近5万字的文稿。他是陈院士的得意门生,在读研期间便有重要科研成果,工作6年中又多创佳绩,至今发表SCI原始论著11篇,已被引用200余次。由于学术工作需要,他另有所任赴国外进修,所以我是中途接手,为全传写作。我自知水平之限,医学无知,撰传重任,力所不逮。但我感于陈师的知遇和采集小组之热忱,故不畏献丑而勉为其难,在炎夏寒冬,爬格不辍,均用手写。经9个月晨夜笔耕,于甲午年内完成18万字的初稿和二稿。在计划期内完稿,是我长期形成的写作习惯,也为研究报告结题验收时可能的否定,留有另请高明之时间余地。

感谢陈院士、贾老师、肖林老师的指导和提供的精彩史料,感谢接受陈宜张学术成长资料小组访谈的40位专家学者和好友、家人提供的极富关爱之情的口述妙语和史实,为立传提供了有力支撑,感谢樊洪业先生的亲切指点,感谢采集小组各位老师的辛劳采集工作。我从各位对我国科学事业具体体现在为老科学家立传的热情中,受到教育和启迪。

浙江大学校史研究会研究员

熊家鈺

乙未年冬至

老科学家学术成长资料采集工程丛书
已出版(50 种)

《卷舒开合任天真:何泽慧传》　　　《此生情怀寄树草:张宏达传》

《从红壤到黄土:朱显谟传》　　　　《梦里麦田是金黄:庄巧生传》

《山水人生:陈梦熊传》　　　　　　《大音希声:应崇福传》

《做一辈子研究生:林为干传》　　　《寻找地层深处的光:田在艺传》

《剑指苍穹:陈士橹传》　　　　　　《举重若重:徐光宪传》

《情系山河:张光斗传》　　　　　　《魂牵心系原子梦:钱三强传》

《金霉素·牛棚·生物固氮:沈善炯传》《往事皆烟:朱尊权传》

《胸怀大气:陶诗言传》　　　　　　《智者乐水:林秉南传》

《本然化成:谢毓元传》　　　　　　《远望情怀:许学彦传》

《一个共产党员的数学人生:谷超豪传》《没有盲区的天空:王越传》

《含章可贞:秦含章传》　　　　　　《行有则　知无涯:罗沛霖传》

《精业济群:彭司勋传》　　　　　　《为了孩子的明天:张金哲传》

《肝胆相照:吴孟超传》　　　　　　《梦想成真:张树政传》

《新青胜蓝惟所盼:陆婉珍传》　　　《情系梁菽:卢良恕传》

《核动力道路上的垦荒牛:彭士禄传》《笺草释木六十年:王文采传》

《探赜索隐　止于至善:蔡启瑞传》　《妙手生花:张涤生传》

《碧空丹心:李敏华传》　　　　　　《硅芯筑梦:王守武传》

《仁术宏愿:盛志勇传》　　　　　　《云卷云舒:黄士松传》

《踏遍青山矿业新:裴荣富传》　　　《让核技术接地气:陈子元传》

《求索军事医学之路:程天民传》　　《论文写在大地上:徐锦堂传》

《一心向学:陈清如传》　　　　　　《铃记:张兴铃传》

《许身为国最难忘:陈能宽传》　　　《寻找沃土:赵其国传》

《钢锁苍龙　霸贯九州:方秦汉传》　《虚怀若谷:黄维垣传》

《一丝一世界:郁铭芳传》　　　　　《乐在图书山水间:常印佛传》

《宏才大略　科学人生:严东生传》　《碧水丹心:刘建康传》